数字上的中国

黄奇帆
·
吴声
·
何帆
·
管清友

等 著

中信出版集团 | 北京

图书在版编目（CIP）数据

数字上的中国 / 黄奇帆等著 . -- 北京：中信出版社 , 2022.1 (2024.10重印)

ISBN 978-7-5217-3662-5

Ⅰ . ①数… Ⅱ . ①黄… Ⅲ . ①信息经济－研究－中国 Ⅳ . ① F492

中国版本图书馆 CIP 数据核字（2021）第 207588 号

数字上的中国

著者： 黄奇帆 吴声 何帆 管清友等
出版发行：中信出版集团股份有限公司
（北京市朝阳区东三环北路 27 号嘉铭中心 邮编 100020）
承印者： 北京通州皇家印刷厂

开本：787mm×1092mm 1/16 印张：22.25 字数：300 千字
版次：2022 年 1 月第 1 版 印次：2024 年 10 月第 9 次印刷
书号：ISBN 978-7-5217-3662-5
定价：68.00 元

版权所有·侵权必究
如有印刷、装订问题，本公司负责调换。
服务热线：400-600-8099
投稿邮箱：author@citicpub.com

编委会

指导单位：中国国际贸易促进委员会　中国国际商会

出 品 方：APEC中国工商理事会

联合出品方：波士顿咨询公司（BCG）　财新智库

特别指导：张少刚　于健龙

总 编 辑：孙　晓　蒋　利

出 品 人：蒋　利

专家顾问：廖天舒　张立晖　高尔基　何大勇　阮　芳
　　　　　李大韬　王　欣

特别合作方：动脉网

执行主编：张　伟

编 写 组（按姓氏音序排列）：

曹　旸　郭　毅　孟　幻　石安杰　王晓明　魏晓彤

许博男　杨　韬　叶　桐　于　非　张怡玮

目 录

推荐序 高 燕 I

导 言

数字经济与实体经济融合的关键路径、功能特征以及战略措施 黄奇帆 003

第一篇
数字经济篇

第一章 独具特色的中国数字经济路径

  跨越三个时代，"数字经济"伴随人类一路同行 037
  全球视野下数字经济的发展现状 050
  未来数字经济发展的新驱动因素 060
  数字经济将成为实现经济发展和社会价值的助推器 068

第二章 产业数字化：从赋能行业到武装企业

  产业数字化的全球现状与中国样本 072
  数字化运营、管理、创新的三驾马车 089

第三章　数字产业化："云物大智链"时代下的千帆竞渡、百舸争流

云计算：便捷、高效、低廉的算力普及　103
工业互联网：第四次工业革命的敲门砖　114
大数据：从大容量数据中挖掘价值的全新技术架构　125
人工智能：将智慧向万物传递　135
区块链：构建信任可追溯的交易体系　148
5G：实现万物高速互联，走向智能社会　154

第二篇
数字社会篇

第四章　数字生活的"中国试验场"，消费图景新潮涌现

在数字化大加速中汲取时代消费新动能　163
拥抱新个体：让每个"边缘"需求都长出新机遇　165
消费新基础设施：从"单向传导"到"双向共建"　170
数字化新供给：满足随机性消费的供应链模式升级　176

第五章　数智融合构筑智慧医疗新底座，打造健康中国

医疗新基建：颠覆医疗供给模式　182
医疗新时期：加速数字医疗纵深发展　193
医疗新场景：多元应用打造医疗新生态　203
医疗新使命：数字医疗让生活更美好　209

第六章　中国城市转型核心动能："新基建"数字革命与都市圈一体化

从"China Made"到"China Built"，数字化时代全面开启　219
从"城镇化"到"都市圈"，区域发展迎来新增长格局　226
数字化赋能都市圈发展，新型智慧城市潜力无限　235

目 录

第七章 推动智慧农业与农村现代化，实现共同富裕

数字乡村：一张蓝图绘到底　239
智慧农业：从农业现代化到农业智慧化　248
农村金融：从数字普惠到供应链的现代化　254
美丽乡村：田园牧歌的内在和外在建设　260

第八章 搭载数字化利器的中国碳中和之路

碳中和的必经之路：数字化技术成为行业转型关键　272
能源产业：数字化孵化新格局　279
工业部门的碳中和路径：技术赋能与产业链上的低碳转型　282
碳中和的社会性参与：城市发展与公民意识　290
中国碳金融潮起：应对气候变化的投融资发展　293

第三篇
数字治理篇

第九章 破解数字时代"反垄断"困局，创新监管模式

数字时代数据监管的底层逻辑　301
全球数字领域的监管理念与模式　307
中国在数字监管方面的现实挑战　311
创新监管模式，确保数据安全和数字执法主导权　316

第十章 企业社会责任新内涵："责权匹配"的社会治理共同体

数字化发展对传统治理理论的挑战　322
构建企业参与社会治理的制度环境　327
社会责任投资引领数字化企业的可持续发展　331

后记与致谢　339

推荐序

高 燕

（中国国际贸易促进委员会会长、中国国际商会会长）

从 20 世纪 90 年代起，以互联网为平台，以电子商务为代表的新商业模式不断衍生，"新经济"和"互联网经济"的概念逐渐确立。进入 21 世纪以来，随着云计算、大数据、物联网、人工智能的发展，现代数字技术对人类社会和经济活动的影响越来越广泛和深入。习近平总书记指出，数字经济发展速度之快、辐射范围之广、影响程度之深前所未有，正在成为重组全球要素资源、重塑全球经济结构、改变全球竞争格局的关键力量。[1] 当前，云、网、端构成了新一代基础设施，各种经济和社会数据是生产资料的必要组成部分，电子运算速度则决定了生产力。智能化生产在推动生产工具和分工组织方式不断升级转型的同时，也在培育新的产业增长点、推动可持续发展方面发挥着重要作用。

数字经济的蓬勃发展使国际经贸体系迎来了革命性变革：数字产品和数字服务的大规模跨境交易进一步扩大了全球经贸体量，数字技

---

[1] 新华社. 习近平在中共中央政治局第三十四次集体学习时强调 把握数字经济发展趋势和规律 推动我国数字经济健康发展. http://www.news.cn/2021-10/19/c_1127973979.htm.

术与传统经济的深度融合拓展了新的贸易领域和目标市场，颠覆式技术创新不断创造出前所未有的崭新数字产业及相关贸易。

但不容忽视的是，数字经济在深刻改变传统经济增长模式的同时，也导致了全球供应链和价值链的重构，全球经贸秩序步入重塑阶段。作为一种全新的经济形态，数字经济对世界各国乃至全球监管体系提出了新的要求，迫切要求尽快完善相关的制度建设。

APEC（亚太经济合作组织）是亚太地区级别最高、领域最广、影响力最大的经济合作机制。自创立以来，致力于实现区域经济一体化，不断改善营商环境，推动经济可持续增长和人民共同富裕。迄今，APEC在贸易投资自由化、便利化和经济技术合作等领域均取得了丰硕的合作成果，不仅带来了亚太地区贸易和投资规模迅猛增长，更为亚太地区成为世界上最具活力和开放性的经济区域奠定了基础。

在数字经济领域，APEC各经济体多年以来始终保持较高的共识度和参与热情。APEC积极推动了一系列有关数字经济合作的行动计划和倡议，如《APEC电子商务行动蓝图》（1998年），《APEC新经济行动议程》（2000年），《数字APEC战略》（2001年），《APEC领导人关于执行贸易与数字经济政策的声明》（2002年），《APEC促进互联网经济合作倡议》（2014年），《APEC跨境电子商务便利化框架》（2017年），《APEC促进经济、金融和社会包容发展的行动议程》（2017年），《APEC互联网和数字经济路线图》（2017年），等等。

2020年11月，APEC领导人共同发布了《2040年亚太经合组织布特拉加亚愿景》，展望到2040年建成一个开放、活力、强韧、和平的亚太共同体，为今后20年的APEC合作进程确立了总体导向和主体框架。在愿景中，APEC成员共同承诺将培育由数字经济和创新支持的有利市场环境，加强数字基础设施建设，加快数字转型，消弭数字鸿沟，促进数据流动，强化数字交易中的消费者和商业信任。这为亚太区域经济合作注入了新活力和新动能。

2021年11月，习近平总书记在亚太经合组织第二十八次领导人非正式会议上的讲话中指出，要加强数字基础设施建设，加快数字转型，努力弥合"数字鸿沟"，推动数字经济全面发展。中国提出促进数字时代互联互通倡议，支持加强数字经济国际合作，已申请加入《数字经济伙伴关系协定》。①

广大工商界人士始终是亚太区域合作的重要参与者，也是APEC构建亚太命运共同体不可或缺的坚定支持者。面对数字经济全球化协同发展的大趋势，越来越多的中国数字企业走上了国际化发展道路。具有长远眼光的中国工商界人士已经意识到，以互联互通、共享共治为本质特征的数字经济，决定了中国绝不能走"闭门造车"之路，而是要勇于投身全球数字经济合作的浪潮去寻找自身价值。中国离不开世界，世界也离不开中国。APEC数字合作不仅可以为中国数字企业提供国际产业合作机遇，也为中国工商界不断推动APEC数字合作提供了新的舞台。

"浩渺行无极，扬帆但信风。"2013年10月在印度尼西亚巴厘岛举行的APEC工商领导人峰会上，习近平总书记宣布中国工商界成立了"APEC中国工商理事会"（ACBC），赞赏其为中国深度参与亚太经贸规则制定提供了机制保障，体现了中国工商界承担国际责任的积极态度。② 为进一步推动中国数字经济企业积极参与APEC发展进

---

① 新华社. 习近平在亚太经合组织第二十八次领导人非正式会议上的讲话. http://www.xinhuanet.com/politics/2021-11/12/c_1128059473.htm.

② 新华网. 习近平在亚太经合组织工商领导人峰会上的演讲. http://www.xinhuanet.com/world/2013-10/08/c_125490697_2.htm.

程，APEC 中国工商理事会于 2020 年 11 月在北京发起数字经济委员会，致力于持续提升中国数字企业的国际影响力，打造与 APEC 经济体加强产业交流的创新平台。

2021 年，时值中国加入 APEC 30 周年之际，为挖掘和分享中国数字经济发展的独特经验，进而开创亚太数字领域合作的新空间，在中国国际贸易促进委员会、中国国际商会的大力支持下，由 APEC 中国工商理事会及 APEC 中国数字经济委员会牵头发起了"中国数字经济产业示范样本"行动，邀约数十位国内资深专家共同撰写了《数字上的中国》一书。经过精心筹备和编撰，这本展示中国数字经济产业发展阶段性成就的高端之作终于付梓。

精准的政策解读、翔实的学术分析和丰富的商界案例，不仅使本书完整刻画出全球视野下的中国数字经济新图景，更指明了未来数字经济在助推我国实现更高水平对外开放和高质量发展方面的重要作用。

在此，我谨向参与本书编撰工作的业界人士和专家学者致以衷心感谢，也诚挚欢迎读者朋友提出宝贵意见，共同为夯实中国数字经济发展的社会基础、推动数字经济更好融入新发展格局做出积极贡献。

2021 年 12 月

导 言

数字经济与实体经济融合的关键路径、功能特征以及战略措施

黄奇帆

（国家创新与发展战略研究会学术委员会常务副主任，重庆市原市长）

中共中央政治局 2021 年 10 月 18 日下午就推动中国数字经济健康发展进行第三十四次集中学习。中共中央总书记习近平在主持学习时强调，近年来，互联网、大数据、云计算、人工智能、区块链等技术加速创新，日益融入经济社会发展各领域全过程，数字经济发展速度之快、辐射范围之广、影响程度之深前所未有，正在成为重组全球要素资源、重塑全球经济结构、改变全球竞争格局的关键。要站在统筹中华民族伟大复兴战略全局和世界百年未有之大变局的高度，统筹国内国际两个大局、发展安全两件大事，充分发挥海量数据和丰富应用场景优势，促进数字技术与实体经济深度融合，赋能传统产业转型升级，催生新产业新业态新模式，不断做强做优做大我国数字经济。[1]

深入理解总书记关于数字经济发展的重要论述，对于我们把握数字经济的运行规律具有重大意义。

---

[1] 新华社. 习近平在中共中央政治局第三十四次集体学习时强调 把握数字经济发展趋势和规律 推动我国数字经济健康发展. http://www.news.cn/2021-10/19/c_1127973979.htm.

数字化技术的五个环节有机结合，形成智慧人体

一、云计算

以服务器为主构成的数据处理中心作为云计算的核心载体和硬件基础，赋予云计算三个方面的功能：存储功能、计算功能、通信功能。第一，在数据信息的存储功能方面，云计算的服务器能存储大量数据。第二，在计算功能方面，每个服务器实质上就是一台计算机。第三，在通信功能方面，服务器连接着千家万户的手机、笔记本电脑等移动终端，是互联网、物联网的通信枢纽，也是网络通信能力的具体体现。

二、大数据

大数据之大，一是静态数据，二是动态数据，三是经过人类大脑和计算机处理、计算后产生的数据，这三者共同构成大数据的来源。大数据若要转化为有用的信息、知识，需要消除各种随机性和不确定性。数据在计算机中只是一串英文字母、字符或者阿拉伯数字，可能是混乱的、无序的。数据应用一般要经历三个步骤：数据变信息、信息变知识、知识变智慧。

三、人工智能

第一，大数据如何让数据产生智慧。大数据之所以能够智能化，能够决策或辅助决策，是因为在人工智能或计算机操作过程中有四个步骤：一是采集、抓取、推送；二是传输；三是存储；四是分析、处理、检索和挖掘。第一步，在大数据中不断地过滤出有一定意义的信息，也就是采集、抓取、推送。第二步、第三步是传输和存储，内涵不言自明。第四步是分析、处理、检索和挖掘，关键技术在于算法。算法是辅助人类在非常繁杂、非常巨大的海量数据空间中，快速找到目标、路径和方法的工具。

第二，在分析、处理、检索和挖掘中产生智能的关键在于大数据、算法以及高速度的计算处理能力。没有大数据的长期积累、重复验证，智能管理也发挥不了作用；有了算法和大数据，没有高速度的计算能力也不行。算法是人工智能的灵魂，它之所以变得"有灵气"是因为有大数据不断地"喂养"，不断地重复和训练。在这个意义上，如果没有算法，大数据就没有灵魂，也就显示不出大数据处理的真正意义。如果没有大数据来"喂养"，即使专家设计出好的算法，智能也未必有效。

四、区块链

区块链实质上是一个去中心化的分布式存储数据库，它打破了中心化机构授信，通过数据协议、加密算法、共识机制，将信息点对点地传输到区块中的所有节点，从而构建一种去中心化、不可篡改、安全可验证的数据库，建立一种新的信任体系，这种信任体系表现为五个特征。

  一是开放性。区块链技术基础是开源的，除了交易各方的私有信息被加密外，区块链数据对所有人开放，任何人都可以通过公开接口查询区块链上的数据或开发相关应用，整个系统信息高度透明。二是防篡改性。任何人要改变区块链里面的信息，必须要攻击或篡改51%链上节点的数据，难度非常大。三是匿名性。由于区块链各节点之间的数据交换必须遵循固定的、已知的算法，因此区块链上节点之间不需要彼此认知，也不需要实名认证，而只是在地址、算法正确的基础上彼此进行识别和数据交换。四是去中心化。正因为区块链里所有节点都在记账，无须另设一个中心去记账，所以它可以不需要中心。五是可追溯性。区块链是一个分散数据库，每个节点数据（或行为）都被其他人记录，所以区块链上每个人的数据（或行为）都可以被追踪和还原。

五、5G 基础上的无线通信

  现代移动通信技术起源于 20 世纪 80 年代的 1G（第一代移动通信技术），通过模拟信号进行传输，容量有限且仅能传输语音信号；1991 年出现的 2G（第二代移动通信技术），运用数字调制技术，大大增加了传输的容量，使得文字信息的无线传输成为现实；3G（第三代移动通信技术）是支持数据高速传输的蜂窝移动通信技术，传输速度更快、频带更宽、稳定性更高，移动端得以接入互联网，移动通信的应用开始呈现多样化的态势；4G（第四代移动通信技术）采用更加先进的通信协议，传输速度再一次大幅提升，能够实现视频的分享和传输，开启了移动互联网时代。

5G（第五代移动通信技术）是具备高速率、低时延、海量连接等特性的新一代宽带移动通信技术。根据 ITU（国际电信联盟）的定义，5G 有三大应用场景：eMBB（增强移动宽带）、uRLLC（低时延高可靠）和 mMTC（海量大连接）。其中 eMBB 就是在移动宽带的基础上，利用 5G 更高的传输速率为用户提供更好的网络连接服务，实现 3D（三维）超高清视频的直播和传输等大流量移动宽带业务；uRLLC 对低时延、高可靠性有很高的要求，比如要求自动驾驶的时延达到毫秒级别，除此之外 uRLLC 被普遍应用于工业控制系统、远程医疗、无人机控制等领域；mMTC 是指大规模机器通信业务，不仅要求超高的连接密度，还具有分布范围广、低功耗等特点，主要面向智慧城市、智慧家居、智能物流等应用场景。

数字化技术的五个环节有机结合，成为一个类似人体的智慧生命体。互联网、移动互联网以及物联网就像人类的神经系统，大数据就像人体内的五脏六腑、皮肤以及器官，云计算相当于人体的脊梁。没有网络，大数据与云计算就无法相互协同；没有云计算，大数据就失去支撑；没有大数据，云计算就是行尸走肉、空心骷髅。有了神经系统、五脏六腑、皮肤、器官、脊梁之后，加上相当于灵魂的人工智能——人的大脑和神经末梢系统，基础的数字化平台就形成了。区块链技术既有类似人体遗传了几万年的不可篡改、可追溯的基因特性，又有类似人体基因的去中心的分布式特性。就像更先进的"基因改造技术"，从基础层面大幅度提升了大脑反应速度、骨骼健壮程度、四肢操控灵活性。在区块链技术的帮助下，数字化平台的基础功能和应用将得到颠覆性改造，进而对经济社会产生更强大的推动力。

数字化平台的"五全信息"及五大特征

一、数字化平台的"五全特征"带来"五全信息"

为什么数字化平台会有如此强大的颠覆性？因为数字化平台实际存在"五全特征"：全空域、全流程、全场景、全解析和全价值，并给全社会带来了"五全信息"。所谓"全空域"是指：打破区域和空间障碍，从天上到地面、从地面到水下、从国内到国际可以广泛地连成一体。所谓"全流程"是指：人类生产、生活中每一个点，每天24小时不停地积累信息。所谓"全场景"是指：跨越行业界限，把人类生活、工作中的所有行为场景全部打通。所谓"全解析"是指：通过人工智能的搜集、分析和判断，预测人类所有的行为信息，产生异于传统的全新认知、全新行为和全新价值。所谓"全价值"是指：打破单个价值体系的封闭性，穿透所有价值体系，整合与创建出前所未有的、巨大的价值链。现代信息化的产业链是通过数据存储、数据计算、数据通信与全世界发生各种各样的联系，正是基于这种"五全特征"，当它们跟产业链结合时形成了全产业链的信息、全流程的信息、全价值链的信息、全场景的信息，成为高价值的数据资源。可以说，任何一个传统产业链一旦利用了"五全信息"，就会立即产生新的经济组织形态，从而对传统产业构成颠覆性的冲击。

信息是认识世界的钥匙，不同的信息形态和内涵所对应的现实世界也是不一样的。农业时代对应的是自然信息、工业时代对应的是市场信息、互联网时代对应的是流量信息，而到了数字时代对应的则是"五全信息"。

二、"五全信息"的特征

"五全信息"是结构型的信息。数字时代所采集的"五全信息"是全样本的结构型信息，这些信息必须包含社会经济系统的各种结构性特征：产业系统要有关于产业的各种特征描述、社会系统要有社会运营的各方面数据。"五全信息"的结构性体现了"数字孪生"的概念，是企业运营、产业生态和社会系统的全样本刻画。

"五全信息"是动态型的信息。具有五全特性的信息，是一个经济系统或社会系统运营的动态信息，每一条"五全信息"都有时间戳，体现事物某一时刻的状态，"五全信息"积累起来可以描绘事物的历史规律，预测未来的发展趋势。

"五全信息"是秩序型的信息。每一个系统的"五全信息"都体现了这一系统的秩序。"五全信息"既包含了社会经济系统的基本制度，也包含了其运营规则。也就是说，"五全信息"采自系统现有的秩序，也会帮助系统构建新的秩序。

"五全信息"是信用型的信息。在以往的社会系统中，始终无法彻底解决全社会、全产业领域的信用问题。而进入"五全信息"社会，这些信息因为区块链等新技术的广泛应用，而具有高度的可信性。基于新的信用体系，无论是金融还是其他社会经济系统都将发生更加彻底的革命。

"五全信息"是生态型的信息。"五全信息"不是孤立存在的，而是存在于特定的社会生态、产业生态之中，是在描述特定生态里面的特定状态。各类信息之间往往存在大量关联，并以一个整体的形式展现出来。

总之，在云计算、大数据、人工智能、区块链等技术的驱动下，随着中国的数字化生产关系日趋成熟，在5G背景下，数字化平台还会进一步形成万物万联体系，数字社会将拥有越来越多的"五全信息"。"五全信息"与制造业相结合就形成了智能制造、工业4.0；与物流行业相结合就形成了智能物流体系；与城市管理相结合就形成了智慧城市；与金融业相结合就形成了金融科技或科技金融。

中国消费互联网的天花板渐近，真正的蓝海是产业互联网

当数字化平台与老百姓的生活消费场景结合，就产生了消费互联网。过去十余年，中国消费互联网取得了举世瞩目的成绩，涌现出阿里巴巴、腾讯、百度、京东等一批世界知名互联网企业，产生了10亿网民，为发展数字经济奠定了坚实的基础。但在消费互联网蓬勃发展的进程中，有两方面重要趋势不可忽视。

一、消费互联网的增量红利逐渐消退，产业互联网具备更为广阔的发展空间

当前中国网民数量、手机用户数量均已超过10亿，进一步增长的空间有限。移动互联网月活用户数量增速持续下降，互联网增量红利逐渐消退。

数字经济真正的蓝海在于数字化平台与生产场景相结合，对传统产业进行赋能升级，形成产业互联网。根据测算，在航空、电力、医疗保健、铁路、油气这五个领域引入数字化支持，建设产业互联网，假设每年只提高1%的效益，那么平均每年就能产生200亿美元的效益，是一片巨大的蓝海。中国的传统产业规模巨大，因此发展产业互联网的价值空间也非常大。基于"五全信息"，通过数字技术和智能创新，赋能大量的传统产业，使传统产业全面进入产业互联网时代。如果说中国的消费互联网市场只能够容纳几家万亿级别的企业，那么在产业互联网领域有可能容纳几十家、上百家同等规模的创新企业。

在美国，产业互联网企业占据美股科技TOP20的半壁江山，相比之下，中国的GDP（国内生产总值）约为美国的70%，但美国产业互联网科技股市值为中国的30倍，中国尚无领先的产业互联网巨头企业。可以说，产业互联网有着广阔的发展空间。

二、消费互联网出现了至少三方面值得深思的问题

一是参与者之间的博弈往往是零和游戏。消费互联网竞争到最后往往是赢家独吞整个市场。因此很多早期互联网企业不计成本融资扩展业务，意图打败对方，在形成垄断优势后，又对平台商户或消费者收取高昂的门槛费、服务费。这类商业模式对创造社会价值贡献有限，因为过度关注流量，助长了假冒伪劣商品在网上泛滥的势头，甚至在制造业领域出现"劣币驱逐良币"的现象。

二是利用人性弱点设计各种产品。网络市场形成初期所主导的自由理念，使得网络上失信的违约成本极低，于是很多企业利用人性的弱点设计各种产品来获取流量，罔顾消费者的长期利益和市场的良性

发展。比如一些信息服务公司，通过各种打擦边球的图片、噱头标题吸引用户点击观看视频、新闻。这种利用人性弱点诱导用户使用产品的行为实际上是不正当的，甚至有可能触犯法律。未来互联网经济的竞争，一定是在更公平、可信的环境下进行的，那些利用人性弱点设计产品的公司将难以长期生存。

三是互联网"杀熟"行为。在用户不知情的情况下，互联网企业根据大数据分析将用户群体划分为不同类别，进而收取不同的价格，这类"杀熟"行为有违市场公平、透明的原则，被"杀熟"的消费者一旦获悉后也会感到很愤怒。

这三方面问题究其原因，还是消费互联网没有形成明确的各方多赢的模式，而是一旦确定某种模式就"一刀切"地全盘推进，通过"烧钱"形成规模效应。

三、产业互联网才是真正蓝海

与消费互联网不同，产业互联网上每一个行业的结构、模式各不相同，并不是"一刀切"的，而是针对不同行业生态的"小锅菜"，需要一个行业、一个行业地推进。比如汽车产业链的产业互联网就不适用于电力产业链，化工产业链的产业互联网也无法直接平移复制到金融行业。

产业互联网必须通过整个产业链上企业的降本效应，提高企业效率，形成资源优化配置，降低融资成本，产生 1+1>2 的效果。比如，通过金融科技降低融资成本，解决融资难、融资贵的问题；通过智能物流体系降低物流成本等，使得产业链上的龙头企业、中小企业，以及中介公司、服务业公司、互联网平台各得其所、各有效益，形成明确的多方共赢模式。

数字化平台与各行各业结合形成产业互联网需要经历四个步骤，最高境界是"数字孪生"

一、数字化平台对传统产业进行融合赋能要经历四个步骤

第一个步骤是数字化，要实现"万物发声"。目的是让产业链上、中、下游各环节通过数字技术表述出来，发出"声音"、留下痕迹，为构建产业数字空间提供源头数据。

第二个步骤是网络化，要实现"万物万联"。通过5G、物联网、工业互联网、卫星互联网等通信基础设施，把所有能够"发声"的单元连接在一起，高带宽、低时延地实现大范围的数据交互共享。

第三个步骤是智能化，要实现"人机互动"。要在"万物万联"的基础上，让物与人可以交流，通过与人的智慧融合，实现局部的智能反应与调控。

第四个步骤是智慧化，要实现"智慧网联"。借助"万物万联"与"人机互动"，使整个系统中的各种要素在人的智慧的驱动下，实现优化运行。

这四个步骤，前一步是后一步的基础，但又不是截然分开、泾渭分明的。推进产业互联网建设，要循序渐进、适度超前，但也不要好高骛远、急于求成。

二、产业互联网的最高境界是"数字孪生"

当某一个行业的数字化转型升级完成了这四个步骤,就有条件进入产业互联网的最高境界——"数字孪生"。要实现"数字孪生",就要通过数字化的方式,将物理对象的属性和数据映射到虚拟空间中,创建出全生命周期的动态虚拟模型,以此模拟其在现实中的行为特征,实现数字虚拟世界和物理真实世界的精准映射、交互协同、实时联动。VR(虚拟现实)技术所具备的沉浸感、交互性和想象性的特征,将更有利于"数字孪生"在数字场景中的可视化表达和人机交互。随着云计算、人工智能、边缘计算等支撑技术的跨越式发展,"数字孪生"技术已经应用到制造、航空航天、电力、医疗、基建工程乃至城市治理领域。

比如在制造领域,"数字孪生"可以应用于产品的设计、生产、制造、运营等全生命周期。在研发设计环节,可以利用虚拟模型将产品的各类物理参数以可视化的方式表现,并在虚拟空间进行可重复、参数可变的仿真实验,测试和验证产品在不同外部环境下的性能和表现,从而提高设计的准确性和可靠性,缩短研发流程,大幅降低研发和试错成本;在生产环节,通过虚拟生产线的3D可视化效果,工作人员不用去现场就能够充分掌握生产线的实时状态,从而进行运维管理、资源能源管理,调整生产工艺,优化生产参数,进行生产调度预判等。除了帮助传统制造业提升效率,"数字孪生"还会不断创新制造业的资本运营、供应链管理、客户服务等模式,为制造业拓展了大量的价值空间。

再比如在城市治理方面,"数字孪生"技术的应用造就了"数字孪生"城市。在虚拟空间中为城市构建一个"数字孪生"体,城市的物理空间与虚拟空间之间交互映射、虚实对应、实时互动，在城市虚拟空间中对天气变化、地理环境、基础设施、城市建筑、市政资源、人口土地、产业规划、城市交通等要素进行数字化表达，并对其进行推演，实现城市实时状态的可视化和城市运作管理的智能化，进而提升城市规划质量，优化城市建设，提高城市管理水平。

中国在核心技术、硬件装备和高端软件产品上存在短板

数字化科技融合赋能传统产业，涉及在大量核心技术、硬件装备、高端软件产品方面的突破。在这方面中国仍然存在不少短板。

一、高性能芯片

芯片是现代数字经济的核心基础和物理载体。中国在芯片设计、封装测试等领域已经赶上世界先进水平，但是在高性能芯片制造方面仍然薄弱，具体体现在EDA（电子设计自动化）工具、核心原材料和半导体设备等方面的短板上。

首先，在EDA工具领域，EDA工具的使用贯穿了芯片设计、制造和封测环节，一旦受制于人，整个芯片产业的发展都将受到极大限制。目前在全球EDA行业中处于绝对领先地位的是新思（Synopsys）、楷登（Cadence）和西门子EDA（其收购了Mentor）。中国芯片的设计和制造长期依赖这三大巨头，其在中国的市场占有率高达80%。

虽然近年来国内领先的 EDA 企业在部分类型的芯片设计和制造领域实现了全流程覆盖，在部分点工具领域取得了一定突破，跃居全球第二梯队，但整体技术水平与国际巨头相比尚有较大差距。

其次，在核心原材料方面，中国积极进行自主研发，但在最高端产品研发和良品率方面仍有待提升。比如，大尺寸硅片是高性能芯片最核心的原材料，工艺技术门槛极高，呈现高度垄断格局，逾九成市场份额被信越化学、环球晶圆、胜高和 SKSilitron 占据，特别是大部分轻掺的 8 英寸[①]硅片以及超过 95% 的 12 英寸硅片。中国（大陆）对大尺寸硅片的研究起步较晚，技术累积相对不足，缺乏核心设备特别是晶体生长炉，但是随着近年来的不断发展，国内已经有公司实现了核心晶体生长设备的自主可控，从 8 英寸硅片到 12 英寸硅片逐步实现了国产化，并开始向全球用户供货，而且正在加速对 18 英寸晶体生长技术的研发。再比如光刻胶，高端半导体光刻胶长期被东京应化、JSR 株式会社、住友化学等日本企业以及陶氏化学、默克等欧美企业所垄断，目前中国虽然成功研发 G 线（第一代）、I 线（第二代）、KrF（第三代）和 ArF（第四代）光刻胶，但最高端的 EUV 光刻胶（第五代）仍处于早期研发阶段。

最后，中国在半导体设备领域实现了部分国产化，但在最核心的设备方面仍然差距明显。具体来看，中国半导体去胶设备已实现较高水平的国产化；刻蚀机技术与国际先进水平差距正在不断缩小；在清洗设备、薄膜沉积设备、离子注入机等方面实现了少量的国产化；已研发成功涂胶显影机、CMP（化学机械抛光）且实现量产供货，打破了外资垄断；但是高端光刻机仍然处于空白状态。光刻工艺直接决

---

① 1 英寸约合 2.54 厘米。

定芯片制程和性能，是芯片制造环节最关键的工艺步骤，而光刻机是核心设备，处于高度垄断状态，其技术含量之高、结构之复杂，被誉为"现代工业皇冠上的明珠"，尤其是最先进的 EUV 光刻机，仅荷兰的 ASML（阿斯麦）能够量产。中国的高端光刻机完全依赖进口，且最先进的 EUV 光刻机处于被"封锁"的状态，自主研发的光刻机虽然取得了一定进展，但在制程上仍然有四代的差距，实现追赶任重而道远。

二、智能仪器仪表、传感器

检测、显示信息的智能仪器仪表、检测终端是"万物发声"的关键。这些要在五大性能指标上达到要求：一是灵敏度，二是准确性，三是可靠性，四是能耗，五是安全性。如果没有以传感器和检测芯片为基础的高性能智能仪器仪表、检测终端，智能制造就是空中楼阁。中国在这方面与欧美、日本的差距，比在芯片领域的差距还要大。有数据显示，美国的仪器仪表、检测系统的产值只占工业总产值的 4%，但却带动了美国 60% 的工业实现了自动化。

如果将云计算、人工智能、大数据、移动互联网组成的数字综合体类比为一个智慧人体，那么传感器就是这个智慧人体的感官和神经末梢，能够准确、及时地感知"万物发声"，并转化为易于识别的数字信息。传感器行业属于技术密集型、知识密集型行业，需要长期研发的沉淀和积累。目前全球的传感器市场主要由美国、德国、日本等国的少数几家公司主导，博世、霍尼韦尔、德州仪器、飞思卡尔、飞利浦、意法半导体等企业的市场份额合计超过 60%。中国传感器产品多集中在中低端，高端智能传感器产品，比如各类 MEMS（微机电系统）传感器的自给率不高，在核心制造技术、工艺装备和人才储备方面，距离国际领先水平尚有差距。

三、移动通信技术

5G是万物万联的纽带，具备高带宽、低时延、高速度、低能耗、高可靠性五大性能。中国的5G在关键指标、基础性技术、网络架构设计、国际标准制定等方面均实现了领先和主导。但也存在着核心元器件、通信芯片制造等基础硬件受制于人的情况。接下来，还需要进一步丰富应用场景，加速推进5G赋能千行百业，支持各种应用创新。同时，按照移动通信每10年更新一代的发展规律，前瞻布局6G（第六代移动通信技术）网络技术储备，确保中国在下一代移动通信技术中的领先优势。

四、操作系统

5G能够实现万物万联，但是要把各种应用与终端有机糅合到一起，则需要操作系统，操作系统可以说是"人机互动"的底座。作为管理硬件和软件资源的基础，操作系统的主要功能包括管理处理器的进程，合理地分配计算资源；管理存储空间内的数据；管理硬件设备；管理文件系统；以图形界面、语音互动等方式协助进行人机互动等。

长期以来，个人计算机端操作系统领域微软一家独大，苹果的macOS系列占据少量份额；移动端操作系统被谷歌的安卓、苹果的iOS垄断。总体而言，中国在操作系统层面一直处于受制于人的状态。

在物联网下的产业互联网领域，应用形态更为丰富、应用场景更为分散，终端呈现海量碎片化的格局，对操作系统提出了全新的要求。在这一领域，中国的操作系统取得了一定的突破，出现了一些自主研发的操作系统和相关生态。比如华为的鸿蒙 OS 作为面向物联网和万物万联的全场景分布式操作系统，为不同设备的智能化、互联与协同提供了统一的语言，未来有望实现跨终端的协同体验。2021 年 9 月，华为与国家能源集团联合发布了适用于矿山管理场景的鸿矿操作系统，破除各类采矿设备之间的信息壁垒，提高了生产效率，而且能够与手机、智能穿戴等终端互联互通，进行更加精确的环境感知、人员定位、健康检测，提高了井下作业安全性，是鸿蒙操作系统在工业领域的一次突破。但是目前国产操作系统要实现在更广阔物联网场景下的应用，仍然面临适配性不足、生态不完整等问题。比如在智能制造领域，被广泛使用的还是西门子、ABB、发那科、罗克韦尔等国际自动化巨头自研的实时操作系统，以及 VxWorks、QNX 等操作系统。

整体而言，中国还要进一步加大操作系统的研发强度，扭转智能制造的"底座"受制于人的局面。

五、工业软件

工业软件是智能制造、工业 4.0 的大脑。中国工业软件相比发达国家起步较晚，技术储备不足。有数据显示，中国工业软件产值仅占全球产值的 6%，与中国工业产值全球第一的地位严重不匹配，高端工业软件领域则主要由外资主导。

工业软件可以大致分为研发设计类，包括 CAE（辅助分析）、

CAD（辅助设计）、CAM（辅助生产）和之前提到的 EDA 等；生产控制类，包括 MES（制造执行系统）等；运营管理类，包括 ERP（企业资源计划）、CRM（客户关系管理）等；嵌入式软件，比如嵌入式操作系统、嵌入式应用软件等。从总量上看，中国工业软件的产值与中国的经济规模、工业产值不匹配；从结构上看，自主研发的工业软件很多都集中在运营管理类，在更加核心的研发设计类软件上与国外领先企业的差距则更加巨大。比如 CAE 类软件完全被海外产品垄断，欧美的 Ansys、Altair、海克斯康（其收购了 MSC）等公司占据了超过 95% 的市场份额；在 CAD 类软件方面，西门子、达索、PTC、Autodesk 等欧美企业也占据绝对主导地位。国内产品取得了一定的进展，但还存在研发投入不足、教学和科研被国际软件巨头深度捆绑、商业转化不足等问题，需要持续进行突破。

工业软件并不单纯是一种信息化工具，其本质是将各类工业场景下总结出来的知识和经验以软件为载体进行保存和沉淀，并在相似的场景中进行应用。因此，工业软件的水平与工业技术的先进程度直接挂钩。从这个角度上讲，要求工业软件在短时间内全面追赶甚至超越国际领先水平并不现实，但是实现关键工业软件的自主可控的确是十分必要的。习近平总书记对工业软件的发展做出了重要指示，要重点突破关键软件，推动软件产业做大做强，提升关键软件技术创新和供给能力。[1]

---

[1] 新华社. 习近平在中共中央政治局第三十四次集体学习时强调 把握数字经济发展趋势和规律 推动我国数字经济健康发展. http://www.news.cn/2021-10/19/c_1127973979.htm.

六、算力

支撑"智慧网联"的还有算力。通过"万物发声"和"万物万联"会产生各种各样的大数据，包括整个空间泛在的数据、老百姓生活中的数据、企业生产运营的数据，数据在使用的时候叠加新的数据，就产生了数据库的存储、通信和计算的问题。如果说工业互联网、产业互联网、数字经济的基础条件是能使"万物发声"的检测，促使"万物万联"的纽带是5G通信，那么实现"人机互动"、智慧世界的关键就在于算力，在于由大数据、云计算、人工智能、区块链等数字化综合体形成的算力。

算力包含五个方面：一是计算速度，芯片、服务器、超算系统都反映这方面能力；二是算法，由大量数学家、程序员进行开发和优化；三是大数据存储量，包含静态数据，动态数据，经过人类大脑和计算机处理、计算后产生的数据；四是通信能力，体现在5G基站的数量、通信的速度、时延、带宽、可靠性和能耗等方面；五是云计算服务能力，包括数据处理中心的规模、服务器的数量等。数字时代，算力将是国家与国家、地区与地区之间的核心竞争力。

中国目前有13个超算中心，其中"神威太湖之光"和"天河二号"的算力位居世界前十，"神威太湖之光"曾经连续四年排名世界第一，直到最近几年才连续被日本、美国的超算超越。中国在算力方面取得了令人瞩目的成绩，但仍然存在一定的短板，一是从整体来看，中国自研的计算机芯片与美国英特尔、英伟达等生产的芯片仍有较大差距，二是部分超算中心的算力资源仍然没有得到充分利用，建议可以将一部分闲置的超算资源挂牌交易。

以上六个领域是环环相扣、彼此交织的。比如，如果没有智能仪器仪表，无法形成"万物发声"，那 5G 也就缺乏应用场景；如果芯片制造跟不上，算力、传感器将难以为继；传统产业进行数字化转型升级要经历四个步骤，每一步都涉及上述六个领域中的关键硬件和软件。如果在这六个领域中存在明显的薄弱环节，就会使数字化转型面临障碍。

新基建战略的重要意义

党中央提出的加速新基建的战略举措，为中国数字产业的进一步发展、传统产业数字化的改造升级、核心技术研发能力的增强奠定了坚实的基础。作为数字经济、智能经济、生命经济这些人类未来文明的技术支撑，新基建主要包含三个方面的内容。

一、信息基础设施

信息基础设施，也就是数字经济产业化。根据工信部有关机构测算，2020 年中国数字产业化规模达到 7.5 万亿元，占 GDP 的比重为 7.3%。[①] 随着新基建战略的进一步推进，数字化平台的各组成部分，包括 5G、大数据、人工智能、云计算等在内的数字产业都将在今后五年内产生万亿级的投资，也都将产生巨大的收益。

---

① 信通院.《中国数字经济发展白皮书（2021）》.

1. 5G 产业化

具体来说，截至2020年底中国累计开通5G基站96万座。根据工信部等十部门联合印发的《5G应用"扬帆"行动计划（2021—2023年）》，到2023年要实现每万人拥有5G基站超过18座，这意味着到2023年底中国将建成5G基站超过250万座；[①] 预计2020—2025年建成5G基站500万~600万座，保守估计每座投资20万元，仅5G基站建设的投资规模就将达到万亿元以上。更重要的是，5G的大规模商用将对包括终端设备、应用场景、运维服务等在内的整个5G生态系统产生巨大的作用。

2. 云计算产业化

云计算以具备存储能力、通信能力和计算能力的大型数据处理中心IDC作为硬件载体，本质上是大量服务器的集合，数据处理中心的工作能力是以服务器的数量来衡量的。中国将在今后五年增加1 000万台服务器。这1 000万台服务器连带机房、电力等设施建设至少将带动1万亿元规模的投资。相应地，云计算服务商可以以IDC为硬件，以私有云、公共云作为客户服务的接口，向客户提供服务。就像居民通过水龙头管道向自来水公司买水一样，各类客户按所需的计算量、存储量、通信量购买IDC资源，并按量结算费用。资源闲置时也可供其他客户使用，这样就能够有效、全面、有弹性地利用云计算架构中的资源，既能同时为千家万户服务，又能使大量服务器不产生闲置，从而优化资源配置，产生巨大红利。

---

① 中国政府网.工信部等十部门印发《5G应用"扬帆"行动计划（2021—2023年）》. http://www.gov.cn/zhengce/zhengceku/2021-07/13/content_5624610.htm.

3. 大数据产业化

在大数据方面，随着全球数据量的爆发式增长和数据的资源属性不断增强，大数据应用的经济价值也逐渐显现出来。数据具备六大特性：一是数据是取之不尽用之不竭的；二是原始数据是碎片化的，没有意义；三是数据不可能完全原始，对其加工就是由无序到有序的过程；四是数据能够产生数据；五是数据在利用过程中产生了价值和产权；六是数据可以经过多次转让和买卖。基于数据的这六大特性，杂乱无章的数据经过大数据平台的加工和处理就成为有指向性的、有意义的信息，再由信息归纳形成知识，进而成为决策判断、信用判断的工具，数据就具备了价值，就能为大数据平台带来可观的商业收益。

4. 人工智能产业化

人工智能企业基于大数据平台的支撑为客户提供算法服务，也可以获得收入。云计算、大数据、人工智能的软件植入为云计算厂商提供了数据处理中心，对客户形成三种在线服务。第一个是IaaS（基础设施即服务），云计算的云是一个硬件，是一个具有通信能力、计算能力、存储能力的基础设施，可以提供基础服务。第二个是PaaS（平台即服务），大数据公司往往在搜集、组织管理大量数据的基础上，使用人工智能算法为客户提供有效的数据服务，形成一个大数据的服务平台，提供大数据平台服务。第三个是SaaS（软件即服务），人工智能公司依靠大数据平台，提供算法，算法也是一种服务。

再比如物联网，预计未来五年将至少有30亿~50亿终端联网，形成万物互联，相应的投资规模也会达到2万~3万亿元。区块链等数字产业今后也将带动万亿级别的投资，同时产生巨大的回报和收益。

总而言之，数字经济产业化，在当前数字革命方兴未艾、信息基础设施建设如火如荼的大背景下，数字化技术的各个环节，云计算、大数据、人工智能，以及以 5G 为基础的移动互联网、区块链等，本身就能够形成若干个万亿级规模的庞大产业，成为国民经济的重要组成部分。

二、融合基础设施

融合基础设施，也就是传统产业数字化。数字化平台不仅自身能够形成庞大的产业，还能够对传统产业进行赋能增效，改造升级，从而产生巨大的叠加效应、乘数效应。中国的工业产值在 90 万亿元左右，假设通过数字化转型提升 5% 的效能，每年也能在不增加其他原材料投入的基础上，产生四五万亿元的增加值；此外，中国还有大约 150 万亿元销售额的服务业，假设通过数字化转型提高 5% 的效能，就能产生七八万亿元的增加值。下面我们通过四个例子来看看传统产业是如何进行数字化改造升级的。

1. 与制造业相结合形成智能制造、工业 4.0

数字技术与制造业深度融合发展，形成智能制造、工业 4.0，就是传统产业数字化的典型范例。能被称为工业 4.0 的企业，一般具有互联、数据、集成、转型四大特点，就是企业的仪表、生产线、车间、管理部门、供应链、研发、运营、产品、客户、消费者的数据和信息实现互联互通、实时集成、信息反馈，使得整个工厂企业从传统制造转向个性化定制，实现生产过程柔性化、个性化，同时提高运营效率，加快库存周转。

025

工业4.0具备三大特征：一是车间里几乎没有人，由机器代替人力进行高精尖的工作；二是整个车间甚至整个工厂都可以当作一个人体在进行自动化运转，对生产、物流等环节自动进行思考和决策；三是与整个市场密切联系。对产品的需求、市场的定制需求、个性化的要求，都在事先的设计之中。以芯片制造企业为例，在流水线中运行的芯片不是按同一批次、同一种芯片批量生产的，而是每一个盘片所对应的芯片都是有不同要求的，输入指令后，机器人能够进行高速运作和个性化生产。

更进一步的是对"数字孪生"的应用。传统制造业以生产加工各种工业品为主，做的是实体空间的实体产品。数字技术赋予了传统制造业"五全信息"，工厂形成了孪生的数字工厂、产品形成了孪生的数字产品、服务形成了孪生的数字服务。当有了"五全信息"作为基础，传统制造业的数字化转型就有了丰富的资源，在数字空间就可以产生大量生产性服务业的创新模式。

2. 与城市管理相结合形成智慧城市

智慧城市是数字城市与物联网相结合的产物，被认为是信息时代城市发展的大方向、文明发展的大趋势，其实质就是运用现代信息技术，推动城市运行系统的互联、高效和智能，赋予城市智慧感知、智慧反应、智慧管理的能力，从而为城市居民创造更加美好的生活，使城市发展更加和谐、更具活力、更可持续。

智慧城市是新型城市化的升级版，是未来城市的高级形态，以大数据、云计算、互联网、物联网等新一代信息技术为支撑，致力于智慧化的城市发展，使城市具有智慧感知、反应、调控能力，实现城市的可持续发展。

从战略层面推进智慧城市的建设，务必要把握其内在逻辑规律，抓住两个关键点。一是推动智慧城市建造，必须全面掌握并熟练运用互联网时代的新技术、新理念、新思维，科学主动地推动城市与智慧融合。二是智慧城市的建设要遵循数字化转型的四个步骤循序渐进。第一步是让城市的物能说话，第二步是通过物联网、移动互联网将数字化的城市要件连接起来，让城市的物与物之间能对话。第三步是让人与物能够交流，实现城市局部的智能反应与调控，比如智能收费、智能交通等。第四步是让城市会思考。

通过对"数字孪生"技术的应用，实现城市实体空间和虚拟空间的联动，让智慧城市的建设达到新的高度。传统的城市治理是以实体空间和实体人群为主体，数字技术将传统的实体空间扩展到数字空间。数字空间信息的有序和实体空间的治理是相辅相成的关系。通过应用各种智能技术，一座城市才有可能形成更好的"五全信息"，也才可以把城市的海量数据转变成财富，进而创新出更多的智慧城市应用。"实体空间＋数字空间"是城市经济新的发展基础，也是城市治理的数字体系，这才是真正意义上造福于民的智慧城市。

3. 与建筑业相结合形成智慧建筑

面向未来，推动传统建筑业进行数字化转型升级至少可以带来三个好处。

一是能够满足客户的个性化需求。在许多领域，客户的需求呈现出个性化、差异化，逐渐从千篇一律的产品需求过渡到千人千面的产品需求。这一趋势，未来也会体现在建筑业中。AR（增强现实）、VR、MR（混合现实）、人工智能和物联网等数字技术正以多种方式转变零售和办公空间，全球新冠肺炎疫情大流行加速推动了这一转变。客户需求和业务需求的不断发展，要求未来的空间适应不同的场景，为多模式、多功能预留可能性。建筑业通过数字化赋能使建筑空间更具适应性和灵活性，更好地满足了客户需求。

二是可以利用数字化技术，打通供应链上下游企业，实现信息协同和产业效率的升级。例如，浪费现象在建筑领域十分常见，物料和人工在实施过程中的浪费往往超过 1/3。而通过数字化技术打通供应链，建筑业可以显著减少浪费，还能大幅提高管理效能，提高施工的安全性。此外，对建筑业进行数字化赋能还能大幅提升节能环保效能。

三是可以通过"数字孪生"创新建筑业的商业模式、重组建筑业的价值链。传统建筑业的价值主要体现在建筑物的出租出售上。数字技术的应用也让建筑物有了"五全信息"，使传统的实体建筑有了"数字孪生"体。通过 BIM（建筑信息模型）等数字模型技术，可以为客户提供更为全面的空间数字信息，同时还可以提供建筑物内的环境等各种相关信息。在这些信息的基础上，建筑业的商业模式将会发生颠覆性的创新，价值链也将发生根本性的重组。建筑业价值将更多体现在对建筑物的物理数字空间的持续使用上，也就是通过运用建筑业的"五全信息"来创造价值。

总之，作为中国经济发展的支柱产业，建筑业在数字化时代的发展空间巨大。但这个空间绝不是靠盖房子、修高速公路来实现的，而是要转变发展思路，激活数据要素潜能，紧紧抓住新基建的历史机遇，以技术变革推动建筑业的数字化、智能化。尤其是要高度重视数字模型技术的研发和应用，创造建筑产业互联网新业态，改变建筑产业的商业模式，打造开创性的、万物互联时代的中国式数字建筑产业。

4. 与金融业相结合形成金融科技

金融科技发展的基础是产业互联网，主体是产业互联网金融。在大数据、云计算、物联网、人工智能等技术赋能下，金融科技发展迎来了前所未有的历史机遇。面向未来，产业互联网金融具有巨大的发展前景。产业互联网金融是机构通过金融科技向产业生态，尤其是中小微企业提供投融资服务的统称。产业互联网金融以企业为用户，以生产经营活动为场景提供数字金融服务，由于产业价值链更复杂、链条更长，目前数字化的比例仍然很低，金融服务远未达到面向个人端的数字金融智能化、便捷化的程度，金融科技发展将是下一个蓝海。

产业互联网金融的现实意义在于解决中小微企业的融资难、融资贵问题。中小微企业融资难、融资贵，不仅仅是中国的问题，还是世界性难题；不仅仅是银行自身的问题，还与小微企业自身特点有关。小微企业属于金融业长尾客户，存在抵押品不足、信用资质差、信息不对称、生命周期短等问题。传统金融机构在开展小微金融业务时，也存在获客及尽职调查成本高、担保不足、风险成本高、风控流程长等问题。

借助产业互联网金融，通过对"五全信息"的合理运用，一是可以降低获客成本，二是可以有效解决中小企业存在的信息、信用孤岛问题，三是能够实现智能风控，四是可以有效提高审批效率，为小微企业提供与之匹配的金融服务。

产业互联网金融发展的关键节点被逐步打通，进入成熟发展阶段。金融的底层逻辑是信用，在"五全信息"的驱动下，企业运营数据可以与金融服务紧密地结合起来，以信息流转带动信用流转，从而解决传统金融供给无效的问题。

以人工智能在企业中的应用为例，当前人工智能主要有八大关键技术，分别是深度学习、增强学习、模式识别、机器视觉、数据搜索、知识工程、自然语言理解和类脑交互决策。在这八大关键技术的支持下，制造业得以做到自感知、自适应、自学习、自决策，从而实现了生产的智能化、供应链的智能化、产品创新的智能化、企业经营的智能化。在此阶段，大量结构化、可靠的数据成千上万倍地增长，被采集、清洗、积累后，产生的数据利用区块链不可篡改的特性，进行大数据的交叉验证，从而使得金融资产数字化，数字资产标准化。多方资金按照不同标的的需求匹配进各类生产环境，将金融交易产品化，利用信息集成、交叉验证、资产穿透、溯源管理等手段，提升对金融业务风险管控能力及金融资产配置的综合服务能力。

数字化平台与金融机构各尽所能、各展所长是最合理的发展模式。合理的数字化平台，应能够通过四种渠道取得效益：一是通过物联网、大数据、人工智能的运筹、调度，降低产业链、供应链的物流成本；二是通过大数据、云计算、人工智能的应用，提高金融业务的工作效率；三是通过全产业链、全流程、全场景的信息传递功能，降低金融运行成本和风险；四是实现数字公司和金融业务的资源优化配置，产生优化红利。

同样，与数字化平台合作的金融企业，也可以通过四种优势为合作项目取得效益和红利。一是低成本融资的优势。二是企业信用判断的优势。数字化平台对客户的信用诊断相当于 X 光、CT（电子计算机断层扫描）、核磁共振，代替不了医生的诊断治疗。客户的实际信用调查及风险防范是金融企业的强项。三是资本规模的优势。数字化平台尽管有巨大的客户规模，但缺少融资规模 10% 以上的资本金。只有银行、信托、保险等专业的金融企业才有这种资本实力及与时俱进的扩张能力。四是社会信用的优势。不论是金融监管当局还是老百姓，与有牌照、有经验的金融企业打交道往往更放心、更顺手。基于上述分析，数字化平台要与专业的金融企业有机结合，各尽所能、各展其长、优势互补、优化资源配置，数字化平台也要发挥自己的长处，深耕产业，收集各行业的"五全信息"，提供给相应的金融战略伙伴，使金融平台服务效率得到最大化的提升，形成最好的发展模式。

数字化平台与金融机构要形成明确的各方共赢的效益格局。万流归宗，无论是金融科技还是科技金融业务的发展，最终都要让各方受益，降低实体经济中小微企业的融资成本，降低商业银行等金融机构的授信成本。在这个过程中，可以通过科技手段获得合理的收益，并将这些效率红利，合理地返还于产业链、供应链的上下游和金融机构及数据平台经营方，从而产生万流归宗的洼地效益和商家趋利集聚效益。

三、创新基础设施

创新基础设施有助于完善中国的创新体系，用科技创新、产业创新和制度创新，推动中国引领第四次工业革命。习近平总书记指出，要加强关键核心技术攻关，牵住自主创新这个"牛鼻子"，发挥中国社会主义制度优势、新型举国体制优势、超大规模市场优势，提高数字技术基础研发能力，打好关键核心技术攻坚战，尽快实现高水平自立自强，把发展数字经济自主权牢牢掌握在自己手中。[①]

---

① 新华社. 习近平在中共中央政治局第三十四次集体学习时强调 把握数字经济发展趋势和规律 推动我国数字经济健康发展. http://www.news.cn/2021-10/19/c_1127973979.htm.

新基建战略的重中之重，就是创新基础设施。过去中国的创新更多体现在引进海外基础研究成果方面，是"从1到N"的创新。在"从0到1"的原始创新、基础创新、"无中生有"的科技创新方面相对不足，然而关键环节的技术是买不来、讨不来的。新基建战略的重要意义，就是要加快布局一批以大科学装置和大试验平台为代表的创新基础设施建设，通过加大研发投入、加强基础性的原始创新、促进科研成果转化等，破除中国数字经济发展中的薄弱环节，力争在世界科技前沿取得突破。

首先，要加大对"从0到1"环节的基础研究投入。尽管2020年中国研发投入总量突破2.4万亿元，占GDP比重的2.4%，已经是全球第二位；但是投向较为分散，一些需要长期投入的关键性基础研究领域投入不足。2020年全国基础研究经费为1 467亿元，基础研究投入仅占研发投入总量的6%，全球主要创新型国家占比多为15%~20%，差距较大。要切实加大基础研究投入，将基础研究投入从2020年的6%，在2025年提高到8%，争取到2035年达到20%，与全球主要创新型国家持平。

其次，研发要围绕数字经济发展中迫切需要解决的问题。具体来说就是要着力科研攻关，克服从"万物发声"迈向"智慧网联"，进而实现"数字孪生"的过程中，在芯片、传感器、通信、操作系统、工业软件和算力这六个领域存在的薄弱环节，避免在关键领域被"卡脖子"的局面。

再次，研发要面向世界科技前沿。中国不仅仅要补齐关键科技领域的短板，还要主动进行超前研发，力争在世界科技的最前沿取得突破，尽快掌握一批"人无我有"的尖端科技，对其他国家在某些领域对中国"卡脖子"的行为进行均衡威慑。只有在科技领域形成均势，才能够避免在科技博弈中处于被动，达到以斗争求合作的战略目的。人类科技最终是要在国际科技合作中不断发展和进步的，中国将以更加开放的姿态，参与并加强国际科技合作。

最后，在创新体制上要进一步深化改革，畅通科技成果转化链条，努力将科技成果转化率由现在的10%左右提高到30%甚至40%，打造基础研究、区域创新、开放创新和前沿创新深度融合的协调创新体系，进一步激发全社会的创新创造动力。

新基建将助推中国引领第四次工业革命——数字革命。人类历史上经历过三次工业革命。第一次工业革命所开创的"蒸汽时代"（1760—1840年），标志着人类从农耕文明向工业文明过渡。当时的中国还处于封建王朝的后期，清朝的闭关锁国让中国与现代工业文明拉开了距离。第二次工业革命使人类进入"电气时代"（1860—1950年），电力、钢铁、铁路、化工、汽车等重工业兴起，石油、煤炭等成为世界财富的源泉，并促使交通行业迅速发展，世界各国的交流更为频繁，逐渐形成了全球化的国际政治、经济格局；在这一阶段，中国社会正处于水深火热之中，清朝覆灭、军阀混战，接下来又是抗日战争以及后来的解放战争，直到中华人民共和国成立，中国才开始走上工业化的轨道。二战结束后开始的第三次工业革命，开创了"信息时代"（1950年至今），人类进入了"信息文明"。全球信息和资源交流变得更为迅速，大多数国家和地区都被卷入全球化进程，世界政治经济格局因为信息的流动而风云变幻，但从总体上看，人类在这一阶段创造了巨大的财富，文明也发展到空前发达的程度。中国赶上了第三次工业革命，中华人民共和国的成立特别是改革开放让中国得以参与这次工业革命，但并非引领者。工业化与信息化并重的发展战略，使得中国经济保持了30年的高速增长，国民生产总值世界第二、工业经济规模世界第一。

目前中国正在深入推进的数字经济，就相当于第四次工业革命，人类即将迎来"数字文明"的新时代——数字时代。第四次工业革命我们不仅要深入参与，而且要努力成为引领国之一。在这一次工业革命中，人类优化分配资源的方式因为数字技术的普及、数据资源的丰富而发生了改变，并因此创造出大量社会新需求、消费新模式。中国拥有庞大的人口资源、海量的数据资源和丰富的应用场景，具有创造数字文明新发展模式的良好基础，因此我们必须从文明更迭的角度，理解、把握好习近平总书记所讲的"百年未有之大变局"，围绕党中央提出的新基建战略，抓住机遇谋发展，努力弥补中国在科学技术上的短板，同时要在社会经济领域突破短板，创新数字经济理论和实践，让中国引领第四次工业革命。

第一篇
数字经济篇

第一章

独具特色的中国数字经济路径

跨越三个时代,"数字经济"伴随人类一路同行

过去数十年间,数字经济一直保持着快速增长的态势,在世界各地的经济社会发展中发挥着重要的作用,创造着巨大的价值。然而直到今天,"数字经济"这个耳熟能详的名词也没有一个公认的、统一的定义,我们只能借助相关权威机构的解释,去勾勒它的概念轮廓。

作为在新冠肺炎疫情冲击下唯一实现正增长的经济体,2020年,中国对数字经济的重视程度达到了前所未有的高度。国家统计局在《数字经济及其核心产业统计分类(2021)》中将"数字经济"定义为:"以数据资源作为关键生产要素、以现代信息网络作为重要载体、以信息通信技术的有效使用作为效率提升和经济结构优化的重要推动力的一系列经济活动。"

放眼国际,联合国发布的《2019年数字经济报告》参考了曼彻斯特大学发展信息中心的伯克特和希克斯的研究(也是国际认可度较高的定义),将"数字经济"定义为三层:一是核心层,为数字产业[IT(信息科技)和ICT(信息与通信技术)],包括硬件生产、软件

和 IT 咨询、信息服务业和电信业；二是中间层，为经济产出当中完全或主要来源于以数字技术为基础的数字商品或服务；三是广义的数字经济，指信息与通信技术在所有经济领域的使用。联合国发布的报告对数字经济的数据测算主要取自核心层和中间层，也就是所谓的狭义数字经济定义。

OECD（经济合作与发展组织）将数字经济视作一种数字技术集合，将其定义为由数字技术驱动的、在经济社会领域发生持续转型提升的生态系统，主要包括大数据、物联网、人工智能和区块链。未来，随着技术手段的发展，这一内涵将会进一步得到丰富和发展。

美国商务部经济分析局从市场经济角度出发，认为数字经济包括三个部分：一是和网络运行相关的数字化基础设施，二是电子商务产业，三是数字经济使用者创造的数字媒体。

综观以上关于数字经济的表述，都离不开三大共性要素，这给了我们厘清数字经济核心要义的契机。第一，数字经济应包括产业数字化和数字产业化两大部分。产业数字化指通过数字赋能非数字产业，实现非数字产业的增值和效率提升；数字产业化指电子信息制造业、基础电信业、软件服务业、互联网行业等致力于数字技术创新和产品生产的数字产业部门，不断实现产业规模化生产和发展创新。第二，数字经济应是一个软硬件相结合的生态体系，这一生态体系将伴随技术革命不断进行自我革新、扩展边界，并将云计算、大数据、人工智能、物联网、区块链及未来出现的新兴技术包含在内。第三，数字经济应以数据资源为核心生产要素。

回首过去，从 20 世纪 90 年代前后伯纳斯·李发明万维网的那一刻起，数字经济就开始陪伴人类社会共同进步，并迈过了快速发展的辉煌的 30 年。近年来，随着工具和载体的改变，数字经济从传统互联网时代进入移动互联网时代，在这两个时代，数字经济所释放的红利主要为普通用户所享有；如今，伴随"移动互联网"红利期逐渐"退潮"，为了寻求更广大的受众群、实现惠及与覆盖更广泛的地区与行业，数字经济正在快步迈入有着广阔企业和政府市场的"云物大智链"时代，展现出赋能世界、改变全球的强大力量。

一、互联网时代（1990年前后—2009年）：一场发端于万维网的全球经济技术浪潮

20世纪90年代前后，万维网在实验室中诞生，在政府、学界、商界"三位一体"的共同努力下，全球开始进入数字经济的互联网时代。

在万维网出现前的1969年至20世纪90年代初期，政府和学界是互联网技术得以发端的主导力量。最初，政府为了确保能在第一轮核打击下保持指挥权而建立了网络通信系统阿帕网，后为了支持更多计算机接入网络而进一步开发了TCP/IP（传输控制协议/网际协议）和邮件系统，经过几年的发展，最终过渡到美欧学术界的整体计算机联网，一个软硬件相结合的互联网生态雏形也由此形成。到20世纪90年代前后，万维网被伯纳斯·李带到了这个世界，在互联网的浇灌下，商业组织如雨后春笋般不断涌现，那时的人们或许无论如何也想不到，从2004年3G开始在全球主要发达国家商用，并吹响移动互联网时代的先声号角，到2021年的今天，全球互联网用户总数已达到46.6亿，占总人口的59.5%。[①] 这一时期推动数字经济发展的动

[①] We are Social，Hootsuite. 数字2021：全球概览报告. https://hootsuite.widen.net/s/zcdrtxwczn/digital2021_globalreport_en.

力主要来自四大驱动因素。

1. 政府主导下网络基础设施的完善

美国于1991年通过《高性能计算与通信计划》，拨款建设包括通信网络、计算设备等在内的信息技术基础设施。在政府的号召及支持下，美国的网络基础设施得到了显著改善。各国也纷纷效仿加大投入，从而为日后的普及奠定了硬件基础。

2. 个人计算机、芯片、操作系统和应用程序促进软硬件生态普及

1981年，IBM推出第一款个人现代计算机IBM5150；1983年，苹果公司推出第一个可视化操作系统Lisa；1985年，微软发布Windows系统，大幅降低了计算机的使用难度，促进了普及率的快速提升；20世纪80年代开始微软和英特尔的强强联合有效地推动了个人计算机性能的提升，随着硬件技术和操作系统的成熟，个人计算机开始广泛普及；1993年，第一款面向普通用户的浏览器Mosaic被开发并普及；1994年，第一个门户网站雅虎诞生；1995年，亚马逊网上书店诞生后，以浏览器、门户和电子商务为代表的应用程序开始快速普及。

3. 标志性互联网企业的诞生

互联网时代具有代表性的互联网企业包括：1976年比尔·盖茨成立的微软公司，1994年互联网浪潮最具标志性的Netscape（网景浏览器）普及，1995年斯坦福大学的学生杨致远注册成立的雅虎公司，1998年诞生的谷歌公司。

4. 资本市场的强力助推

1995年，网景公司上市，当日市值达到30亿美元，掀起了互联网企业商业化的新开端。由于当时的初创互联网企业没有正现金流，无法靠传统方法估值，投资人一度将网页点击量引入财务估值模型。1999年，美国风险投资（以下简称"风投"）规模较前一年增加超过90%，次年的规模突破了1 000亿美元，其中超过一半是针对互联网企业，许多初创企业得以快速发展，进一步繁荣了互联网生态。

中国在互联网时代呈现出追赶的姿态，发展轨迹呈现出"跟随者+微创新"的特征。1993年，清华大学、北京大学和中国科学院三家机构为发展高能物理，正式接入国际互联网，自此揭开了中国互联网行业发展的帷幕。1995年创办的瀛海威公司借鉴了美国在线公司的商业模式，采取"ISP（互联网服务提供商）+ICP（网络内容服务商）"的混业模式，后结合我国国情进行调整，转变为专营ISP，并与中国电信紧密合作。2000年以前，中国互联网处于门户时代，人民网、新华网、网易、搜狐、新浪等当下知名的主流门户网站纷纷问世，这批公司借鉴了美国雅虎的门户网站模式，并结合我国国情建立了庞大的编辑队伍，创造了海量内容，成为行业领头羊。2000年，新浪、网易、搜狐在美国纳斯达克上市，创造了中国互联网门户时代的巅峰；在互联网泡沫破灭后，1998年创立的腾讯，1999年创立的阿里巴巴和2000年创立的百度，分别成为社交、电商和搜索领域最具影响力的行业巨头，引领了此后10年互联网企业的发展浪潮。

很明显，虽然互联网技术整体是一项舶来品，但其在中国本土化实践的过程中，依然取得了令人瞩目的成就，也初步显示了数字经济本身能够轻易跨越国界、赋能发展的优良特性。一个有力的证据是，在这一时期末，根据德利斯和帕特里克发表在哥伦比亚大学《国际事务》杂志上的文章，2010年，中国数字经济规模就达到了3万亿美元，占全球总经济规模的4.5%。同年，根据国际电信联盟的统计，全球有20亿人"触网"，互联网渗透率达到29%。

二、移动互联网时代（2009年至今）：从"跟随者"向自主创新过渡

2009年，苹果iPhone 3GS手机发布，这是移动互联网时代到来的标志性事件。与互联网时代全球各国各自为营、竞相发展的局面不同，移动互联网时代的一个显著特点是，各国政府和企业界开始同心协力，带领世界加速迈入移动互联网时代。一方面，从3G到4G，各国从标准制定到下发牌照，再到开始商用的时间间隔大幅缩短。3G标准于2000年颁布，日本于次年就投入商用，欧洲则于2004年投入商用，美国于2007年开始投入商用，而中国则于2009年开始投入商用；4G标准于2010年底颁布，日本和欧洲的主要国家在当年即投入商用，美国和中国分别在2011年和2014年投入商用。投入商用的时间间隔缩短，意味着技术成熟进度的大幅加快，移动互联技术呈现出类似加速进化的优势特征。另一方面，以谷歌和苹果为代表的软硬件厂商积极创新，不断构建和完善智能手机生态，为移动互联技术搭建起了一个真正能够发挥所长的"舞台"：谷歌于2008年发布安卓系统，苹果于2009年发布iPhone 3GS，标志着智能手机真正化身为"能打电话的智能终端"，智能手机开始逐渐代替功能手机，并快速普及。这一时期，由四大驱动因素构成的完善生态，促进了移动互联网的快速发展。

1. 智能手机硬件的快速普及和性能提升

根据市场研究机构 IDC（国际数据集团旗下子公司）发布的统计数据，全球智能手机的年出货量从 2010 年的 3 亿部到 2016 年的 15 亿部。2021 年全球智能手机用户数达到 38 亿，渗透率达 48%（见图 1.1）。在性能方面，高通芯片的显卡性能测试从 2014 年"骁龙 810"的 25 帧到 2021 年"骁龙 888"的 175 帧，提高了 6 倍多。

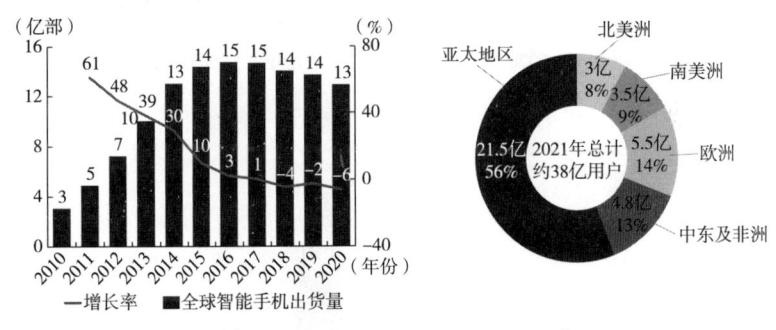

图 1.1 全球智能手机出货量和用户数[1]

2. 基础设施的完善，移动互联网的普及和资费的下降

根据 GSMA（全球移动通信系统协会）发布的统计数据，4G 覆盖率从 2015 年的 8% 快速增长到 2019 年的 52%，预计到 2025 年，4G 和 5G 将覆盖全球 78% 的人口；各国数据流量资费快速下降，以新兴市场为例，各国数据流量占收入的百分比已经从 2015 年的 1.3%~3.9% 下降到 2017 年的 0.4%~1.3%（见图 1.2）。

---

[1] IDC. 全球手机季度跟踪报告 . 2021；市场研究公司 Newzoo.

数字上的中国

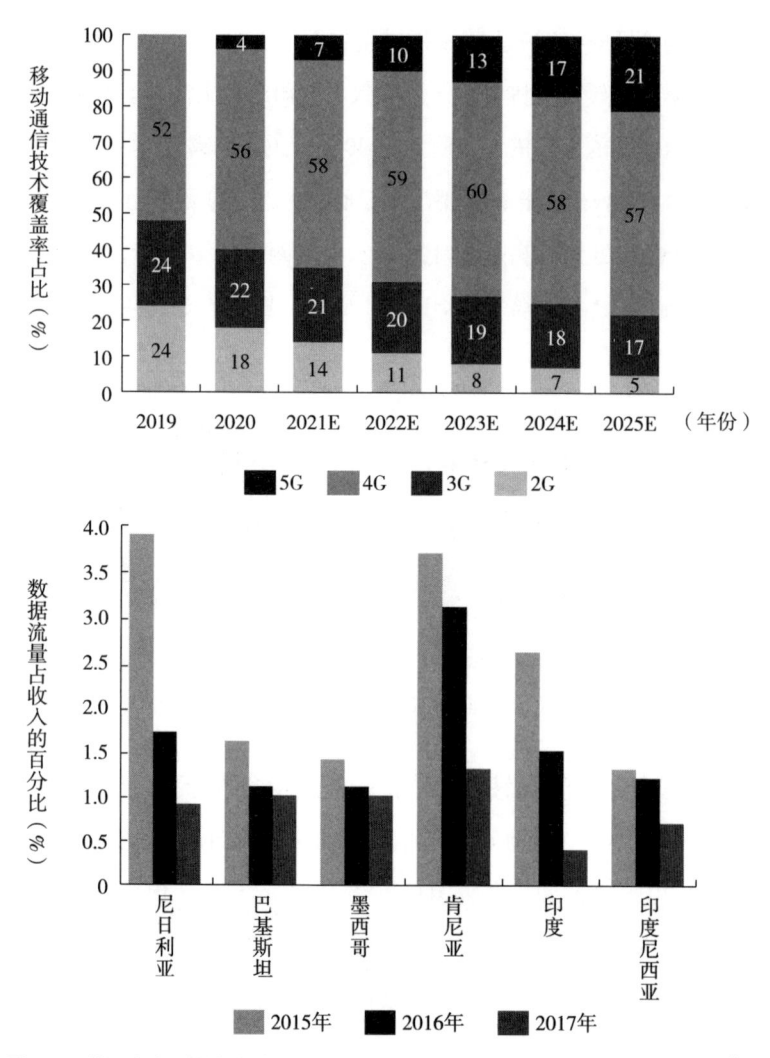

图1.2 世界移动通信技术覆盖率占比和新兴市场各国数据流量占收入的百分比[1]

3. 应用程序开发生态的完善和发展

2008年7月，苹果应用商店Apple Store上线，最初的Apple Store

---

[1] GSMA. 全球移动趋势报告. 2018.

044

仅搭载了 500 款 App（应用程序），逐步完善的商业模式和日益庞大的用户数量为其发展提供了源源不竭的动力，到今天，Apple Store 作为全球最大的软件平台之一，上面已经有超过 200 万款 App。据估计，自 2019 年 4 月以来，iOS（苹果公司开发的移动操作系统）应用经济已经为社会创造了近 30 万个新的就业岗位，并为全美 50 个州超过 210 万个工作岗位提供了支持。[①]

4. 资本市场的积极助推

全球互联网风险投资金额从 2010 年第一季度的 100 多亿美元发展到 2015 年第三季度的超过 400 亿美元。大量资本的涌入进一步加快了技术和应用程序的开发（见图 1.3）。

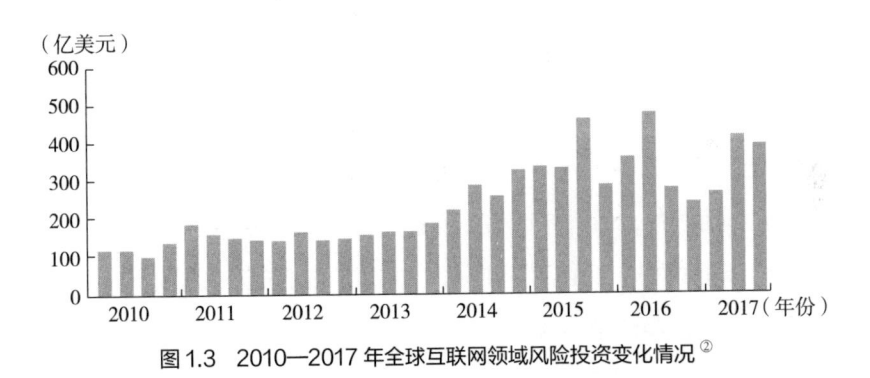

图 1.3 2010—2017 年全球互联网领域风险投资变化情况[②]

这一时期，中国的移动互联网开始追赶国际先进水平，逐渐从"跟随者"向自主创新过渡，并充分利用人口红利，发展出具有中国

---

① 苹果公司. 开发者针对疫情作出灵活调整，iOS App 经济为美国创造 30 万个新岗位. 2020. https://www.apple.com.cn/newsroom/2020/09/ios-app-economy-creates-300000-new-us-jobs-as-developers-adapt-during-pandemic/.
② 毕马威. 2020 年第二季度全球风险投资波动报告. KPMG. 2020.

特色的移动互联网。2010年小米公司成立，2011年微信发布，这两大标志性事件引领了中国移动互联网时代硬件和软件的迅速普及，构建起具有中国特色的移动互联网软硬件生态。当然，这离不开政府主导下的网络基础设施的完善，根据CNNIC（中国互联网络信息中心）发布的统计数据，在2008年底，中国移动上网用户数为1亿，到2010年，这一数据达到3亿，到2015年，中国移动上网的人口渗透率已经达到90%，成为中国移动互联网高速发展的沃土（见图1.4）。以阿里巴巴为代表的大量互联网企业成功实现了移动化转型，并与腾讯、百度、京东等科技企业一同发挥规模效应和网络效应，建立起一个拥有超过400万款App的移动应用程序生态，[①]腾讯、台积电和阿里巴巴更是跻身2021年中美科技企业市值前十位，是除美国企业之外，仅有的三家外国企业。短视频、共享单车和直播电商等创新模式也是率先在中国出现，进而传播到世界的。

到2020年，移动互联网在中美等领先国家的发展红利见顶，增速出现下滑。以中国为例，根据QuestMobile（北京贵士信息科技有限公司）的统计，2019年11月，移动互联网月活用户数达到11.4亿，增速已降至0.7%，2019年，月人均单日使用时长已超过6小时，但整体增速也已经降至10%以下，逐渐进入存量市场的状态。领先的移动服务供应商逐渐转向布局海外市场，更多的服务商则将注意力从C端转向B端和G端的广阔市场。

---

① 人民网研究院. 2020年中国移动互联网发展报告. 2020.

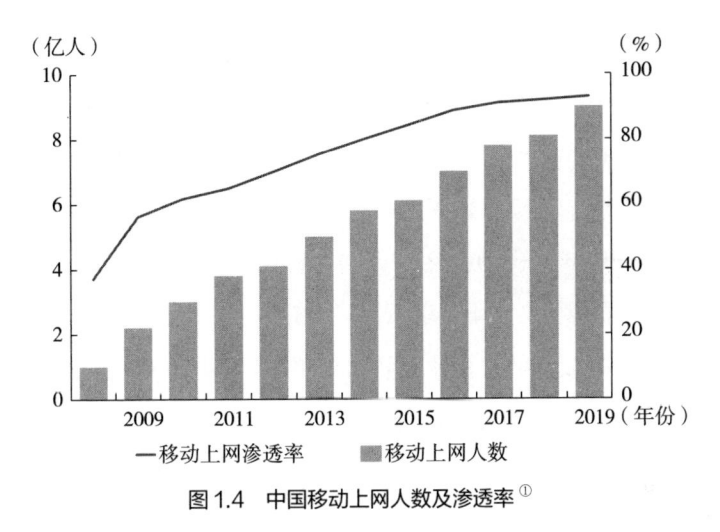

图 1.4 中国移动上网人数及渗透率[1]

三、"云物大智链"时代（2013 年至今）：广阔应用场景孕育大量创新

根据中国互联网协会理事长邬贺铨院士在 2013 年 8 月中国互联网大会上提出来的"大智移云"概念，将"云物大智链"时代定义为在移动互联网充分发展的背景下，综合使用云计算、工业互联网、大数据、人工智能和区块链技术，促进产业互联网变革发展的时代。这一时代从 2013 年开始，数字经济的内涵从 To C 互联网向 To B 互联网和 To G 互联网拓展，极大地拓宽了数字经济的边界。

移动互联网时代奠定了"云物大智链"时代软硬件规模的基础，政府作为主要力量揭开了序幕。移动互联网时代将大量的人和设备连接到互联网，从 2007 年的不到 10 亿台，到 2018 年底全球联网

---

[1] CNNIC. 中国互联网络发展状况统计报告 . 2020.

设备数量达到 220 亿台，其中，企业的联网设备占比过半。[①] 2012年，通用电气公司在《工业互联网：打破智慧与机器的边界》中提出了"Industrial Internet"（工业互联网）的概念，随后，这一概念逐渐开始广泛传播。2012 年，美国政府启动大数据规划，2015 年，提出"工业互联网战略"；2014 年，德国政府提出工业 4.0 的概念；2014年，中国互联网协会理事长邬贺铨院士提出了"产业互联网元年"的概念，与面向 C 端的"消费互联网"相对。多国政府的共同宣言标志着"云物大智链"时代的开启。

由于政府和工业部门复杂的内部组织，政府的引导一直是"云物大智链"时代数字经济发展最重要的动力。与互联网时代、移动互联网时代类似，基础设施的完善和软硬件生态的普及都有效地推动了"云物大智链"时代的发展。此外，软硬件成本的下降也是重要的因素，相比 10 年前，传感器价格下降了 54%（见图 1.5），联网处理器价格下降了 98%，带宽价格下降了 97%。与互联网时代、移动互联网时代类似，软硬件协同、政企结合的完善生态也是数字经济时代发展的驱动因素。

云计算、工业互联网、大数据、人工智能和区块链技术相互协同，共同实现 To B 互联网和 To G 互联网的赋能。以工业互联网平台为核心，接入海量设备，实现大量 B 端和 G 端运行与检测数据的融汇，积累了大量需要存储、传输和运算分析的数据，这就需要云计算来负载如此大的算量，实现数以万计的企业乃至产业链之间的互联。人工智能可以通过海量数据进行学习和优化，逐渐实现工厂生产、管理、采购、物流和销售全流程的自学习、自执行、自组织。区块链技

---

① Strategy Analytics. 全球联网和物联网设备预测更新 . 2019.

术使用分布式账本技术实现数据的一致存储，并使其难以被篡改，可以加快工业企业内部的生产流程管理、设备安全互联、打通数据孤岛，助推在工业企业之间实现产业链协同。

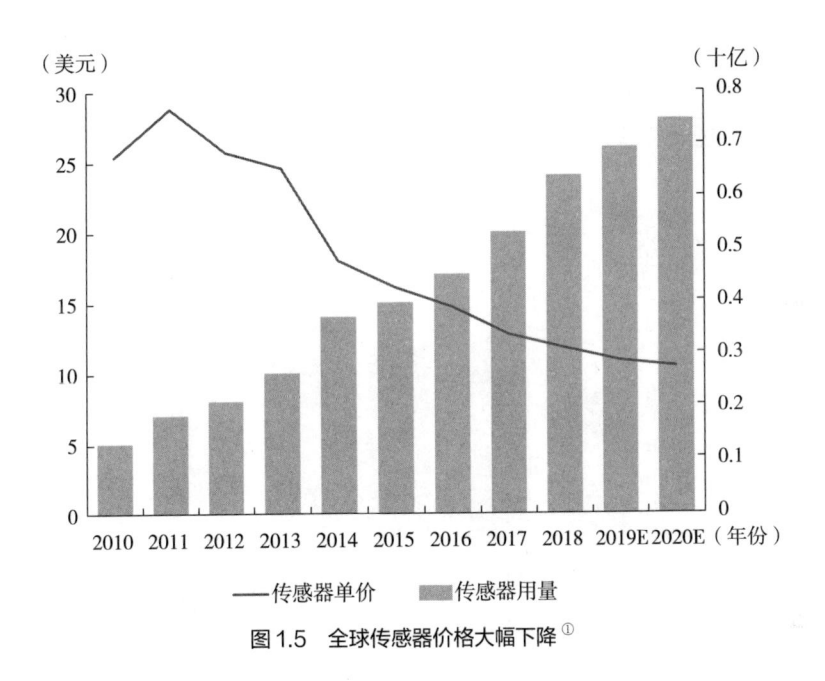

图1.5 全球传感器价格大幅下降[1]

在这一阶段，中国凭借广阔的应用空间和丰富的应用场景，在"云物大智链"领域孕育出了大量创新成果，和美国一道重塑了这一时代的"双寡头竞争"格局。以人工智能为例，因芯片算力的增速逐渐放缓，场景数据逐渐成为人工智能发展的重点。微软公司前全球副总裁李开复评价道："当今的AI（人工智能）应用更依赖于数据而非研究，而中国在发展AI方面有很多有利的条件，在人力、创新、资金和政策的推动下，中国的AI应用发展前景可期。"百度、科大讯飞、

---

[1] 招商银行研究院.物联网行业研究报告：万物互联，万象更新.2020.

商汤科技等一批人工智能企业纷纷就垂直产业的数据资产和场景与中国产业界的龙头企业合作，发展人工智能技术，并取得了丰硕成果。

受政策支持和产业数字化转型的推动，根据BCG（波士顿咨询公司）统计，2016—2020年，全球"云物大智链"领域以12%的年均增速快速增长，其中，云计算和物联网领域更是独占鳌头，2020年的市场规模超过万亿美元（见图1.6）。

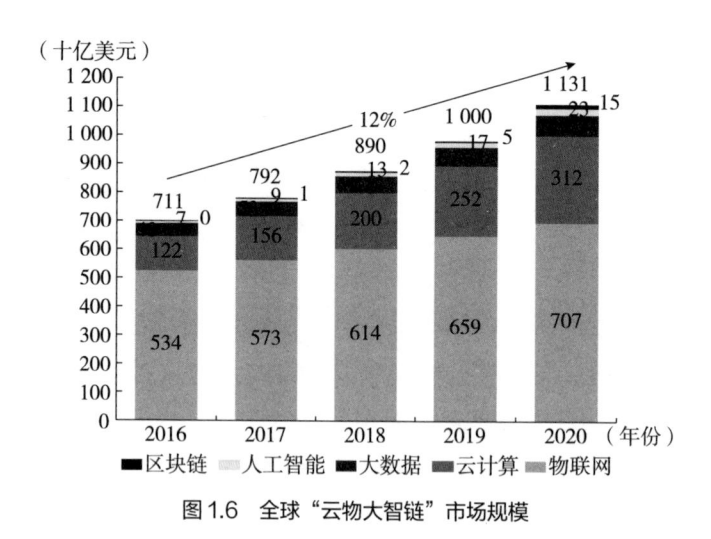

图1.6 全球"云物大智链"市场规模

全球视野下数字经济的发展现状

近30年来，全球数字经济快速发展，取得了斐然的成就。但在全球范围内，地区间数字经济发展水平不平衡、不充分的问题依然存在。具体表现为涵盖中美两大经济体的亚太地区数字经济的发展最为迅猛，而以发展中国家为主的非洲地区的数字经济规模较小，但未来发展潜力巨大。从发展模式上看，各国基于不同的数字产业基础和数字化转型诉求，采取了 4 种数字经济发展模式。无论是长期投入技术创新和 ICT 基建的数字经济先锋（美国与中国），还是战略起步较晚、基础薄弱的发展中经济体，大部分经济体近年来都加大了资金投入与政策支持的力度，进而推动了数字经济的发展。

一、数字经济助力缩小全球经济发展水平差距

参考中国信息通信研究院（以下简称"信通院"）的数据，2019 年，全球 47 个具有代表性的经济体的数字经济产业规模达 31.8 万亿美元，占相应国家 GDP 的 41.5%，2016—2019 年的年均增长率约为 5.6%（见图 1.7）。这体现出区域数字经济发展水平不均衡和中低收入国家数字经济增长动能更足两大特点。

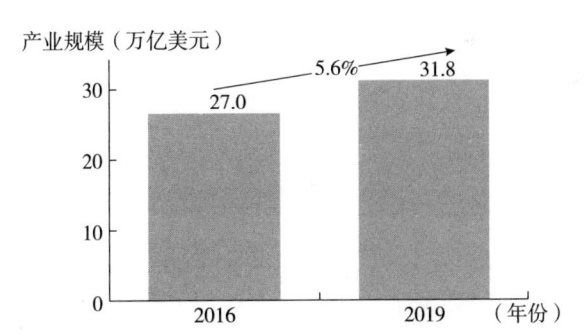

图 1.7 全球 47 个具有代表性的经济体的数字经济产业规模[①]

地区发展的不均衡情况较为明显，非洲地区数字经济规模明显落后，乡村地区网络渗透率远低于城市，显示出以非洲为代表的发展中

---

① 联合国. 2019 年数字经济报告. 国际电信联盟官网.

国家和乡村地区的巨大发展潜力，这些地区将是未来数字经济发展的主战场。2019年各大洲数字经济产业规模如图1.8所示。

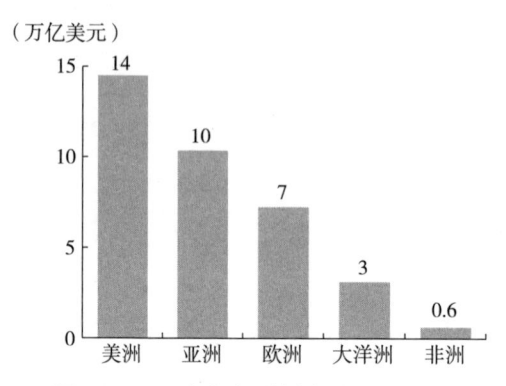

（万亿美元）

图1.8　2019年各大洲数字经济产业规模

中低收入国家数字经济增长动能更足，数字经济将成为缩小经济发展水平差距，促进全球公平的重要抓手。全球应当紧抓数字经济发展，促进中低收入国家的经济发展。全球数字经济增速与GDP增速如图1.9所示。

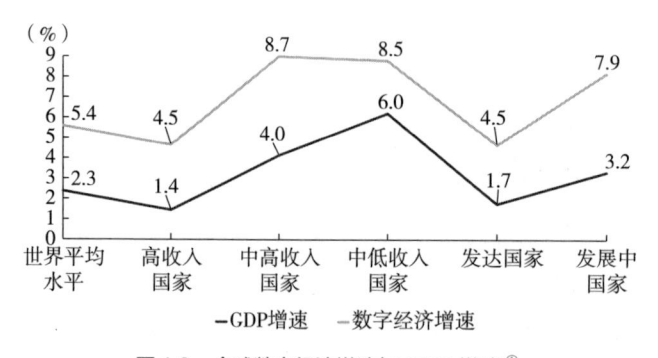

图1.9　全球数字经济增速与GDP增速[①]

---

① 中国信息通信研究院. 全球数字经济新图景（2020年）.

二、各国数字经济发展的四种模式

全球数字经济发展的差异与不平衡取决于两个因素：一是各国的数字产业基础，包括 ICT 基础设施、科创研发投入、数字生态闭环、多元扶持基金、数字化人才等；二是数字化转型诉求，包括数字化战略路线图、不同客户端的场景需求、转型升级意愿等。我们将其划分为四种发展模式（见图 1.10）。

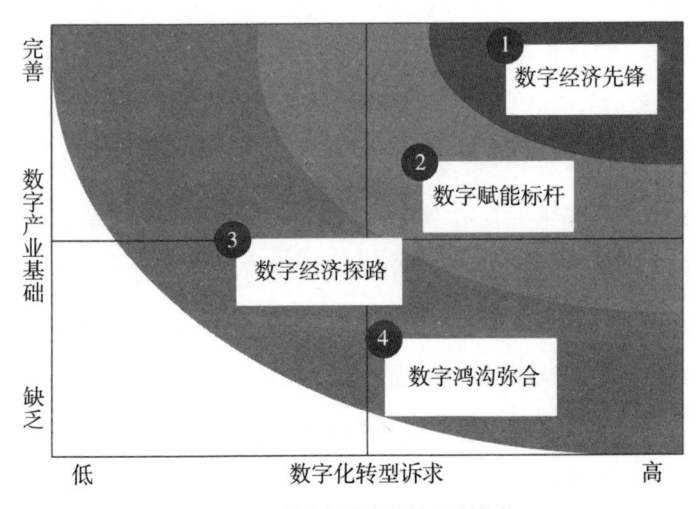

图 1.10 数字经济发展的四种模式

1. 数字经济先锋模式

采取这类模式的经济体较早开始从国家层面部署数字经济发展战略，拥有完善且持续领先的 ICT 基础设施，数字化应用丰富且创业投资体量巨大。在全球数字经济发展中，美国与中国保持着领先地位。联合国发布的《2019 年数字经济报告》显示，两国占全球区块链技术相关专利的 75%，全球物联网支出的 50%，全球公共云计算市场的 75% 以上，全球 70 家最大数字平台公司市值的 90%。

美国方面：依托政府的长期鼓励和持续领先的技术创新，以"双腿模式"打造数字经济全球领导地位。美国自20世纪90年代末开始大力鼓励和支持数字经济发展，1993年9月克林顿政府出台的"国家信息基础设施行动计划"，奥巴马政府实施的《网络空间国际战略》，特朗普政府颁布的《国家网络战略》等，都明确了美国对未来数字经济发展的政策导向。截至2020年上半年，美国以拥有5 033个数据中心的绝对实力称霸全球，2020年全年累计在ICT基础设施领域的投入超过1.5万亿美元。在国家政策鼓励、资金保障和科研人才充足的前提下，科创企业有着极佳的，持续朝着尖端科技创新领域迈进的生存土壤，仅2020年，全美科创企业的研发总投入就达到1 771亿美元，占全球科创企业研发总投入的一半以上，是全球领先技术的前沿阵地。美国是唯一在数字经济领域实现了用"消费互联网＋产业互联网"两条腿走路的国家，在北美市值前15的互联网企业中，消费互联网和产业互联网的企业数量相当。产业互联网的优势更能体现在细分领域，在各垂直行业（如金融、医疗、零售、物流等）和业务领域［如财务、CRM（客户关系管理）、供应链、共享管理等］都能孕育出若干专业小巨头。

中国方面：立足消费互联网，借助国家战略与产业基础积极发展数字经济。在早期，我国经济发展中的人口红利优势，为数字经济的发展提供了巨大助力。据中国网络信息中心数据，2005年6月底，我国网民规模突破1亿大关，两年后达2.53亿，普及率近20%，此时中国就已经超越美国，成为全球第一网络大国；2010年底，网民规模达到4.57亿，普及率攀升至34.3%，超过美国和日本网民数量的总和；2013年底，网民规模进一步扩大到6.18亿，普及率为45.8%。庞大的网民群体推动了电子邮件、电子商务、社交媒体、电子政务、网络游戏、互联网金融等新模式、新业态的快速发展。但在核心技术产业互联网方面，我国仍有不少空间等待挖掘。为此，党的十八大以来，党中央、国务院审时度势，前瞻性地谋划实施数字经济战略，先后出台了《数字经济发展战略纲要》《国务院关于积极推进"互联网+"行动的指导意见》《促进大数据发展行动纲要》等一系列重大战略性文件，为推动数字经济新业态、新模式的健康发展提供坚实的政治制度保障。

2. 数字赋能标杆模式

采取这类模式的国家凭借自身在产业领域方面的优势，或在数字经济顶层的集中部署，进而确定了其在数字经济领域中某一细分领域的标杆地位，德国与英国就是此类模式国家中的佼佼者。

德国依托强大的制造业优势，引领制造业数字化转型。德国政府在《德国2020高技术战略》中明确提出工业4.0是十大未来项目之一。该项目由德意志联邦教育及研究部和联邦经济技术部联合资助，投资额预计达2亿欧元。旨在提升制造业的智能化水平，建立具有适应性、资源效率及基因工程学的智慧工厂，在商业流程及价值流程中整合客户及商业伙伴。德国工业4.0概念的提出为处于瓶颈状态的工业制造业指明了方向，帮助企业结合数字化、人工智能、物联网等新技术，向智能制造方向发展。然而，近年来受人才短缺、基础设施滞后等影响，与美国、中国、新加坡等相比，德国数字经济发展呈落后状态。2018年，德国信息技术专家岗位空缺达8.2万个，2019年，空缺大幅扩大到12.4万个。人才极为短缺严重阻碍了德国数字经济的发展，同时也拖累了德国的整体经济发展。另外，德国基础设施薄弱，截至2017年底，德国使用光纤网络的互联网用户占比仅为

2%，不到 OECD 成员平均值的 1/10，网速只到达了 OECD 成员的平均值。

英国持续完善"数字政府即平台"建设，引领全面数字化转型。英国基于"数字政府即平台"理念，持续推进政府数字化转型战略的实施。英国于 2012 年颁布《政府数字化战略》、2014 年实施《政府数字包容战略》、2015 年启动"数字政府即平台"计划，这一系列举措取得了显著成效，助推英国政府获得 2016 年联合国电子政务调查评估第一名，成为全球表现最为卓越的数字政府。在英国政府的数字化转型战略中，"数字政府即平台"战略既是指导思想，又是核心内容。就英国的实践环境而言，该战略具体是指政府数字服务组提供的通用共享平台设施，以及内阁组成部门或者第三方在平台上开发的附加应用，共同推动以平台为基础的政府数字化转型。2017 年英国出台了《政府转型战略（2017—2020）》。该战略明确指出政府以民众需求为核心，不断解决在公共服务的提供中存在的问题，制定完整的数字化路线，以提升用户体验、提高工作效率，这将使英国民众、企业和其他用户都能够享受到更优质、更可靠的在线服务。这是英国就政府转型做出的系统性安排，力图寻求建立一种"全政府"的转型方式，旨在向英国民众提供世界一流的公共服务，推动政府的数字化进程。

3. 数字经济探路模式

此类国家在拥有顶尖的信息科技产业的基础上，通过实施跨行业合作，进一步撬动数字经济转型动能，代表国家有芬兰。

芬兰是世界上信息与通信技术发展和使用程度最高的经济体之一，"数字化芬兰"已经被纳入芬兰政府的发展战略框架中，研发机构、政府、企业等在此框架下将众多领域进行整合，制定出建立数字社会的发展步骤，从而建立一个运转良好的数字经济体，在所有商业领域，如5G、6G（第六代移动通信技术）及各个智能领域实现可持续发展。其主要得益于芬兰政府对科技创新的高度重视，特别是在研发方面不遗余力地投入大量资金，芬兰的科技投入占GDP比重高达3.5%，远高于欧盟不到2%的平均水平，位居世界第三。任何一个有潜力的创新项目都有可能获得支持。这就使得仅有500多万人口的芬兰，成功构建了门类齐全的ICT生态系统和清洁技术生态系统。依托自身强大的技术实力与良好的科创环境，芬兰正积极配合欧盟"单一市场计划"挖掘本土及欧盟更多的数字化场景，该项目计划投资40亿~60亿欧元，建立统一的数据市场，释放被尘封的海量数据，实现数据在欧盟内部的自由流动，以及在产业、学术、政府等多部门的共享。

4. 数字鸿沟弥合模式

发展中经济体的数字经济战略布局起步较晚，数字基础设施薄弱或区域内数字化程度差异较大，但近年来也纷纷出台了相关政策投入数字化浪潮之中。

印度在2015年才推出"数字印度"计划，涉及普及宽带上网、建立全国数据中心与促进电子政务这三个方面；巴西在2016年才颁布《国家科技创新战略（2016—2019年）》，将数字经济与数字社会列为其优先发展的11个领域之一；俄罗斯在2017年将数字经济列入"俄联邦2018—2025年主要战略发展方向目录"，并将其编制为《俄联邦数字经济规划》。

从上述四种模式的分析中，我们可以得到一个直观的结论：数字经济要实现发展，政策往往比技术先行。事实上，大量实践证明，尖端技术是实现有效发展的前提，需要充足的资金保障和人才智力支撑。技术成熟后的商业价值实现，也离不开来自政府的大力推广和采购应用，因为尖端技术很难从一开始就覆盖全面，这一由少到多、由点到面的普及过程，正是行政力量发挥作用的空间所在。从这一点来看，持续加快完善数字经济发展的顶层设计是实现数字经济长足发展的重中之重。对中国数字经济发展现状进行分析，我们就会发现，中国路径是如何生动诠释上述结论的。

三、中国数字经济发展现状

中国的数字经济从互联网时代就开始不断追赶国际先进国家，到移动互联网时代实现了初步赶超，在全球数字经济版图中仅次于美国。2020年，中国数字经济规模达39.2万亿元，数字经济占GDP比重达到38.6%，[1]比2016年的数字经济规模和GDP占比均明显提升（见图1.11）。

中国数字经济的发展"奇迹"，离不开其强大的内生动力加持：一是政府积极投入信息化基础设施建设；二是互联网和移动互联网两大红利叠加，技术普及速度不断加快；三是人口红利和流量红利大，催生出大量具有中国特色的细分数字经济产业；四是全球领先的平台型企业集群不断涌现并引领整体发展。

---

[1] 中国信息通信研究院.中国数字经济发展白皮书.http://www.199it.com/archives/1237607.html.

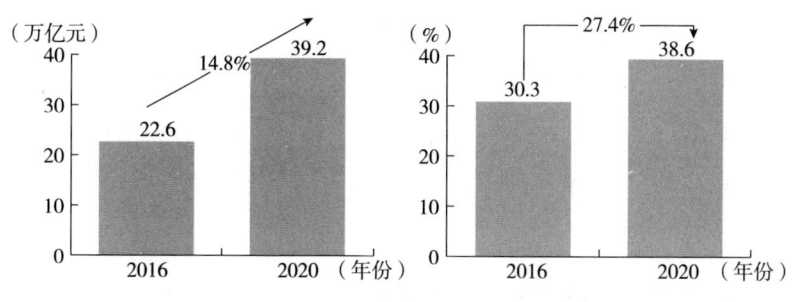

图1.11 2016年和2020年中国数字经济规模及GDP占比

1. 政府积极投入信息化基础设施建设

近年来中国各级政府出台多项高能级的数字经济发展支持政策，为全国数字经济营造了良好的产业发展环境。同时也在积极投资基础设施建设，根据中华人民共和国工业和信息化部（以下简称"工信部"）统计，"十三五"时期以来，我国建成了全球规模最大的信息通信网络。光纤宽带用户占比从2015年底的56%提升至2021年的94%，千兆光网覆盖家庭超过1.2亿户，4G基站数量占全球总量的一半以上，[①]为数字经济发展创造了有利条件。

2. 两大红利叠加，技术普及速度不断加快

中国的PC（个人计算机）互联网时代起步相对较晚，但移动互联网起步较快，根据CNNIC统计，"十三五"期间，我国网民数量从6.88亿增长至9.89亿，5年增长了43.7%，保持了极快的发展速度。从3G到4G，中国从标准颁布到商用的间隔期从9年缩短到4年，与世界其他领先国家的差距明显缩小。

[①] 苗圩.工业和信息化部：中国4G基站数量占全球一半以上. http://www.cac.gov.cn/2019-09/23/c_1570766799309488.htm.

3. 人口红利和流量红利催生特色细分产业

根据CNNIC统计，截至2020年12月，中国网民规模达到9.89亿，位居全球第一，占全球网民总量的1/5，移动支付、社交团购和直播带货都是在这个巨型规模经济的作用下发展出来的特色细分产业。

4. 涌现出众多全球领先的平台型企业

微信、阿里巴巴、美团等互联网平台，凭借自身的市场规模的优势成长为全球生态最复杂、规模最大的平台之一。仅微信一家，月活用户数就达到12亿。

当前，数字经济作为中国经济发展的重要引擎，将有效支撑中国适应新常态，应对新挑战，中国正处于跨越"中等收入陷阱"的关键节点上，新旧动能的转化意味着需要从原来的高速度增长向高质量发展转变。

未来数字经济发展的新驱动因素

在互联网时代和移动互联网时代，全球数字经济发展凭借软硬件生态的普及、基础设施的完善、政府政策的引导和资本的投入实现快速发展，未来，世界数字经济又将依靠哪些驱动因素实现进一步发展？

过去30多年，中国凭借政策支持力度大、技术普及速度快、人口规模大、平台型企业群体优秀四大优势成长为全球数字经济大国，伴随着移动互联网从增量市场转为存量市场，仅政策支持力度大和技

第一章 独具特色的中国数字经济路径

术普及速度快这两大优势会继续保持。面向未来，在"十四五"这一数字经济发展的关键机遇期，面对诸多数字经济发展的挑战，应把握数据要素化、技术普及化和产业转型升级三大机遇，实现加速发展。

一、数据要素化，全面提升企业生产效率

伴随信息技术的不断革新，数字经济逐渐成为全球经济增长的重要动力，2020年4月，《中共中央　国务院关于构建更加完善的要素市场化配置体制机制的意见》对外公布，明确将数据定义为生产要素，未来，数据将发挥与土地、劳动力、资本同等重要，甚至更大的作用。

中国拥有丰富的数据资产，可以将其用于数据分析和提升企业效率。根据IDC发布的《数据时代2025》，2025年全球产生的数据将从2020年的64ZB增长到180ZB，增长近三倍。在2018年，中国数据占全球数据的23%，首次成为世界数据储量第一的国家（见图1.12）。

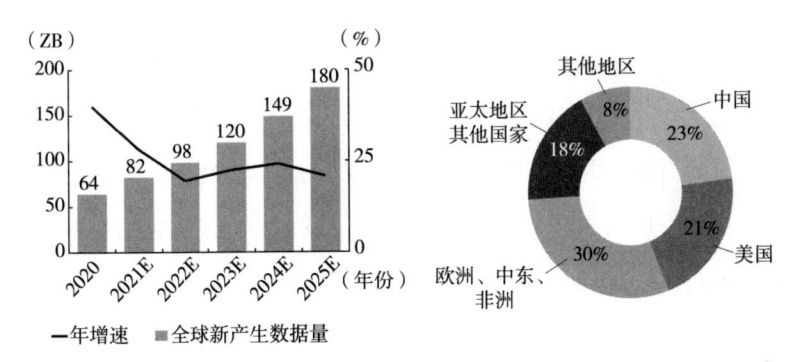

图1.12　2020—2025年全球新产生数据量及2018年大数据储量地区分布情况[①]

---

① IDC. Worldwide Global DataSphere Forecast，2021—2025. 2021.

当前以互联网行业为代表的数字技术产业已经在积极使用数据推动技术进步，提升产品和服务水平，发掘消费者、企业和政府的新需求。数字内容企业通过海量多维用户数据为 C 端用户贴标签并进行消费者画像，开发人工智能推荐系统，为消费者提供千人千面的短视频智能推荐；电商平台利用区块链技术搭建海淘产品的多环节溯源体系，使整个体系公开透明、无法篡改，打造了销售正品的品牌形象。

在非数字化产业中，企业应用数据资产的意愿很强，但当前进行分析的企业和使用的数据量的比例都很低，提升空间极大。已经应用大数据或计划在一年内应用大数据的企业占比达到 58%，但是中国数据资产的利用率暂时不高，仅有 1% 的数据储量被企业所利用。[①] 根据一项关于企业经营数据利用情况的调查，33% 的中国企业利用了可用数据，仅略高于 32% 这一世界平均值，可用于提升运营效率的空间很大。[②]

近年来，全球各国越来越关心隐私保护，密集出台相关数据合规与治理等政策，为数据要素化的进一步发展不断创造出良好的治理环境。例如，中国政府在 2016 年通过的《中华人民共和国网络安全法》、2021 年 4 月颁布的《关键信息基础设施安全保护条例》、2021 年 6 月通过的《中华人民共和国数据安全法》、2021 年 8 月表决通过的《中华人民共和国个人信息保护法》，共同构成了完善的数据要素化保障。

[①] 尼尔森. 2018 年尼尔森零售新时代大数据高峰论坛. 2018.
[②] 希捷公司，IDC. 2020 年数据新视界：从边缘到云，激活更多业务数据. 2019.

二、技术普及化——新 ICT 技术的普及，将为产业跨越式发展带来更多可能

过去，ICT 技术的普及推广，为数字经济发展和生态搭建奠定了基础。以移动互联网基础设施建设为例，根据工信部统计，在过去 10 年中，中国的移动通信基站个数从 111.9 万增加到 841 万，仅 2018—2019 年就建设 4G 基站 182 万个，形成了覆盖广度和深度均为全球第一的移动网络（见图 1.13）。智能手机出货量也快速增加，从 2012 年的 2.1 亿部，连年上升到了 2016 年的 4.7 亿部（见图 1.14）。同时，国家积极推动三大运营商的手机上网资费下降，根据 CNNIC 数据，实现移动宽带平均下载速率提升约 6 倍，手机上网资费水平降幅超 90%。用户月均使用移动流量达到 7.2GB，为全球平均流量的 1.2 倍。在 5G 时代，截至 2021 年 7 月 14 日，我国已累计建成超 91.6 万个 5G 基站，[①]形成了全球规模最大的 5G 网络。

未来，在国家的 ICT 基建投资不断增长的背景下，以"云物大智链"为代表的新 ICT 技术将会加速普及，并有望带动产业实现跨越式发展。到"十四五"时期末，我国"新基建"直接投资额将达 10 万亿元，带动投资累计或超过 17 万亿元，其中投入使用的数据中心机架数量年均增速达到 36%，到 2019 年规划在建数量达 364 万，超过实际投入使用的机架规模（见图 1.15）。[②]

---

① 2021 中国互联网大会 . 2021.
② 赛迪顾问数字经济产业研究中心 . 中国高新技术产业导报 . 2021.

数字上的中国

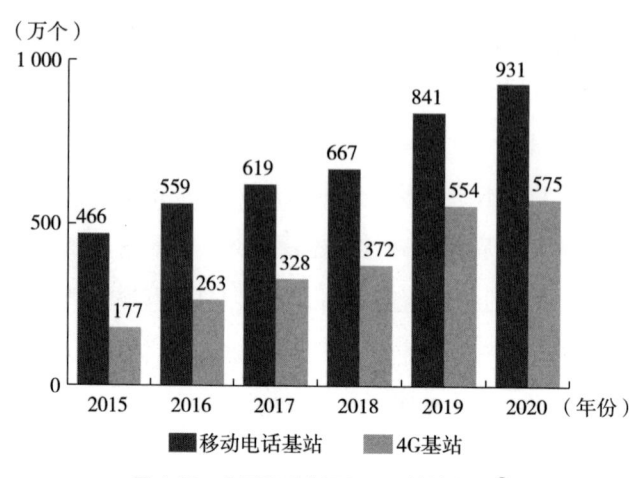

（万个）

年份	移动电话基站	4G基站
2015	466	177
2016	559	263
2017	619	328
2018	667	372
2019	841	554
2020	931	575

图 1.13 中国移动电话和 4G 基站数量[①]

（亿部）

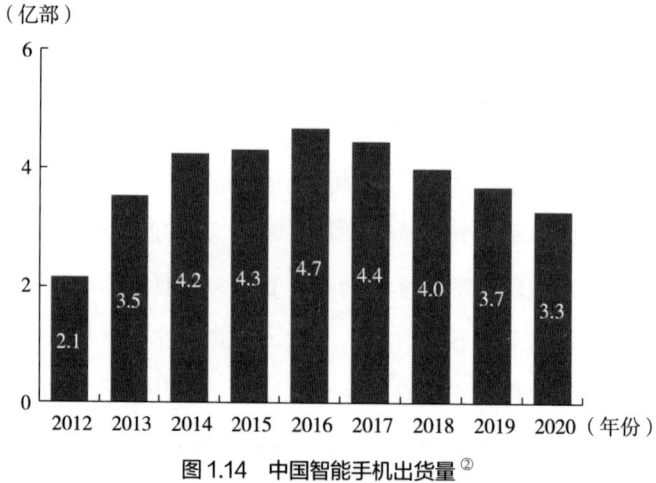

年份	出货量
2012	2.1
2013	3.5
2014	4.2
2015	4.3
2016	4.7
2017	4.4
2018	4.0
2019	3.7
2020	3.3

图 1.14 中国智能手机出货量[②]

---

① 工信部．中国手机产量．中国移动通信基站数量．https://www.miit.gov.cn/txnj/tx_index.html．

② IDC. 2012—2020 历年手机季度跟踪报告．https://www.idc.com/getdoc.jsp?containerId=prAP47424521．

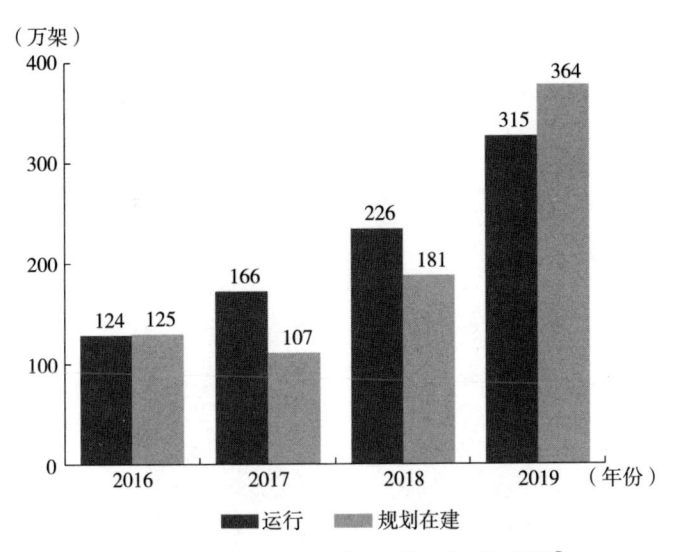

图 1.15 2016—2019 年中国数据中心机架规模[1]

三、产业转型升级成为主要引擎

"云物大智链"时代以来，数字经济在中国产业转型升级过程中扮演了重要的角色，具体体现为产业数字化的占比在数字经济中节节攀升，这一比例从 2005 年的 49.1% 一路上升到 2020 年的 80.2%，产业数字化在整体数字经济中越来越显示出其举足轻重的地位（见图 1.16）。

中国当前正处于产业转型的关键时期，面临若干关键挑战。

从内部看，目前，中国正处在跨越"中等收入陷阱"的关键节点。2019 年，中国的人均年收入刚刚超过 1 万美元，正处于跨越高收入国家标准（1.2 万美元/年）的阶段。从 2010 年开始，中国 GDP

---

[1] 中国信息通信研究院. 中国数字经济发展白皮书.

增速持续下行，急需新的增长动能（见图1.17）。同时，中国正在由原先粗放式、总量式的高速增长逐渐向以科技创新、绿色发展为特色的高质量发展模式转变，以芯片为代表的关键零件国产化之路漫长，低端无效供给过剩与中高端有效供给不足并存的挑战持续存在。

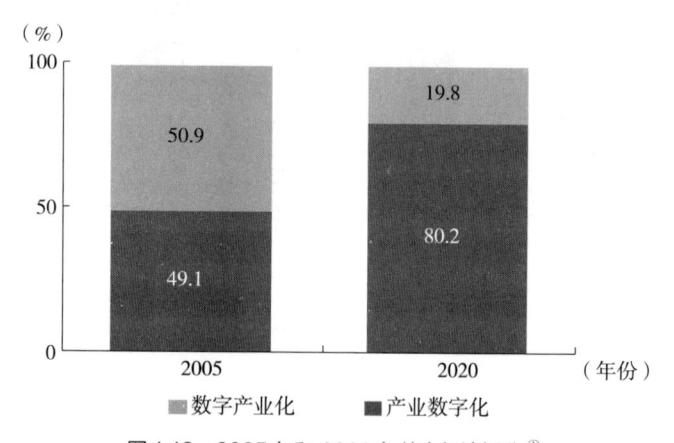

图1.16　2005年和2020年数字经济拆分[①]

图1.17　2010—2020年中国历年GDP增速[②]

---

① 中国信息通信研究院.中国数字经济发展白皮书.
② 中国国家统计局.2010—2020年中国历年GDP增速.2020.

从外部看，外部环境不稳定，中美贸易摩擦不断，反全球化浪潮愈演愈烈，新冠肺炎疫情时有发生。在不确定性增强的全球政治经济环境下，中国构建"以国内大循环为主体，国内国际双循环相互促进的新发展格局"的必要性提升，急需深化要素市场一体化改革，促进国内资源的整合。对农业、工业和服务业提出了更高的要求，数字经济将会有效助力三次产业实现转型升级。

从农业看，中国农业长期面临产业环节分散，集中度和标准化程度低的问题，这些问题限制了农业的规模增长和实现经济回报，进而导致农村信息化基础设施的普及率和信息化程度处于低位。数字经济的发展，特别是"云物大智链"在农业中的普及应用，将有机会实现农业种植的科学化、农业经营的现代化、农资采购与产品销售的线上化，进而保障粮食安全，实现农业全产业链环节的生产效率和经济回报率的提升。

从工业看，中国工业当前处于供给侧结构性改革的关键时期，具体体现为低效产能过多和高质量产能紧缺，在综合成本持续上升的前提下，急需向高质量发展转型。工信部在2018年筛选出了305个智能制造试点示范项目，经过数字化改造后，这些项目的生产效率平均提升了37.6%、能源利用率平均提升了16.1%、运营成本平均降低了21.2%、产品研制周期平均缩短了30.8%、产品不良率平均降低了25.6%，工业的数字经济转型将有助于实现全方位的运营生产效率的提升，最终实现收入提升与成本节降。

从服务业看，近年来，我国服务消费已经成为经济增长的新亮点。2018年，我国服务消费支出占比已接近50%，数字经济的渗透率明显高于农业和工业，数字化发展取得了显著成效。与此同时，服务业和工业逐渐呈现融合化发展趋势，工业互联网领军企业通过数据积累，打造以服务为核心的平台生态，服务业领军企业也通过向上游延伸提供服务型制造；云计算和人工智能技术扩大应用范围，重构数字服务业；根据中华人民共和国商务部统计，2019年我国服务贸易逆差达到1.5万亿元人民币，急需通过数据化水平的提升，实现技术密集型服务出口的提升。数字经济的改造将有效提高服务业的技术附加值，促进其产业链的延伸并提升收入，进而在进一步扩大开放的格局下扭转我国的贸易逆差，实现产业的全面提升。

数字经济将成为实现经济发展和社会价值的助推器

尽管新冠肺炎疫情大流行给全球经济带来了前所未有的冲击，但数字经济却得到了长足的发展，甚至成为所有主要经济体经济复苏的关键。无论是产业数字化带来的产业转型升级，数字产业化技术变革催生的诸多新兴市场，还是因经济范式重构而释放的社会价值红利，都将成为未来经济与社会发展的关键助力。数字经济，未来可期。

一、产业数字化：提升产业链数字化水平

我们可以从以下三个层面来透视产业数字化潜藏的巨大机遇。

在宏观层面，产业数字化能够推动产业转型升级，推进农业、工业和服务业融合发展，实现新旧动能转换，助力中国经济从高速增长向高质量发展转型。产业数字化将全面改变当前供给端低端产能过剩

的现状，实现低端产能的质量提升，推动供给侧结构性改革。在数字化背景下，农业和工业将在数据充分沉淀分析的基础上，打破行业边界，融合发展，整体提升行业附加值。融合高质量发展的高水平农业、工业和服务业，将整体支撑中国走向高科技含量、高创新密度、绿色集约式发展，实现从高速度增长向高质量发展转变。

在中观层面，产业数字化将有力打造高数字化和智能化水平的产业链和集群，促进行业的链状和网状协同，催生并把握新的产业机遇。以产业链核心环节和龙头企业为重点，实现数字化转型的标杆建设，发挥示范作用，带动全产业链和整个集群的数字化转型。在多条产业链和产业链各环节数字化程度提升的基础上，促进各链条和环节的行业知识交流与结合，实现信息流、物流、资金流、业务流高效协同，提升整体产业链的配合度和韧性。进而在跨产业链融合发展的基础上，催生并把握新的产业。

在微观层面，产业数字化将充分发掘企业数据资产价值，深度重构企业的商业模式，实现整体的降本增效。有效改变我国企业数据资产多但利用率不高的现状，真正将数据作为提升运营效率的新认知和新手段。在全面提升效率的基础上，促进企业商业模式的进化和提升，发掘新的收入来源，寻找成本节降空间，实现商业模式的创新和变革，放大规模效应和网络效应。

二、数字产业化：紧抓前沿技术趋势，支持产业结构优化

从内部来看，数字产业化将推进持续创新，不断转化新的科技成果，发掘新的需求并催生新的市场机遇。数字产业一直是近年来创新强度最高的领域之一，院校和企业的科技研发要素投入密度高，成果

丰硕，数字产业发展应保持创新，进一步促进科技成果转化。同时，"云物大智链"等新技术的应用和商业化将有利于催生新的产业需求，正如 5G 为集成电路产业，短视频为文化娱乐产业，带来了新的机会和空间，诞生了新的市场，因此，应当把握新的技术发展浪潮，放大潜在的市场潜力。

从外部来看，数字产业化将有力保障产业数字化进程，促进产业结构的改造升级，解决经济发展和就业问题。基础电信、软件和信息服务等数字产业是产业数字化发展的关键支撑，与传统产业你中有我，我中有你，如工业互联网和物联网的发展将有效支撑产业的数字化转型。同时，一方面，数字产业在过去已经有效地改变了中国的经济结构，数字经济的进一步发展将有效地推动中国经济向知识密度更高、附加值更高的阶段迈进。另一方面，数字经济吸纳就业的能力显著提升，2018 年我国数字经济领域就业岗位约 2 亿个，占当年总就业岗位数的 1/4。数字经济的持续发展将有效解决我国的就业问题。

三、新经济范式：消除数字鸿沟，深度实现社会价值

数字经济将带动经济范式改革，引入并强化数据作为生产要素在经济活动中的核心作用，建设地理分布更广阔，知识共享更全面的经济范式。从农业社会人类以利用铁制农具集中开发土地资源为特点的体力劳动，发展到工业时代利用高效率工业机器和多种综合资源开展脑力、体力相结合的集中生产阶段，在信息技术革命乃至未来的工业革命中，数字资产将会成为与土地、资本、人力同等重要，甚至更为重要的生产资料。数字经济将从资本、劳动、生产资源等方面重构经济范式，人类将凭借丰富的知识储备，在更分散和更广阔的地理空

间，实现跨时空的共享协同创新工作，更高效地创造经济价值，进而引发前所未有的经济范式变革。

数字经济将深度实现社会价值，助力早日实现碳达峰和碳中和，有效缓解人口老龄化带来的劳动力短缺问题，消除数字鸿沟，推动共同富裕目标的早日实现。一方面，随着"云物大智链"的普及，数字经济及其产业链的碳排放呈指数级增长，领先的数字经济企业已经陆续开始制定路线图，带头实现全产业链的净零排放；另一方面，数字经济将通过智能化手段有效帮助建筑、能源等领域降低水、煤、电等资源的消耗，推动碳中和的早日实现。以人工智能为代表的新一代技术的应用，将通过自动化等手段，用机器代替人类完成任务，缓解劳动力短缺问题。最后，数字经济的发展，将通过带动产业转型升级，促进信息流通和治理水平提升，全面推动经济发展，促进收入分配公平，助力消除贫困、改善民生，实现共同富裕。

波士顿咨询公司（BCG）

第二章

产业数字化：从赋能行业到武装企业

  产业数字化泛指将数字科技应用到传统行业所带来的效率提升及新增加产出。随着数字科技的不断成熟、普及，以及新应用的不断涌现，产业数字化已成为数字经济增长的主要引擎。尤其是考虑到中国产业数字化占数字经济的比重从2015年的74%达到了2020年的80%，占GDP的比重也达到了31%。随着各行业、全价值链产业数字化的不断深化，产业数字化将为数字经济的发展提供可持续的增长动能。

产业数字化的全球现状与中国样本

一、各行业数字化程度存在明显差异

1. 科技、金融、电信行业数字化最为领先

  就全球范围而言，在九大行业中，科技、金融和电信是全球数字

化程度最高的三大领域（见图2.1），其领先背后的四大成功经验包括：大力投资技术、数据和人才，将人工智能作为数字化转型的核心，采用平台经营模式，以及将技术和人的能力结合起来，这些经验值得所有行业借鉴。在新冠肺炎疫情的影响下，零售和医疗保健行业的数字化进程明显加速。

第一梯队	第二梯队	第三梯队
科技	零售	医疗保健
金融	媒体娱乐	能源
电信	工业品	公共部门

图2.1　2021年全球九大行业数字化程度

（1）大力投资技术、数据和人才

以A股市场为例，科技行业是研发投入强度最高的领域。据BCG数据统计，A股市场上的电子、计算机、通信等高科技行业企业的平均研发费用占整体营收的比重显著高于市场平均水平，为所有板块中最高。而根据BCG的全球数字加速指数研究，在数字化领先企业中，绝大部分的数字化项目费用占到运营费用的15%以上，30%的数字化费用用于提高数据的质量和可访问性，59%的数字化领先企业有超过20%的员工从事数字化工作。

（2）人工智能在数字化转型中扮演重要角色

金融行业将凭借其在数据处理能力和商业变现场景两大领域的优势，深度部署人工智能。预计到2027年，人工智能将替代金融行业

23%的工作岗位，实现效率整体提升38%。[1]

（3）数字化转型创新的运作模式

领先的数字化企业通过任命首席数字官和数字化负责人，采取平台运营模式，集成跨职能团队的密集协作，推动整体数字化程度的提升。据调查，金融业有72%的企业已经在首席数字官的带领下开展了数据赋能业务，占比在各行业中排名最高。[2]

（4）将技术和人的能力结合起来

在企业数字化进程中，仅使用正确的技术，培训人们如何运用这项技术是不够的，还要具备鼓励员工将技术与日常工作融合的文化和能力，当这种融合成为习惯，企业就拥有了HTA（人类技术增强）的能力。根据BCG的全球数字加速指数研究，领先企业的HTA得分比数字化落后的企业高40~50分。HTA能力强的企业通过实现客户流程自动化，帮助其员工将时间更多地投入设计与创新活动中，从而创造更多价值。

2. 中国各产业数字化现状：服务业最高、工业次之、农业最低

中国服务业、工业和农业三大产业的数字经济比重差异明显，服务业最高、工业次之、农业最低，这显示出数字化在农业领域有着巨大的潜力。到2020年，我国农业、工业和服务业的数字经济渗透率

---

[1] 何大勇，郭晓涛，周昕，等．取代还是解放：人工智能对金融业劳动力市场的影响．http://m.sohu.com/a/230800778_233142.
[2] 数字产业创新研究中心，锦囊专家，首席数字官．2021中国首席数据官白皮书．2021.

第二章 产业数字化：从赋能行业到武装企业

分别为 8.9%、21.0% 和 40.7%（见图 2.2）。①

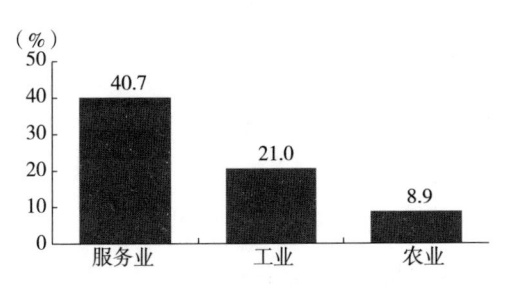

图 2.2　2020 年中国各产业数字经济比重

从细分行业来看，行业内部的数字化程度也存在明显差异，与全球类似，科技（以计算机为代表）、金融和电信是数字化最领先的行业。对比不同产业的数字化进程差异，呈现出数字资产积累丰富度和线上化程度提升推进行业数据积累，进而带动行业数字经济比重上升的特点。

（1）农业

农业整体的数字化程度较低，其中林业发展最为领先，主要原因包括以国家林业和草原局为代表的政府机构的积极推动，以及在先进数字技术广泛普及下的数据资产积累。中国农业细分领域的数字经济比重林业最高，达到 13%；畜牧业最低，仅为 5%。② 林业在建设全国林地"一张图"数据库时，推广利用了遥感技术、地理信息系统和 GPS（全球定位系统）技术进行林业规划设计，在生态项目建设、林地确权、森林防火等领域进行了前沿探索，积累了丰富的数据资产。

---

① 中国信息通信研究院. 中国数字经济发展白皮书（2020 年）.
② 中国信息通信研究院. 中国数字经济发展与就业白皮书（2019 年）.

2017年发布的《国家林业局关于促进中国林业移动互联网发展的指导意见》，进一步推动了林业领域的线上化发展，也为其他数字化程度较低的农业领域树立了标杆。

（2）工业

相比农业，中国工业领域的数字化程度较高，在输配电和机械领域明显领先，其背后是由行业上下游企业的共同需求推动。总体来看，工业数字化转型水平仍然低于国民经济整体水平，其中资本密集型行业数字化转型程度显著高于劳动密集型行业，重工业高于轻工业。以数字化程度最高的输配电及控制设备行业为例[1]，其数字化程度较高有两大原因：一方面，上游国企助推行业转型，以国家电网和南方电网为代表的两大龙头引领了全行业的数字化转型；另一方面，下游面临输电运营维护人力资源匮乏，业主较依赖外包，进而导致出现作业交付效率低下的问题，需要通过数字化转型提升效率。上下游的共同诉求，推动了输配电及控制设备制造业的数字经济程度不断提升。

（3）服务业

中国服务业整体数字化成熟度较高，在金融保险领域最为成熟，其数字化转型是需求端、政策端和企业自身共同推动的结果。截至2018年，中国服务业细分领域数字化程度整体较高，保险领域最高，达到56%。近年来"数字化"成为保险行业转型的关键词，推动着保险行业的积极转型。在需求端，根据BCG的调查，91%的消费者愿意为获得更好的在线服务体验而更换保险公司，91%的非直销客户

---

[1] 中国信息通信研究院.中国数字经济发展与就业白皮书（2019年）.

第二章 产业数字化：从赋能行业到武装企业

愿意为获得更好的数字化体验而选择直销渠道，倒逼保险公司提升数字化水平；在政策端，中国政府在保险行业积极推动"互联网+"计划，颁发了四张互联网牌照，2020年中国银行保险监督管理委员会（以下简称"银保监会"）下发《关于推进财产保险业务线上化发展的指导意见》，提出到2022年车险、农险等险种线上化率要超过80%，积极推进线上化进程；在供给端，中国平安、中国人寿、中国人保等领军保险公司更是综合利用多种数字化技术，从产品形态、产品渠道到外部生态全方位为客户提供服务，引领了行业发展的新趋势。

综合来看，我国各行业细分的数字化程度差异明显。线上化程度越高、数据越丰富的行业数字化程度就越高。例如，在中国服务业的细分行业中，2019年，位于数字化程度第一梯队的电影行业的在线化率达86%，旅游行业的在线化率达37%；[①] 位于第二梯队的本地出行领域的在线化率约为29%，位于第三梯队的餐饮行业的在线化率仅为13%，行业数字化程度最低（见图2.3）。

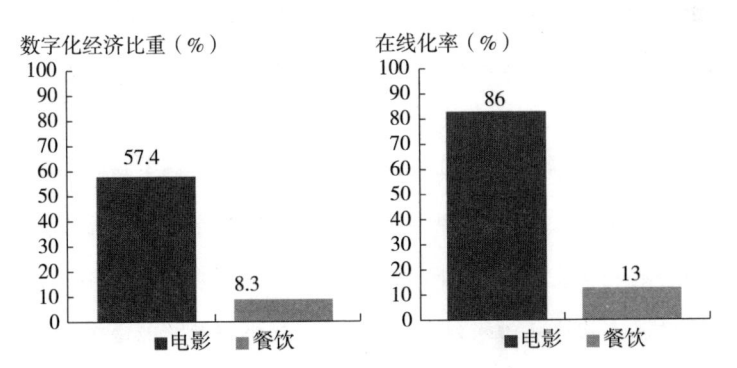

图2.3 中国不同服务业数字化经济比重和在线化率的相关性

[①] 中国信息通信研究院，美团点评. 中国生活服务业数字化发展报告. http://www.docin.com/touch/detail.do?id=2491792456.

二、中国各行业数字化转型实践与代表性企业

中国各个行业都在尝试进行数字化转型，并涌现出了一批代表性企业，促进了行业数字化的进程。它们积极探索各自行业价值链的数字化潜能，示范性地带动了数字化经济在各领域的渗透。

1. 农林牧渔行业的代表性企业实践

中国农业长期面临规模化、标准化、信息化程度低的问题，同时面临资金不足、难以转型的问题。当前中国产业数字化企业从数据端和金融端出发，通过采集整合气候、土壤、农户等多来源的大数据，建立综合分析服务平台，提供便捷的惠农金融产品，并布局自动化机械设备，进而提升整个行业的韧性和生产效率。

中化农业——打造数智驱动的现代农业全产业链服务平台，
促进农民增收、产业增效、消费者得实惠

聚焦MAP（Modern Agriculture Platform，现代农业技术服务平台）战略，推动先进信息技术深度应用于农业场景，深耕地力评价、GIS（地理信息系统）遥感、精准气象、精准种植四大核心能力，全面打造贯穿农业产前—产中—产后全链服务场景的数字农业产业生态，结合在全国主要农产品优势产区布局的MAP技术服务中心和基层服务体系，推广从田间到舌尖、从线上通线下的农业全产业链综合解决方案，实现数字农业与农业产业的有效衔接。建设农业大数据平台，打造MAP beSide农产品全程品控溯源体系和数字化MAP beSide农场，为消费者提供优质农产品，满足下游消费升级过程中不断释放的品质、安全、绿色的新消费需求。

截至目前，MAP 已经为超过 180 万注册用户的 1.76 亿亩耕地提供线上数字农业的全程服务，MAP beSide 全程品控溯源系统服务粮食及果蔬产品超 50 种。

农业发展银行：建设数字化、智能化的小微金融服务体系，高效助力农业生产者

为高效支持小微企业发展，农业发展银行于 2019 年设立了小微企业线上服务管理中心，创新应用先进金融科技，重构线下传统信贷流程，建设了数字化、智能化的线上小微金融服务体系。展业以来，小微线上中心通过对大数据、人工智能等技术的应用，建立了"110"运营模式，即当天授信申请，当天授信审批，全流程零人工干预，实现线上贷款智能化"秒批秒贷"。同时，全力推动农发行小微智贷系统的开发建设，助推农业发展银行从银行信息化向信息化银行、从经验依赖向数据依赖的转变。截至 2021 年 5 月末，小微企业线上服务管理中心已向全国 1.7 万余家小微企业贷款 331 亿元，不良率为 0.25%，较同业处于较低水平。

新希望六和：通过智能化、科技化赋能养猪、饲料、肉禽和食品四大产业发展

新希望六和重点围绕环境控制、生物安全、智能设备、智能诊断、数据分析、生产管理等方面进行转型升级，助力行业数字化发展。例如，在养猪领域研发并推广了"慧养猪"智能养殖平台，对猪只进行全生命周期的管理，从原来的以经验养猪全面转变为以数据养猪，实现生产可视化、管理可跟踪、风险可预警。

2. 制造加工行业的代表性企业实践

我国制造业的发展面临着"大而不强"的问题，整体规模巨大，但是创新密度和强度及科技附加值不高。新冠肺炎疫情暴发以来，国内劳动力、土地要素的供给总量下降，成本上涨；国际制造业竞争日趋激烈；受地缘政治影响，我国制造业核心元器件难以获取，产业升级面临关键挑战。在几重挑战下，整体数字化程度较低。

这一系列问题在最近数年有所改善。我国产业数字化企业通过与领先的学术研究机构合作，在5G等新数字技术机遇期积极投入自主研究开发，并与客户紧密合作，从场景需求出发，深度融合制造业与数字化、智能化、网络化技术，进而打造出了一批有潜力的新兴数字化平台和生态系统。

中信戴卡：打造数字化标杆工厂，提升企业数字化水平，以数字化经验对外赋能，开辟新业务

中信戴卡成立信智信息、信越装备、信能能源三大智能化服务子公司，在智能制造领域坚持产学研相结合的理念，与斯坦福大学、清华大学等国内外顶级教育机构保持学术交流合作，开发拥有自主知识产权的DMS（数字制造系统）、轮毂智能追溯系统、DEco（生态圈管理平台）。赋能全球成员企业建设数字化工厂，向外部的汽车零部件厂商输出数字化整体解决方案。

波司登：围绕智能化、数字化重塑产业价值链

波司登在生产环节，引入自动化设备，大幅提升羽绒服生产效率，实现1小时报价、4小时制版、8小时打样、5天交付大货的极致快返服务；在物流环节，自建智慧物流体系，通过全国九大智能配

第二章　产业数字化：从赋能行业到武装企业

送中心，在实现商品一体化管理的同时实现高效送达（次日达比例超过80%），极大提升了商品运营效率，其中华东配送中心，建筑面积为20万平方米，自动化率在90%以上，日出入库峰值可达100万件；在市场环节，通过建设数据中台，助力用户研究、商品企划，对实现商渠精准匹配、零售精细管理、内容精准触达起到了关键作用。

库卡机器人：以工业机器人为基础的自动化系统推动汽车行业和其他制造业实现工业4.0

库卡利用国际领先的工业机器人制造及应用技术与工业仿真等先进数字化工具，推动以汽车行业为代表的制造业实现自动化，如建设一汽大众在佛山的工厂的MEB（模块化电气化工具）平台电池装配线，该装配线自动化程度达到70%，包括自动装配模组、自动涂胶、自动供钉及拧紧供料。

立讯精密：布局自动化生产和数字化平台，实现高品质智能化制造

立讯精密广泛应用自动化搬运、定位、检测、物流和生产，实现工艺流程高度自动化。同时通过MES（制造执行系统）、物联网接口及核心工站信息流，搭建数字化工厂模型，实现产品、物料、人员、设备、制程、品质等的全流程追溯，实现闭环管控。基于生产与数据流的对接，利用大数据、人工智能等技术，实现机器的自判断、自决策、自调节及自执行，实现高品质智能制造的长期目标。

华熙生物：提升研发与产业转化数字化水平，为行业沉淀数字资产

华熙生物在技术研发端和产业转化端的数字化水平奠定了其作为平台级公司的底层能力。数据采集、计算、机器学习等技术让研发实验过程效率大幅提高，而且完整保留了数据，让国内外学术成果的对比成为可能，在大大提高研发能力和效率的同时，也为产业沉淀宝贵数字资产。在生产环节，其按照工业4.0标准建设工厂，通过提升数据处理能力和成果转化效率，推动科技成果的产业化规模应用。

3.能源供应行业的代表性企业实践

在我国经济结构持续优化和产业持续升级的背景下，一方面，中国能源行业的用电量需求提升，特别是2019年第三产业用电量同比增加9.5%，实现领涨；另一方面，中国承诺力争将二氧化碳排放量在2030年前达到峰值，在2060年前实现碳中和，意味着能源结构转型势在必行，能源效率提升、可再生能源普及、能源消费清洁化成为大势所趋。中国的能源领域产业数字化企业大多面临着管理和运维效率不高的问题，数字手段在油气、化工等领域的应用普及率不高，大部分处于早期阶段。领先企业则积极探索，从整体战略的高度进行规划，集成数据进行分析，并进行全生命周期的运维管理和优化。

隆基股份：以智慧运维为核心切入点，改善电站运营状态

隆基股份提供电站的智慧运维服务，通过物联网和传感器实时监控电站的运营状态，提前预测可能出现的电站故障和风险，及时对问题进行预警并提供应对方案，结合长期运维的状态提供优化升级方案。

4.零售批发行业的代表性企业实践

在我国国内需求增长速度日益放缓的背景下，新冠肺炎疫情进一步加剧了零售批发行业受到的冲击，推动了新零售及线下零售的数字化进程。但当前，中国线下零售的数字化面临三大问题：需要突破地

第二章　产业数字化：从赋能行业到武装企业

域限制、从零开始积累数据资产和利用数字化工具实现全渠道消费者运营。产业数字化厂商采用全面的数字化战略，从渠道的各个环节入手，实现端到端的数字化，全面提升消费者体验。

完美日记：以数字化营销为特色，直接对消费者进行深度洞察，进而赋能产品、渠道和营销

母公司逸仙电商组建了由超250名工程师组成的数据团队，占总部员工总数的20%左右，通过搭建数字中台，将数据加工成市场研究数据、销售数据和用户行为数据三类，实现供应链合作开发提效，爆品复制能力增强［逸仙电商旗下已拥有完美日记、小奥汀、完子心选、法国科兰黎、达尔肤（中国大陆业务）、皮可熊等美妆品牌，涵盖彩妆及护肤两大类别］，并高效进行用户营销。2020年全年，逸仙电商服务的DTC（直接面对消费者的营销模式）用户数达3 230万；截至2021年6月底，逸仙电商各品牌全渠道粉丝数达到6 700多万。

小米：以数字化经营为基础，完成"人、货、场"的实时数据收集处理，建成了线上线下一体化的全数字化门店

在确保隐私保护与信息安全的前提下，小米通过搭建独立BI（商业智能）系统，实现了客流、销售、转化率及顾客满意度数据的实时追踪，助力店长或区域经理及时高效调整门店的运营策略。

元气森林：通过数字化运营打造新消费品牌

深耕小红书、抖音等新兴平台，广泛收集目标用户群体特征，利用大数据快速生成用户画像，再通过人工智能技术在不同渠道和场景展开营销活动，触达目标用户群体。同时计划在全国投放10万台以上智能冰柜，实时收集线下销售数据，进而持续优化产品结构和供给，用大数据驱动产品和销售策略，从而孵化和创造更多快消领域新品牌。

5. 交通物流行业的代表性企业实践

在新形势下，中国的交通物流业面临着国际化、高效化、绿色化的挑战。中国和世界经济的连接不断加深，要求中国交通运输业必须融入全球交通运输体系，提高国际竞争力和全球运输服务能力。中国人口密度高，尤其是东南沿海区域，因而要求采用大容量、高效率的交通和物流方式。同时我国资源紧张，石油对外依存度为73.9%，要求必须采取绿色的发展道路，不能直接照搬美国等成熟经济体的交通模式。中国交通物流行业借势移动互联网大潮，走出了智能化、绿色化的道路。

顺丰：通过海量数据和行业经验沉淀引领物流行业的智能化技术创新，打造可持续发展的供应链服务

顺丰在包装、运输、转运等环节广泛应用无人机、智慧包装、大数据等软硬件数字科技，在节省成本的同时提升了物流效率。截至2021年8月底，顺丰医药成功运送疫苗累计超3亿剂，顺丰旗下驿加易科技乡村网覆盖超过3.8万个县镇，在全国600多个县域实施落地共配项目。同时为中国的3C（信息家电）消费电子、快消、服装服饰、医药、汽车整车、工业机械等多行业提供全链条的供应链服务，帮助用户大步迈向数智化供应链管理。鄂州花湖机场建成后，将成为亚洲第一个专业性货运枢纽机场，助力企业布局全球供应链，将绿色理念辐射至全球。

新华三：提供全栈云服务，保障中国轨道交通安全

新华三基于全栈城轨云服务平台，提供基础资源支撑、工具服务、数据服务、安全服务、运维服务、业务服务等全栈云服务，满足城轨业务系统上云及创新需求，助力城轨企业数字化升级。当前已参与国内 45 座城市的地铁建设，并参与 30 余个城轨云平台及数据平台的建设，其中包括北京城轨云、太原城轨云、南京城轨云、广州城轨云等。

闪送：以线上众包平台为基础构建商业模式，运用全面数字化方式赋能客户

以人数超过 100 万的兼职闪送员为基础，用户通过平台提出配送需求，由闪送智能系统匹配合适的闪送员接单配送，提供平均 1 小时送达的即时配送服务。随着业务量不断提升，业务覆盖城市已达 229 座，闪送服务已涵盖几十万有即时配送需求的商家和超过 1 亿的个人用户，建设内部发单系统，实现一键发单和订单实时监控，保障配送的即时性和安全性。

6. 安全防范行业的代表性企业实践

从外部看，在国际局势不确定性增强和网络攻击技术不断创新的背景下，我国网络安全面临着更为严峻的外部互联网危机。从内部看，我国网络安全领域的投入较少，安全投入比重仅为信息化投入的 1.78%，远低于美国的 4.78%。[①] 同时云计算、大数据技术不断革新，网络安全需求更新速度加快，对企业提出了更高的要求。安防领域虽

---

① 腾讯安全生态研究中心．中国产业互联网安全发展报告（2019）．

然广泛布局人工智能技术，但是在打通不同厂家的技术标准和结合场景进行定制化布局方面的能力仍有欠缺。

奇安信：紧跟"云物大智链"时代产生的新场景需求，助力企业提升产品安全性，维护软件供应链安全

奇安信于2015年率先提出"数据驱动安全"理念，以大数据为核心构建安全生态。构建鲲鹏、诺亚、雷尔、锡安四大研发平台，分别针对网络操作平台、大数据操作平台、可视化操作平台和云控操作平台，将安全产品平台化、模块化，避免重复研发。通过人工智能和大数据技术自动分析开源组件漏洞信息，自主研制软件供应链代码安全检测工具，分析供应链安全隐患，为加强软件供应链安全治理提供了技术手段和支持服务。

浙江大华：从多个场景的特点出发，构建具有针对性的场景化解决方案

浙江大华开发了智慧安防、智慧交管等多场景特色解决方案。例如，智慧交管领域的行人闯红灯自动预警解决方案、违停智能抓拍解决方案、不系安全带违法智能检出解决方案等。

7. 医疗健康行业的代表性企业实践

我国医疗健康领域面临老龄化程度不断加深、人民健康意识不足、医疗资源过度集中等问题。产业数字化企业积极创新，以数字化技术为辅助，全面提升医疗健康服务的质量和供给，推动"健康中国2030"建设。

第二章 产业数字化：从赋能行业到武装企业

联影医疗：开发远程医疗系统平台，提升医疗资源可及性

联影医疗以云平台为基础，以智能化为核心，致力于完善国家分级诊疗体系建设，通过深耕远程医疗平台，实现高效的远程诊断与资源共享，打破科室、院区、地域限制，提升医疗资源可及性，使就医诊疗便捷化。同时，融合人工智能和5G，实现顶尖三甲医院云端科研协调。通过数字化的顶层设计赋能援建医疗项目，提升边疆地区的医疗水平。此外，通过深度参与构建区域健康云，在云端管理居民健康大数据。

微医：利用数字化手段，搭建挂号问诊平台，促进医患之间的信息共享

微医从挂号起步，随后创办了中国首家互联网医院——乌镇互联网医院。通过数字化手段，为医疗服务价值链各参与方赋能，逐区域为用户提供覆盖多场景的线上线下一体化的医疗服务和健康维护服务，进而推动医保支付方式改革，落地"健康责任制"，提升医疗健康服务体系的整体效率。截至2020年底，微医在中国已拥有27家互联网医院，其中有17家成为医保定点机构。微医平台共连接超过7 800家医院，覆盖中国95%以上的三甲医院，注册用户数超过2.22亿。微医通过移动医疗服务为基层尤其是农村和偏远地区输送医疗资源及服务，总计覆盖中国12个省69个县的2 800万人口。

泰格医药：开发移动母婴随访管理平台小贝壳App，降低乙肝母婴传播率

泰格医药投资的杭州芝兰健康有限公司开发了智能移动医疗应用软件小贝壳App，有效降低乙肝母婴传播率。小贝壳App严格按照标准流程进行线上管理，通过对感染乙肝病毒的妊娠期妇女的检测指标、临床表现及妊娠信息的收集管理和分析，为临床医生提供辅助诊疗建议，并通过知识模块、智能随访等为患者提供健康教育，提高依从性，提高乙肝母婴阻断成功率。2019年，小贝壳App获得浙江药监局Ⅱ类医疗器械注册证，这是我国肝病防治领域，第一张官方许可上市的手机App类医疗器械注册证。

丁香园：通过数字内容、数字商品、医药及医疗数据应用，在医疗健康领域打造面向全社会的公共卫生数字产品生态

丁香园通过大数据发掘数据价值，开放医疗数据平台助力企业节省医疗资源。基于服务550万专业用户和上亿大众用户积累的专业级医疗数据，面向大众端开发出预防科普、在线健康教育及在线问诊等数字健康产品，面向企业打造专业级医疗数据平台。该平台针对医疗机构提供处方审核服务，针对药企提供药品基础数据助力药物研发，针对金融保险业提供制药企业风险评估、医保核保等服务。充分挖掘其数据价值，帮助相关企业进一步解决医疗信息不对称的问题。

8. 其他行业

金融保险行业：近年来，金融领域面临着市场波动性提升、监管机构要求不断提高和行业创新层出不穷三大变化。首先，中国金融市场加快对外开放，与海外资本市场交互日趋密切，极大地提升了经营主体的波动性；其次，监管机构近年来坚持严格的监管态势，加快完善配套监管制度、提升监管精细化、实时性水平，对经营机构提出了更高的要求；最后，互联网金融、直接投资、另类投资、场外市场业务等资本市场创新业务层出不穷，增加了监管的难度。

贸易行业：尽管当前的经济全球化遇到了一些"回头浪"，但全

球贸易联系依然不断加深。如何克服低附加值加工分工的传统，提升服务贸易的比重，并应对日益紧张的地缘政治格局是当前中国贸易发展面临的三大挑战。中国产业数字化企业以构建全链条的数字化生态为手段，全面支撑赋能全球的跨国、跨地区贸易的发展。

建筑地产行业：当前中国的建筑地产行业面临城镇化进程进入成熟期、行业竞争加剧、政策调控日益常态化和技术利用水平较低四大挑战。一方面，整体市场从增量市场转型为存量市场；另一方面，在长期以来新技术发展慢、普及率低的背景下，行业多元化转型势在必行。领先的数字化企业积极布局领先的数字技术，通过从内部治理到建筑建设和营销环节的改革，全面探索效率提升和多元化业务的布局。

数字化运营、管理、创新的三驾马车

随着数字科技的普及，越来越多的企业开始将数字科技运用到日常生产活动的每一个环节中。实践证明，数字科技不仅能显著降本增效，而且能为企业产品创新和业务发展带来全新可能。如何运用好数字技术，以高效率、差异化的数字化运营、管理、创新手段来为企业的高质量发展注入新动能，已经是传统企业面对"未来已来"的必修课。根据 BCG 在 2021 年对全球 2 296 家公司的调研，2019—2021年数字化程度高的企业中有 40% 的收入增长超过 10%，而数字化程度较低的企业中只有 19% 实现了这一增长率。数字化程度高的企业中有 66% 的投资回报率达到 10% 以上，而数字化程度较低的企业中只有36%达到这一增长率，由此可见数字化程度对企业表现的显著影响。①

一、数字化运营

传统的以人力劳动为主的业务运营模式普遍存在效率低、出错率高、可复制性低、过程数据难以留存等常见问题。数字科技则通过自动化、智能化带来低成本、低出错率、快速响应等优势，进而为研发、供应链、生产制造、营销、服务、客户运营全环节带来降本增效或是创造更好的用户体验，从而提升企业所创造的经济价值。

1. 数字化研发

科技与工艺的复杂化不仅给科研工作者带来了处理海量数据的算力需求，也给企业对研发的管控带来了更多不确定性。因此企业需要引入数字科技，才能更好地满足科研高质量发展的需求。通过数字化研发，实现管理的科学化和规范化，优化改善企业研发管理结构和体系，最终达到提高研发管理水平，降低研发成本的目的。

大洲医学携手华曙高科研发骨科 3D 打印核心器械，初步实现国产替代

钽金属因为熔点高、密度大、难加工，而导致医学应用技术的门槛很高。多孔钽骨科植入器械产品一直被美国某品牌全球垄断，价格居高不下。大洲医学通过与华曙高科、国内知名三甲医院骨科团队等外部机构合作，采用华曙高科医疗定制 3D 打印解决方案，成功研发

---

① BCG. 领导者的数字化价值之路. http://fxxt2020.com/2021/07/84322.html.

了为患者量身定制的 3D 打印仿生骨小梁多孔钽金属椎间融合器，帮助患者治愈严重腰椎滑脱症。目前该项目已成功申请多项专利，促进国产替代稳步推进。

2. 数字化供应链

随着物资供应规模不断扩大、信息数据流量不断扩张，当前供应链各个环节中存在着信息交流壁垒，因此需要通过数字化技术的融入以改善供应环境中存在的信息不对称问题。通过数字化，将数据、流程、智能算法等技术加以融合，实现"数字驱动供应链"的管理模式，最终打破供应环节中的信息壁垒，提高供应效率。

隆基股份携手美云智数提效供应链

在光伏产业高速增长的大环境下，隆基股份通过精益化、自动化、数字化，达到了生产段落自动化、数字化透明，同时也实现了大供应链段落"销—产—供—服"，与供应商企业拉通。通过企业全价值链数字化的持续建设，隆基股份实现了从传统制造向数字制造的转型，其中大供应链数字提效显著：人均制造效率提升超过 10%、物料交付周期提升 68%、物料呆滞库存减少 57%、生产管理效率提升超过 50%、WIP（在制品）周转时间缩短 57%、全品类全流程供应链实时联动在线，拉动 9 000 多家供应商。

3. 数字化生产制造

随着制造工序日益复杂精细，因各生产环节之间联动性不足、机器设备协调不充分等问题造成的损失也日益显著。加之在人力成本不断上升，毛利率下滑的长期背景下，制造企业更需要借助生产制造的数字化来提升整体生产制造流程的协作效率,实现制造工厂的智能化,以此加强生产各环节之间的协作、降本增效。

徐工集团联合数码大方建造智能工厂,提升效率

徐工集团面临传输程序安全性低、代码程序存放无序、新编程序未在仿真器上运行容易出错、设备利用率不高四大痛点。为此,徐工集团联合数码大方,落地搭建5G智能工厂。数码大方为其匹配了设备物联方案,派遣制造工程师为徐工集团提供代码通信、代码管理的优化服务。同时提供设备数据采集、帮助数据统计分析,打造资料采集与监控平台集成应用综合体,进而帮助徐工集团建成了工业互联网大数据平台和中央集控指挥中心,推进了全面数字化。转型后,徐工集团将生产效率提升了50%,运营成本降低了23%,新产品研制周期缩短了36%,产品一次交验不合格率下降了36%,为后续大数据生产、智能化制造奠定了基础。

4. 数字化营销

数字化时代,在消费者整体消费流程完成的过程中产生了大量记录消费者足迹的数据,形成一个庞大的营销分析资源库。大数据和人工智能等技术,使企业具备了针对目标客户的大数据分析能力,能够更好地帮助企业实现精准营销,提高企业的经营绩效。

华侨城与云从合作,更好地追踪消费者开展营销工作

华侨城急需利用数字化手段加深对客群现状的了解认知,并针对性地布局数字化优化。为此,华侨城欢乐海岸PLUS邀请云从科技设计了一套整体数字化方案。通过商业慧眼平台帮助华侨城欢乐海岸

PLUS 实现户外商业街区及主题乐园与户内购物中心的客流统计、客流属性分析、回头客分析等能力配备。最终成功搭建了一个日均存储量达 5 万多，记录到访人数超过 120 万的内部数字化管理平台。

5. 数字化服务

在用户需求多元多变的背景下，企业需要更好地发掘线上线下相结合的服务提供方案，从而带来创新客户的消费体验。通过引入数字科技提供更好的服务，能够促进数字技术与商业模式的深度融合，更高质量、定制化地满足用户日益多样化的需求。

> 新华三：赋能智慧园区，实现智能化、绿色化管理，助力碳中和，
> 提升入园企业及员工体验
>
> 在"双碳"战略目标要求下，新华三集团积极探索具有中国特色的碳中和演化路径，在自身园区数字化、绿色化转型进程中形成零碳智慧园区解决方案，以绿洲平台为核心底座，整合物联、视频、大数据、AI 等新 ICT 技术，提出"1+4"顶层设计理念，即一个零碳操作系统和"源""探""管""服"四大模块，构建园区双碳数据底座，覆盖园区全链条服务，并率先在紫光集团智能工厂实践落地。同时采用云计算、物联网、人工智能等技术实现园区全流程智能服务。当前已服务超过 50 个智慧园区，其中包括上海迪士尼园区、捷豹路虎工业园区、冬奥村智慧社区等。

6. 数字化客户运营

在客户的完整体验周期中，客户与企业的持续互动及对该企业服务的依赖黏性提高，需要通过长期的运营加以维护。通过技术，将与

客户运营相关的业务数字化，能够帮助企业充分了解当前客户，及时触达客户需求，在与客户持续的交互中提高客户体验感和客户黏性。

商汤科技采用数字人技术提升用户交互体验

商汤科技结合银行客户的数字化进程特点及总体需求，设计了专门迎合某用户群体的数字化智慧用户运营转型方案。基于新一代超大 AI 模型设计云端推流方案，采用云端算力构建数字人形象后，通过推流的形式将数字人显示在客户端，以 AI 生成表情、口型、动作，共享银行金融知识库，实现一对一引导服务，帮助客户实现网络数字化的系统性提升。同时，针对其银行官方 App，采用 SenseMARS Digital Human（数字人解决方案），提升其掌上银行的网络交互操作性，进而延长用户驻留时间，有效提升用户对于相关产品的使用体验及效率，进一步催生新的品牌市场策略和新的利润增长点。

二、数字化管理

在传统的以人力交互为主的企业中，企业规模扩大往往带来业务复杂化、决策和响应速度放缓，以及流程管控难度加大等问题。通过引入数字科技并改革管理机制，企业不仅可重塑流程、降本增效，还可通过自动化与智能化进一步提升用户及员工的体验。

1. 数字化经营与管控

当前，面临着日益复杂且不确定性较高的经营环境，传统的业务发展模式已经无法帮助客户在数字经济的竞争环境中取得优势。唯有通过提升自身管理能力，才能提升企业运营效率，形成优势。

麦德龙（中国）与多点合作开展数字化运营

麦德龙（中国）原有的零售手段和营销、运营方式都已经无法满足中国快速增加的消费者需求，急需借助技术手段对自身进行数字化改造升级。多点通过系统算法帮助麦德龙（中国）进行智能选品，在保留麦德龙自有品牌优势的同时，根据 C 端用户购买偏好及时调整商品结构，实现会员数字化，开展全渠道运营，帮助其设立数字化交付中心，在订单实施与履约模式方面进行创新，提升了 C 端市场服务能力，重塑核心竞争力。2021 年 2 月底，麦德龙（中国）单月订单量较 2020 年 6 月增长了近 64 倍，电子会员数增长了 54 倍，截至 2021 年 3 月，App 订单占比约为 40%。

2. 数字化财务管理

在信息流量不断扩大的背景下，传统粗放式的财务管理体系无法满足企业愈发复杂、高实时性的资金处理需求，因此需要通过数字化转型以提高企业在财务方面的管控能力。财务管理的数字化极大地提高了企业对于资金财产的管理效率，帮助企业清晰梳理了内部已有的实体资源，全面提升了企业的财务管控质量。

3. 人力资源管理

随着企业业务版图的扩张，人力资源管控难度也在不断加大，企业往往面临着招聘工作程序烦琐、员工数量快速增长、绩效管理复杂等棘手问题，亟待通过数字化转型帮助企业提高人力资源管理效率。通过人力资源管理的数字化转型，企业降低了自身人力资源管理的成本，提高了人力资源分配和考核的速度，实现了企业整体的高效化运作。

4. 合规与风险控制

网络技术的发展也间接导致了网络风险的提高，关于网络攻击的应对与企业机密、客户隐私等方面的保护问题日益凸显，亟待通过提升数字化技术的融入程度来加强对该方向的风险防范。通过数字化转型，企业能够搭建强力的防范系统，提高组织内外部的网络安全性，有效防范网络攻击，保护用户隐私。

奇安信赋能国内软件企业提升网络安全

为提高软件企业软件编码的安全水平，减少软件产品漏洞，奇安信通过智能化数据收集引擎在全球范围内获取开源组件信息及其相关漏洞信息，研制了基于安全认知图谱的软件供应链代码安全检测工具，建立了软件供应链安全"评估—验证—优化"的体系化服务，推出了国内规模最大的开源软件源代码安全检测公益计划。目前已累计对 2 200 多款开源软件进行了安全检测，共计 30 多万个项目，超 100 亿行代码，为各类企业发现超 2 000 万个安全隐患，帮助企业技术修复安全漏洞并降低合规风险。

三、数字化创新

在传统行业进入存量时代、"红海"竞争持续压缩毛利率、客户需求更多元多变的大背景下，企业越发需要通过数字化手段提高创新能力，进而通过新产品、新业务、新工作方式或是新生态带来可持续的增长点及竞争优势。据 BCG 调查，75% 的企业表示创新是创造价值的三大重点之一，35% 的企业认为创新是头等大事。自 2005 年以来，在 BCG 每年公布的全球最具创新力企业 50 强榜单中的企业，其股东总回报率比全球市场平均水平高出两个百分点。

1. 创新产品

在数字化时代下，企业与客户对接门槛下降，客户对于服务提供方日益多样化的需求可以通过互联网的发展得到更好的满足，为此企业积极进行数字化转型，不断对其产品进行创新。企业通过数字化技术的融入，得以实现与客户需求的精准对接，为客户提供高质量的私人定制服务，实现产品的多样化迭代更新。

青岛啤酒通过卡奥斯快速迭代新产品

青岛啤酒推出线上定制平台，但面临交货周期过长的核心问题，交货周期长达 45 天，亟待采取措施解决这一问题。为此，青岛啤酒以二维码为载体，打造数据闭环，搭建集消费者定制平台、制罐平台、分拣平台于一体的全流程数据驱动"端到端"系统，实现定制化啤酒业务快速发展，将交货周期缩短到 15~20 天。该项目成功助力青岛啤酒入选行业"灯塔工厂"。

2. 创新业务

在替换需求饱和、行业竞争加剧的背景下，单一产品或单元的革新已经无法满足企业构建核心竞争力的需求，企业亟待引入数字化技术对其整体业务体系进行革新，以应对竞争日趋激烈的市场环境。通过数字化转型，企业发掘沉淀资产的价值，对其整体业务体系进行革新，延伸了企业服务的覆盖面，提高了企业的市场竞争力。

树根互联给三一重工带来新增长点

工程机械市场逐渐进入存量时代，传统模式已难有增长。三一重工依托树根互联的工业互联网操作系统——根云平台，实现了智能研发、智能产品、智能制造、智能服务、产业金融等全价值链数字化转型。其中，三一旗下智能工厂"18号工厂"马力全开，可支撑300亿元的产值。同时，树根互联还通过"通用平台＋产业生态"的P2P2B模式①，结合行业龙头企业、产业链创新企业等生态伙伴的行业经验和应用场景，打造了环保、铸造、纺织、定制家居等20个产业链平台，实现了跨行业、跨领域的广泛赋能，助力产业链、供应链现代化水平提升，成为业务新增长点。

3. 创新工作方式

在数字化时代，信息流量规模过大为企业员工开展工作带来了沟通壁垒，降低了工作效率，因此需要通过数字化转型帮助企业改善这一局面。通过数字化技术的融入，企业整体工作方式进一步流程化、标准化、精细化，使各环节衔接更加自然顺畅，极大地提高了员工的工作效率，改善了员工的工作体验。

万科物业接入企业微信，标准化业主服务流程

万科物业作为劳动力密集型产业企业，面临人力成本上升和提升服务精细度的挑战。为解决这些问题，万科物业全面接入企业微信，实现物业服务全流程标准化、精细化程度和品质的提升。通过企业微

---

① P2P2B模式即通过平台Platform去支持和服务Partner，帮助Partner建立起解决方案和服务能力去服务终端的客户。

信的引入，万科物业实现了业主关系和信息在企业侧的沉淀，保证了物业服务的稳定连贯，增强了企业侧对业主的统一管理。自2017年7月接入企业微信至今，通讯录活跃员工率达80%，覆盖83座城市2300个在管项目，显著提高了服务质效。

4. 创新生态

在企业整体价值链推进和延伸的过程中，各板块之间存在关联度不足、信息不对称的情况，造成整体协作程度不高、一体化程度低下、规模效应不明显等问题，亟待通过数字化转型扭转这种局面。通过数字化转型，企业成功构建协同联动的工作生态，促进产业集群转型升级，提高了已有资源的利用度，创造了新的经济增长点。

佛山工业互联网平台通过腾讯云打造创新生态

面对数字化的浪潮，佛山急需建设工业互联网平台，促进产业链合作，推动自身数字化转型，形成有竞争力的工业集群。为此，佛山通过打造腾讯云粤港澳大湾区工业互联网平台，加速新一代信息技术与现代制造业、生产性服务业融合创新，成功改造传统制造业、打造新型产业竞争力、发展新兴业态，为佛山创造了新的经济增长点。佛山工业互联网平台得以在数字化进程中加快完善自身平台数字化的建设，提高了佛山工业互联网平台整体的网络承载能力，由此推动佛山建设富有竞争力的数字化工业集群。

波士顿咨询公司（BCG）

第三章

数字产业化："云物大智链"时代下的千帆竞渡、百舸争流

数字产业化包括电子信息制造业、基础电信业、软件服务业等所有致力于数字技术创新和提供数字产品或服务的行业，其核心驱动力是数字科技的不断创新与提升。通过数据的产生、传输、计算、分析和应用，数字科技推动了其他生产要素的重组与优化，进而带来了整体效率的提升并创造出新的价值。尽管数字产业化只占整体数字经济的 20%，但其对产业数字化，乃至整体经济的辐射和拉动作用都不容小觑，是数字经济发展的驱动引擎。数字技术产业在数据全生命周期中的位置如图 3.1 所示。

从数据生命周期来看，无论是数据的产生、传输、处理还是最后的应用，每一个环节都有成为瓶颈，阻碍数据顺畅流通的可能性。所以数字科技的持续推进离不开产业链的整体健康发展。任何一个环节的短板都可能让企业数字化转型的成果大打折扣。

从数据产生端开始，随着终端电子产品的普及和传感器性能的强化，全球可获得的数据量出现了爆发性的增长。2020 年 IDC 预测，全球新产生数据量将在未来 5 年保持高于 20% 的年增速，预计 2025 年全球新产生数据量将是 2020 年的近三倍（见图 3.2）。这意味着数

第三章 数字产业化："云物大智链"时代下的千帆竞渡、百舸争流

据产生后的每一个环节，从传输、计算、分析到应用都需要大幅提升效率才能应对未来数据量指数级式的增长。

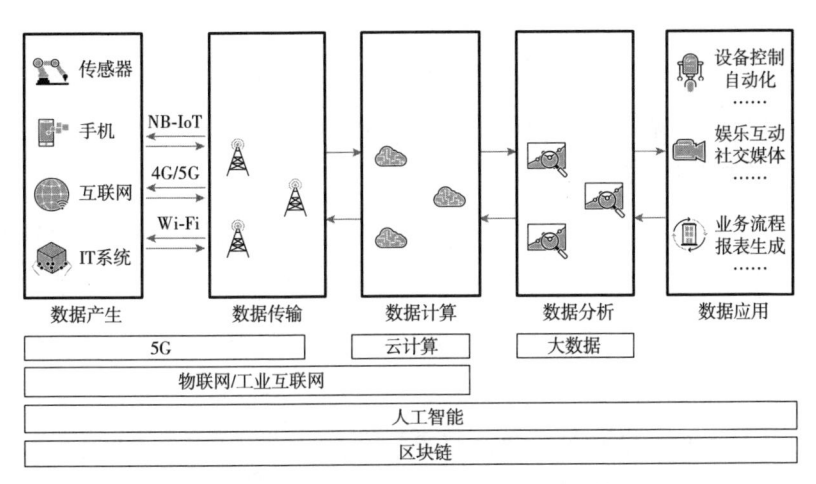

图 3.1 数字技术产业在数据全生命周期中的位置

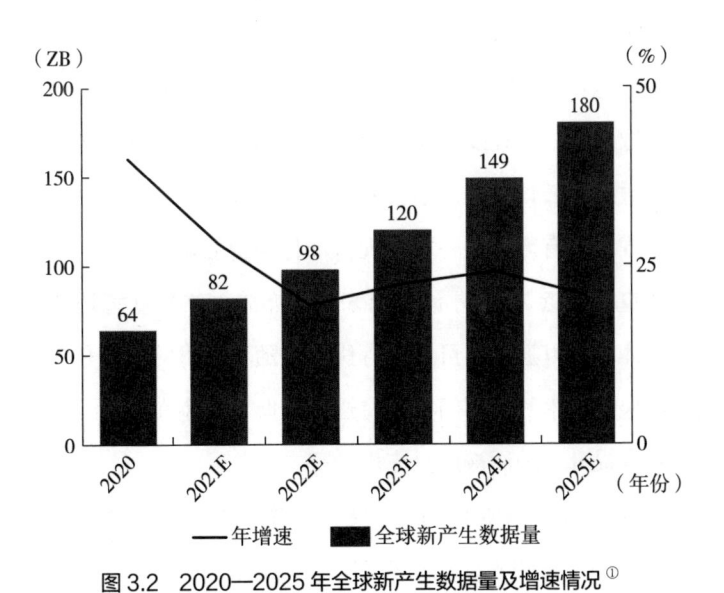

图 3.2 2020—2025 年全球新产生数据量及增速情况①

---

① IDC. Worldwide Global DataSphere Forecast，2021—2025. 2021.

101

肥沃的数据土壤催生了灿烂的技术之花。在海量数据的哺育下，"云物大智链"等数字科技开始成为大家熟知的名词，频繁出现在人们的视野里。

云计算：因算力需求的不断提升而诞生。云计算服务供应商提供处理海量数据所需的算力与存储，进而帮助客户专注于价值创造而非重复建设计算系统。

物联网或工业互联网：既包括收集数据的传感器，也包括促成数据流通所需的通信技术和数据整合、计算的平台。通过实时数据的收集、分析与反馈，企业可更自动、更智能地做出生产线调整，从而达到降本增效的目的。

大数据：与云计算相似，随着数据量的飞速增长应运而生。大数据服务商通过提供数据管理、分析、决策等服务，帮助客户更好地运用数据以满足业务需求。

人工智能：集多项技术于一体，帮助机器感知并理解环境、学习决策并采取行动。以往受制于算力和数据的匮乏而发展缓慢，但随着通信、大数据、云计算等周边技术的提升，人工智能的潜力逐渐被释放，进而推动所有产业进一步实现自动化和智能化。

区块链：最近20年才涌现出来的分布式网络数据管理技术，具有全网一体、难以篡改、可追溯等优点。随着算力的提升和数据量的增加，区块链技术的使用门槛也将逐步降低，有望在支付、物流等领域带来效率提升，进而被广泛应用。

5G：作为下一代通信网络，未来将赋能物联网、消费电子、汽车等所有数字产品的无线通信需求。与之前的技术相比，5G可支持更多设备接入，实现更高速率和更低时延，在进一步提升数据交换速度的同时也给新技术场景的应用带来可能。

第三章　数字产业化："云物大智链"时代下的千帆竞渡、百舸争流

此刻再回首万维网刚诞生的那一年，似乎难以想象今天的人们会对这些全新的名词习以为常，千帆竞渡、百舸争流，数字经济、奋楫者先。每一个名词都代表一种未来，潜藏着无限可能。本章就将聚焦这6项目前最重要的数字经济技术，回顾各项技术的发展历史、展望其未来趋势，并就国内外市场格局及标杆性企业做简要分析。

云计算：便捷、高效、低廉的算力普及

简单来讲，云计算的本质就是将服务集成到云端。在这个汇集了大量服务和算力的虚拟资源池里，企业用户可以根据自身需求来获取算力、存储空间以及信息服务等。云计算让企业在使用信息技术资源时，就像用水、用电一样方便。企业无须投入研发成本独立搭建复杂的IT系统来满足算力需求，只需要通过云计算提供的软件接口即可获取所需算力。软件企业也开始通过将软件服务"上云"，进而提供更好的维护、升级服务，并帮助企业更好地留存数据，开发后续应用。企业用户也可以通过云计算进一步降本增效。BCG对1 026家企业的问卷调研显示，有64%的决策者认为云计算提升了团队效率，42%的决策者表示云计算缩短了产品上市时间，进而给企业带来了竞争优势。[①]

[①] BCG. Ascend to the Cloud: How Six Key APAC Economics Can Lift-off.

一、云计算的发展历史与趋势

1. 云计算的发展历史

（1）第一阶段

云计算在第一阶段实现了从早期物理服务器向虚拟机、容器转变的技术进化，以及云计算产业从起步到高速增长。比较 IaaS、PaaS 和 SaaS，云计算用户的 IT 投入和需要直接负责的内容在不断减少，用户不再需要自建数据中心甚至不用开发软件，而是转向直接按时间购买，降低了行业发展的技术和资本壁垒，成为行业发展的重要基础设施。

（2）第二阶段

第二阶段有两大里程碑：1999 年，美国企业软件商 Salesforce 成立后开始推广 SaaS；2001 年，戴尔旗下的威睿发布第一款针对 X86 服务器的虚拟化产品。在这一阶段，SaaS 和 IaaS 产品也开始出现。云计算的理论早在 1955 年就被提出，但在 20 世纪 90 年代虚拟机技术逐渐成熟后，云计算市场才开始有所成长。

（3）第三阶段

第三阶段以 2006 年亚马逊推出 IaaS 服务为标志，之后出现了三种云服务形式，电信运营商、互联网企业开始积极入局。亚马逊将公司使用率较低的算力整合出售，打造自己的云计算平台，成为这一时期的标志性事件。2006 年，谷歌公司的 CEO（首席执行官）埃里克·施密特提出云计算概念，2008 年微软首次公布 Windows Azure 基于云计算的操作系统，到 2010 年正式上市。2009 年，Heroku（一

第三章　数字产业化："云物大智链"时代下的千帆竞渡、百舸争流

个支持多种编程语言的云平台即服务提供商）推出第一款公有云PaaS。2010年，腾讯云推出IaaS和PaaS产品。这一阶段，巨头厂商的示范作用巨大，开启了云计算行业的发展周期。

（4）第四阶段

2013年以后，云计算的底层技术开始变为容器技术。这一阶段的服务模式与内容不断丰富，渗透率也持续增长。2015年谷歌开源Kubernates项目，2016年多宝箱调整架构，分别推动多云与混合云解决方案的实际应用和发展，SaaS行业在本阶段快速发展。在渗透率方面，2011年美国联邦政府发布了《联邦云计算战略》，明确提出了美国政府信息向云计算转移，并推行"Cloud First"计划，以美国政府为代表，全球各国政府积极推动并加深云计算普及，使其成为重点技术。

回到中国，阿里云作为国内云计算技术的代表，呈现出企业自主创新与政府支持保障协同并进的政企联动特点。阿里巴巴当时面临的困境和亚马逊非常相似，2009年，以甲骨文为代表的国际厂商逐渐无法满足阿里巴巴以"双十一"为代表的业务高峰期的需求，阿里巴巴决定自主研发云计算技术，并凭借持续投入和先发优势逐渐成为行业领导者。后来神州数码、华为等企业在云计算产业链上游实现了国产替代，与阿里巴巴一起引领了国内厂商在云计算市场的国产化潮流。中国政府在2010年的中国科学院、中国工程院院士大会上将云计算提升到创新生产工具和方式的高度，并在同年由发改委（国家发展和改革委员会）提出在北京、杭州等5座城市开展云计算试点工作，为云计算在中国的铺开提供了完善的制度保障。

云计算技术的快速发展主要得益于云计算技术本身所具有的巨大

业务价值、技术的不断迭代、政府的支持保障、巨头的引领带动作用、系统生态的持续完善、垂直领域场景的紧密结合等特点。其一，云计算业务能够动态化地满足企业业务波峰的算力和存储需求，在闲时可调整，实现成本节降；其二，从虚拟机到以容器技术为代表的底层技术的不断进化，推动云计算市场的升级迭代；其三，以美国、中国、英国政府为代表的开明政府积极拥抱先进技术革命，采取政府采购，出台利好政策等多种方式提供积极支持；其四，以亚马逊、微软、阿里巴巴为代表的传统互联网巨头明确将云计算作为战略发展方向，如微软的CEO萨提亚·纳德拉提出的"移动为先，云为先"战略，为公司开启第三增长曲线；其五，云服务领域不断从垂直领域的需求出发，开发相关的功能应用，打造政务云、金融云、工业云等产品，推动行业集体上云，更进一步提升了云服务的市场空间和潜力。

在云计算技术投向市场后，可以按照部署模式和服务模式进行分类。按照服务的公共性可以划分为公有云、私有云和混合云，按照服务的模式可以划分为SaaS、PaaS和IaaS三种不同云计算模式的服务范围（见图3.3）。

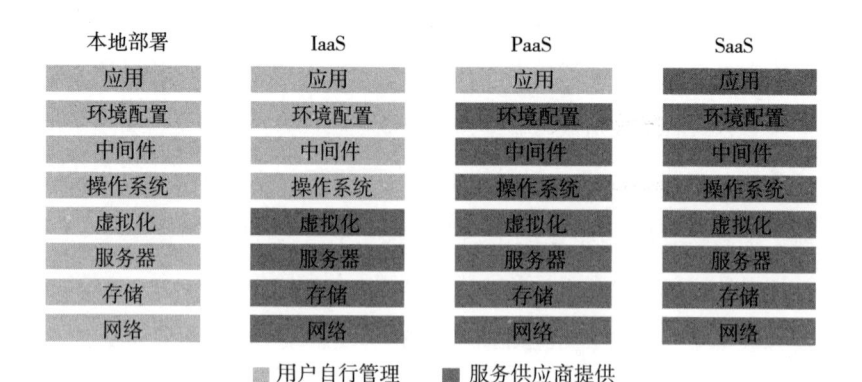

图3.3 不同云计算模式的服务范围

其中，公有云是对云环境进行分区，并重新将其分配给多个租户的云服务。过去，公有云在组织外部运行，所使用的 IT 基础架构非客户所有，如今，公有云服务商逐渐开始在内部数据中心提供服务，所以是否在组织外部布局及 IT 基础架构的所有权不再是判断公有云的标准了。

与公有云相对，私有云是专为单一用户或单一群组建设的，在其防火墙内运行的云。当前也有部分私有云是在租赁的或外部供应商提供的数据中心架构中。混合云是建立在多个公有云之间、多个私有云之间，或公有云和私有云之间的 IT 环境。

IaaS 即通过互联网为服务供应商提供硬件，包括服务器、硬盘存储及硬件维修等服务，用户自行处理应用、数据库、操作系统、运行时和中间件，通过 API（应用程序接口）或者控制面板访问。在 PaaS 模式中，供应商不仅提供硬件，还提供操作系统和数据库，用户则主要负责应用，而不再关注操作系统、中间件、环境配置，使其可以快速基于 PaaS 平台开发自己的应用和产品；SaaS 模式下供应商提供的服务最多，除数据外基本上提供了所有服务。用户不必在本地安装软件，可以直接通过网页浏览器或移动应用获取所需服务。

2. 全球云计算市场的五大趋势

（1）企业数据资产和规模不断提升，以云为重点的 IT 投入进一步增加

根据 IDC 统计，未来 5 年，全球新产生数据量将以超过 20% 的年均增速保持增长，在此支撑下，企业的云计算需求将保持规模增长，同时企业的 IT 支出将从新冠肺炎疫情的影响中走出，2021 年全

球企业IT支出增速为4%，2020年增速为-3.1%。

（2）规模效应和马太效应明显，头部厂商市场份额是升

云服务是一项重投入、回报周期长的重资产业务，硬件设施投入规模大、现金流稳定、运营技术积累明显，因而具备极强的规模效应。当前世界云计算市场的头部格局初步稳定，亚马逊、微软、阿里巴巴、谷歌、IBM领先优势明显，预计未来将通过规模效应打造灵活的价格体系、完善的服务体系，从而建立起一条较宽的"护城河"。

（3）混合云模式受到企业青睐，公有云模式竞争力强

一方面，混合云能够兼顾云的安全性；另一方面，公有云在规模扩张的灵活性和成本方面优势明显。

（4）云的数据安全成为供需双方关注的重点

数据资产的重要性不断提高，全球云端安全供应商超过200家，中国云端安全供应商约为50家，根据IDC统计，9%的数字中心资本支出用于安全设备，仅次于服务器支出（69%）和网络设备支出（11%）。

（5）人工智能等前沿技术和云计算的融合发展

人工智能和云的结合，将为AI提供算力的弹性，也能够利用云端大规模的数据资产提供更多的数据洞察。2016年起，全球云计算厂商纷纷从战略和产品两大维度强化人工智能元素，加码智能云。例如，微软在战略上提出"AI重新定义一切"，谷歌提出AI Only战略，阿里巴巴布局人脸人体识别、图像视频、语音技术和自然语言处理技术等。

第三章　数字产业化："云物大智链"时代下的千帆竞渡、百舸争流

2020年高达9.7%的数字经济增速也为下一步发展奠定了良好的基础，并带来了充足的信心，加之在政府引领下，以5G为代表的"新基建"加速建设，将使云计算技术的基础设施和数据流量得到进一步夯实，中国的云计算市场前景十分广阔。

需要注意的是，与世界相比，中国有两大差异化发展趋势，一是在国际地缘政治日趋紧张和国家大力提倡发展信息技术应用创新（信创）产业的背景下，云计算的国产化趋势逐渐增强，在一些国内领先厂商的推动下，金融、电信等领域信创云的需求被不断释放；二是国内ICT企业的融合发展，如传统CT企业华为、中兴通讯，IT企业新华三、浪潮等纷纷布局云计算业务，构建自有业务生态。

二、全球云计算产业格局与领先企业

1. 国际产业格局

从国际看，全球云计算市场规模保持快速发展，但伴随着市场进入成熟期，发展速度逐渐下降。其中IaaS市场的增长潜力最大，是未来增长的主要引擎。据统计，从2016年开始，全球云计算市场规模增速逐步从25.2%下降到2020年的13.1%（见图3.4）。就细分市场而言，2020年，SaaS市场占比最高，达到49.4%，PaaS市场占比最低，仅为22.2%；就比较增速而言，2020年，SaaS市场的增速最慢，仅为6.9%，IaaS市场的增速最快，达到33.0%，应当重点关注。

从市场格局角度分析，2020年全球公有云市场高度集中，龙头优势明显，中国厂商凭借中国市场的发展快速提升份额。以公有云IaaS领域为例，行业领头羊亚马逊始终保持领先，不过其2020年的市场份额比2016年有所下降。相比之下，微软、阿里巴巴、谷歌的

份额都有所提升。这一现象反映了公有云头部厂商产品差异性不强的情况，也从侧面反映出未来市场格局仍有变动机遇，后来的企业仍有发展机会。

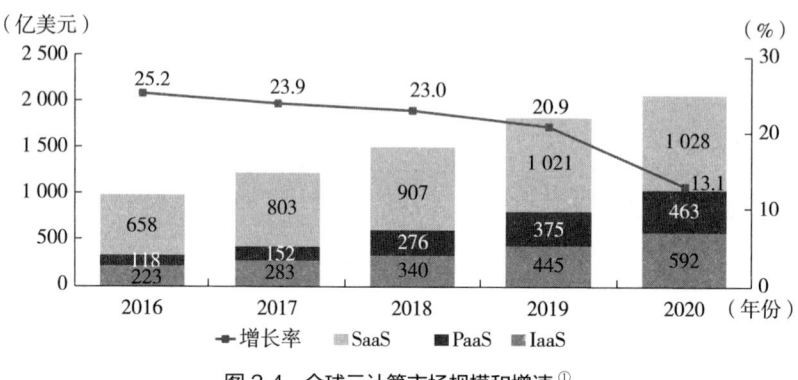

图 3.4　全球云计算市场规模和增速[1]

2. 国际领先企业

很多科技领域的全球性龙头企业都在软件方面有着深厚的积累，也都将云计算作为核心战略，并在云计算市场爆发之前就已投入了大量资源发展云计算服务。

（1）亚马逊

AWS（亚马逊云科技）是全球第一个重点发展云计算的互联网龙头企业，最初只是将自有的闲置计算和存储资源出租，后凭借先发优势成为全球云服务第一大巨头，在全球的 IaaS 市场份额超 40%。当前在全球 21 个地理区域内运营着 66 个可用区，以 IaaS 云服务为重点。

---

[1] 中国信息通信研究院. 云计算白皮书（2021）. http://www.sohu.com/a/482166444_121015326.

（2）微软

从2010年正式发布Windows Azure，到2014年向云计算的转型，微软明确提出"移动为先，云为先"战略，凭借其长期在软件领域积累的深厚优势，重点发展SaaS和PaaS业务，目前微软已拥有54个Azure区域，可用于140个国家和地区。

（3）谷歌

2006年谷歌提出云计算，2008年推出业内最早的PaaS服务App——Engine，直到2016年云服务方才开始重点发力，凭借在搜索业务等现金牛业务中的收入积累，大规模扩张数据中心，努力在云计算领域扩大市场份额。2018年谷歌首次在IaaS领域被全球著名IT研究机构Gartner评为领导者，在PaaS领域被全球知名独立技术和市场调研公司Forrester评为领导者。

三、中国云计算产业现状与标杆企业解析

1. 中国云计算产业现状

中国云计算市场的产业逻辑和欧美类似，仅在发展阶段落后四五年。以公有云市场为例，在过去5年保持了超过50%的年均复合增长率，总体增速远超全球平均水平。IDC预计，在未来5年其仍将保持25%以上的年均复合增长率。私有云建设市场小于公有云，但也保持着20%以上的年均复合增长率（见图3.5）。

图 3.5 中 2016—2020 年中国云计算市场规模及增速的数据展示如下：

中国公有云市场规模及增速

年份	市场规模（亿美元）	增速（%）
2016	26.2	66.5
2017	40.8	55.7
2018	67.2	65.2
2019	106.0	57.6
2020	196.5	85.2

中国私有云市场规模及增速

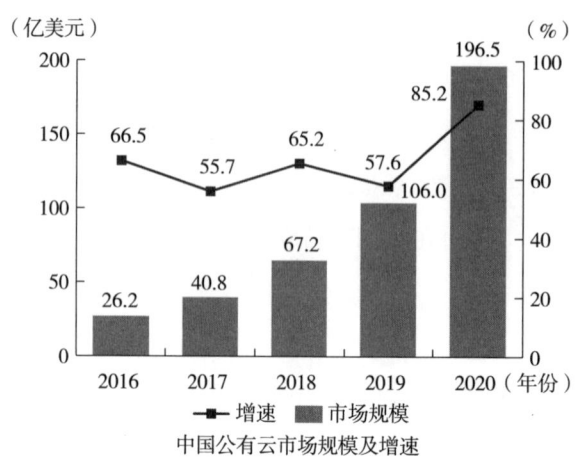

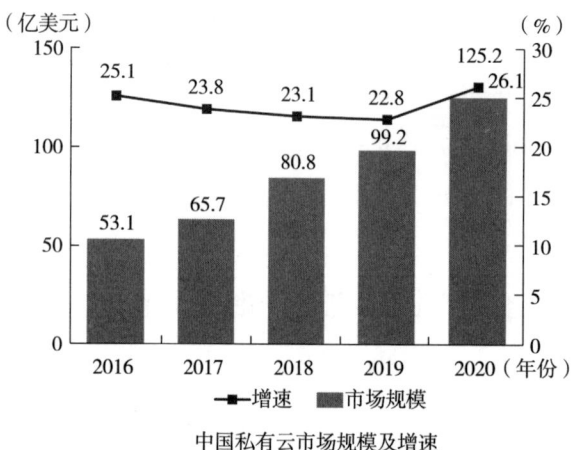

年份	市场规模（亿美元）	增速（%）
2016	53.1	25.1
2017	65.7	23.8
2018	80.8	23.1
2019	99.2	22.8
2020	125.2	26.1

图 3.5　2016—2020 年中国云计算市场规模及增速[①]

对比中美公有云市场的细分可以发现，美国市场以 SaaS 为主体，中国市场以 IaaS 为主体，这与中国企业管理经验不足及中国整体知识产权保护环境有待提升有关。从发展阶段来看，美国的云市场特别是 SaaS 市场发展领先中国约 10 年，2020 年中美公有云市场各

---

① IDC. 全球及中国公有云服务市场（2020 年）跟踪 . 2020.

细分市场规模对比如图3.6所示。2005—2009年，美国的SaaS市场出现了一批先行者，如XTOOLS和800CRMD，后逐渐上云；直到2015年，中国的SaaS市场阿里巴巴、腾讯等巨头开始布局方才起步，与国外相比经验积累时间更短。同时云计算业务的发展也出现了账户、密码数据信息的泄露与跨境的盗卖和使用等问题。通过2008年Salesforce诉微软云计算软件专利侵权案等判例，美国司法界完善了云计算领域的知识产权法律。相比之下，中国的相关案例还较少，相关法律的完善还需要时间。

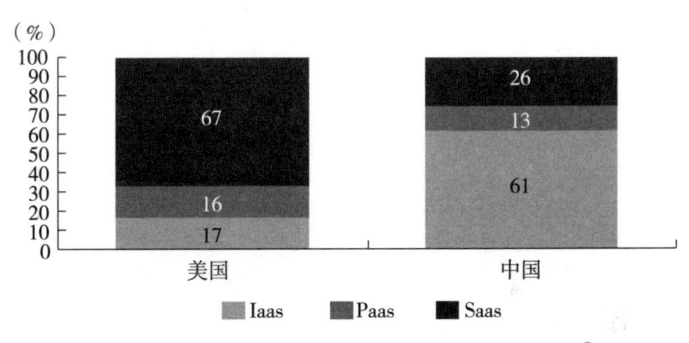

图3.6 2020年中美公有云市场各细分市场规模对比[①]

2. 中国云计算领先企业

中外市场格局整体较为一致，呈现出相对集中的特点。以公有云市场为例，截至2020年第四季度末，阿里云占据40%的市场份额。前五大"玩家"——阿里云、腾讯云、华为云、AWS中国和中国联通合计占据77%的市场份额，先发优势明显。下面以阿里云和腾讯云为例分析中国云计算企业的发展情况。

---

① IDC.全球及中国公有云服务市场（2020年）跟踪.2020.

（1）阿里云

随着巅峰流量需求不断飞速增长，阿里巴巴自2009年就开始基于开源协议和软件构建IT架构，逐步替换IBM小型机、Oracle数据库及EMC存储设备。2014年，阿里云开始大规模对外提供技术支持，截至2021年，阿里云在全球的24个地域部署了75个可用区，可覆盖197个行业，拥有超过300万家企业客户和1万家以上的合作伙伴企业。目前，阿里云正升级打造数字原生操作系统技术体系，进而赋能全社会更快、更好地开发数字应用。IDC最新公布的2021年第一季度中国公有云市场数据显示，阿里云占据40%的份额，排名全国第一。

（2）腾讯云

2010年，腾讯云开始为游戏开发商提供算力和运维支持。随着国内云计算市场的发展，腾讯云在2013年全面开放，向全行业提供公有云服务。2018年，腾讯成立云与智慧产业事业群（CSIG），全面布局产业互联网。通过输出云计算、大数据、人工智能、安全等前沿科技能力，腾讯帮助各行各业实现数字化转型，在视频、游戏等领域领先公有云市场，并通过专有云在金融、政务等市场形成了特色。现为中国第二大公有云服务提供商。

工业互联网：第四次工业革命的敲门砖

作为开启第四次工业革命的重要代表性技术，"工业互联网"和

第三章　数字产业化："云物大智链"时代下的千帆竞渡、百舸争流

"金融科技"一样，是在数字经济大发展时代背景下出现的新名词。直观来看，其构成形式就是将两个传统的行业名词进行了直接组合，但在词汇的简易组合背后，所代表的技术价值却不容小觑。

根据欧盟物联网创新联盟下的定义，物联网是一种能够连接嵌有电子、软件、传感器、执行器和网络连接的物理对象、设备、车辆、建筑物及其他物体，并使这些不同对象能够收集和交换数据的网络。

根据中国工业互联网产业联盟下的定义，从宏观层面看，工业互联网通过工业经济全要素、全产业链、全价值链的全面连接，支撑制造业数字化、网络化、智能化转型，不断催生新模式、新业态、新产业，重塑工业生产制造和服务体系，实现工业经济高质量发展。从技术层面看，工业互联网是新型网络、先进计算、大数据、人工智能等新一代信息通信技术与制造技术融合的新型工业数字化系统，它广泛连接人、机、物等各类生产要素，构建支撑海量工业数据管理、建模与分析的数字化平台，提供"端到端"的安全保障，以此驱动制造业的智能化发展，引发制造模式、服务模式与商业模式的创新变革。

根据国务院发布的《关于深化"互联网＋先进制造业"发展工业互联网的指导意见》中的相关界定，工业互联网是新一代信息技术与制造业深度融合的产物，是以数字化、网络化、智能化为主要特征的新工业革命的关键基础设施。

对上述定义进行共性梳理，可以发现"工业互联网"离不开三大核心要素：首先，在技术层面采取物联网、云计算、大数据等新技术建设一体化的工业网络；其次，通过传感器等硬件实现工业数据的收集、分析，推动业务模式的优化；最后，以数字化、网络化和智能化为特征。

一、工业互联网的发展历史与趋势

1. 国际工业互联网可分为四个发展阶段

（1）萌芽期（1968—1986年）

这一阶段的标志性事件是PLC（可编程逻辑控制器）和M2M的诞生。1968年，迪克·莫利提出了PLC的核心概念。同年，美国发明家西奥多·帕拉斯科瓦科斯提出M2M的概念，指数据被从一台终端传送到另一台终端，也就是机器与机器的对话。

（2）初创期（1986—1999年）

标志性事件是OPC（对象中的链接与嵌入的过程控制技术）标准的发明及其普及。1986—1994年，万维网、TCP/IP协议发布，奠定了网络通信基础。OPC标准是自动化行业用于数据安全交换的互操性工业标准，可以使多个厂商的设备之间实现无缝传输信息。1994年，OPC基金会成立，后续用于保证工业自动化中的数据安全，该基金会管理在1996年发布的OPC数据访问协议，使无线M2M应用市场逐步扩大。

（3）快速发展期（1999—2012年）

物联网概念于1999年被正式提出，云计算等一系列工业互联网支撑体系逐步形成。云计算于2006年发布并开始普及，OPC独立架构协议发布，实现设备之间的安全通信。

（4）爆发期（2012年至今）

工业互联网理念和软硬件在这一时期快速发展，并且技术不断成

第三章 数字产业化："云物大智链"时代下的千帆竞渡、百舸争流

熟。自通用电气公司于2012年发布白皮书《工业互联网：打破智慧与机器的边界》开始推动工业互联网概念的普及后，5G、人工智能等一系列技术不断发展成熟，传感器价格下降，工业互联网的雏形逐渐形成并得到发展。2013年，德国政府提出工业4.0概念，2015年，中国政府发布《中国制造2025》，工业互联网逐渐成为热点。

2. 中国工业互联网发展主要经历了三个阶段

（1）初步发展期（2009—2015年）

中国的互联网企业率先从工业云平台角度切入。相关理念从美国传播到中国，2009年，阿里巴巴为龙头制造业企业提供云平台服务；2010年，腾讯开放平台介入应用；2015年，国务院印发《国务院关于积极推进"互联网+"行动的指导意见》；2015年，中国政府发布《中国制造2025》，工业互联网和制造生产融合成为一大趋势。

（2）实践深耕期（2016—2020年）

产业数字化企业纷纷从自身业务出发，孵化布局工业互联网新业务。三一重工、海尔、富士康等龙头企业纷纷推出工业平台服务，和利时、用友则利用传统自动化系统及工业软件优势进行积极探索。国家顶层设计、政策体系不断完善，中国工业互联网平台已成为企业数字化转型探索的关键抓手。

（3）发展新时期（2021年至今）

全国已有近30个省份出台支持发展"工业互联网"的相关政策，北京、长三角、大湾区三足鼎立，其余地区梯次发展，全国工业互联

网发展格局初步确定。中国工业互联网应用已经覆盖国民经济40个大类，工业App持续丰富和拓展，预计在2025年制造企业云平台普及率将超过60%，"5G+工业互联网"将带来新的机遇，边缘计算、工业智能等领域将成为前沿重点。

3. 未来的四大发展趋势

（1）以5G、云计算为代表的多种新兴技术融合发展

伴随着越来越多的传感器及设备仪器接入工业互联网，工业互联网中的数据积累快速增长。不断扩大的数据传输、存储和处理需求也推动着云计算与通信网络的发展。可以预见，工业互联网的后续发展离不开云计算的灵活扩张以及高带宽、高可靠、低时延、多连接的5G通信网络。只有将这几种新技术进行有机融合，才能完全释放出工业互联网的潜能。

（2）发展推动力由政府转为企业，企业的主动性不断提升

工业互联网发展初期由政府主导推动，受到利好政策的吸引，工业互联网逐步在工业企业进行试点。树根互联等样板企业的工业互联网实践取得生产成本节约和人员、供应链管理效率提升的成果后，受到样板激励的企业的工业互联网需求逐步被激发，工业互联网的价值得到认可。此外，在云计算、5G等新兴的数字化技术普及率不断提升的基础上，企业尝试应用新技术的热情不断高涨。

（3）消费互联网和工业互联网跨界融合

工业互联网和消费互联网的数据逐步跨界融合。随着以拼多多为

第三章　数字产业化："云物大智链"时代下的千帆竞渡、百舸争流

代表的C2M（用户直连制造）模式开始普及，零售业开始将消费者数据直接应用到生产端，同时也将生产制造流程的数据应用于消费品领域的产品溯源。消费互联网的数字化发展将持续倒逼工业互联网提高数字化程度，实现产业融合发展。

（4）推动新的工业生态体系逐步形成并完善

工业互联网的应用推动原本的产业链逐渐发展成网状，使跨界合作的工业生态，上下游的合作更加深入，不同行业的融合不断完善。截至2020年，全国从事工业互联网业务的服务商数量超过2万，服务近40万家工业企业，工业企业逐步从原本的单纯产品制造发展出提供解决方案和咨询服务等新业态。

二、全球工业互联网产业格局与领先企业

近年来，全球工业互联网市场规模持续稳步提升。据中国电子信息产业发展研究院（又称赛迪研究院，CCID）统计，2019年全球工业互联网行业市场规模达8 465亿美元，增速约为5%，保持着较为稳定的增势（见图3.7）。

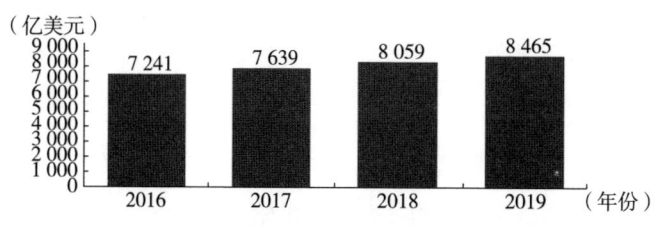

图3.7　2016—2019年全球工业互联网行业市场规模[①]

---

① 中国电子信息产业发展研究院. 2019—2020中国工业互联网市场研究报告. 2020.

如对市场做进一步细分，工业互联网市场又可分为三大领域：占比最高的是硬件与网络产品市场，达49.8%，主要包括传感器、控制器、工业级芯片、工业机器人等。高端硬件产品主要被欧美传统厂商垄断，如工业级芯片、变送器、智能机床等。软件和平台市场是第二大市场，占比达48.3%，主要包括工业云平台和工业软件两个领域。其中，云平台市场由通用电气、西门子、亚马逊和施耐德领军，中国的产业公司工业富联、海尔卡奥斯、树根互联有望实现赶超。前述两大市场的总和已基本占据了整个市场的份额，其余的包括工业信息安全在内的市场占比仅为1.9%，相对小众。

从国家和区域视角看，全球各国对工业互联网的重视、应用程度也存在较大分化。2019年，全球工业互联网市场呈现出欧美亚三足鼎立、亚洲快速赶超的局势。美国是现代工业互联网发展的起源地，在通用电气、思科、英特尔、霍尼韦尔等龙头厂商的领导下，从最初的工业电子商务市场逐步发展起来，近年来伴随着制造业回流和产业互联网的深入发展，持续引领全球的发展方向；欧洲市场起步时间仅晚于美国，在西门子、ABB（电力和自动化技术领域的领导厂商）、思爱普等龙头企业的带动下依旧保持长期领先；中国、日韩、印度等亚洲新兴工业化国家在本国工业和互联网产业快速发展的基础上，积极完善基础设施，使亚太地区成为全球一个相对重要的制造业发展中心，未来在工业互联网巨头和工业巨头企业的合作下，有望赶超美欧。

从对行业的渗透程度看，虽然工业互联网的应用效果明显，但不同行业的应用渗透率存在明显差异，机械和交通设备制造领域的渗透率最高，与这两个领域的基础设施水平高及行业集中度相对较高有关。根据国家工业信息安全发展研究中心的统计调查，工业互联网的

第三章 数字产业化:"云物大智链"时代下的千帆竞渡、百舸争流

应用分布在核心业务优化、生产保障能力提升以及社会化资源协作三大方面12个细分领域。其中,机械和交通设备制造两个领域覆盖了全部的细分领域。根据国家工业信息安全发展研究中心发布的《工业互联网平台应用数据地图》,大中型企业的基础设施状态好于小微企业。各行业应用最多的工业互联网场景是生产过程优化和设备资产管理,应当重点关注。不同行业的切入点有所不同,例如,机械和交通设备制造两个行业正从存量竞争向服务化转型,推广深度和应用广度领先,其重点是基于设备数字化的远程运维、设备租赁和产融合作(见图3.8)。

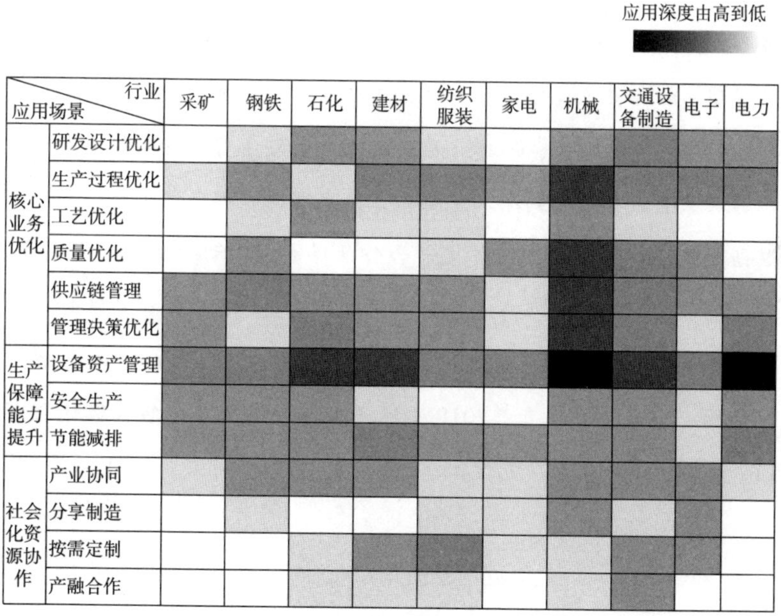

图3.8 不同产业环节数字化应用深度[1]

---

[1] 国家工业信息安全发展研究中心. 工业互联网平台应用数据地图. http://www.sohu.com/a/480027795_440809.

下面将全球范围内在工业互联网平台应用方面几家领先企业作为案例进行解读，使读者更直观地理解工业互联网对企业数字化发展的积极助益。

通用电气的 Predix 平台

通用电气的 Predix 平台首次提出工业互联网概念，也是全球首个工业互联网平台，凭借完善的功能、优质的合作伙伴和独到的行业见解实现全面领先，但发展逐渐受阻。2011 年，通用电气提出"工业互联网"概念，2013—2015 年，基于自身在多个垂直领域积累的丰富经验，开发出 Predix 平台接入工业资产设备，并将其转化为云服务。Predix 平台的优势有三：一是完善的功能，包括工业应用、资产模型、收集数据优化运营并保护工业资产；二是与细分行业深入契合的数字化工业方案，这建立在通用电气长期丰富的行业积累上，并能够从工业数据中得到深入见解；三是丰富的外部合作生态，与美国电话电报公司、微软、甲骨文等合作伙伴共同推动行业数字化变革。不过，由于工业互联网与消费互联网存在定制化需求高、无法分销等根本不同，因此尽管 Predix 平台功能先进也无法像 Windows 一般快速普及，形成自我造血。2018 年通用电气最终决定出售其数字化部门，剥离 Predix 业务，进行独立运营。

西门子的 MindSphere

西门子的 MindSphere 是三个层次的开放式物联网操作系统，应用生态丰富。基于德国 SAP 公司的 HANA Cloud 开发，MindSphere 和 Predix 都是主要针对资产优化设置的平台。MindSphere 于 2016 年在汉诺威工业博览会发布，于 2017 年开始开放 API 接入第三方开发者，包括边缘连接层、开发运营层、应用服务层三个层级。边缘连接层负责数据收集和传输；开发运营层负责提供数据分析，并利用软件接口提供数据交换选项；应用服务层则以设计开发应用程序为主要特征。

ABB 的 Ability 平台

ABB 的 Ability 平台是领先的工业互联网平台。该平台于 2017 年推出，覆盖食品、石化、建筑、电动汽车、数据中心等多个行业。分为 Ability Edge 和 Ability Cloud 两部分，Ability Edge 负责数据收集和预处理，并传输到云端；Ability Cloud 则进行大数据分析，形成智能化决策。

三、中国工业互联网产业现状与领先企业

近年来，中国工业互联网实现了持续快速的发展，特别是近三年 11.92% 的平均增速更是显著领先于其他国家和地区。据赛迪统计，中国工业互联网市场规模在 2020 年达到 6 713 亿元（见图 3.9）。在政策的大力支持下，国内龙头厂商积极借力 5G 发展的时代机遇，在三大细分市场领域不断实现赶超，尤其是软件和平台市场的表现最为亮眼，其中的代表企业包括树根互联、海尔卡奥斯、工业富联，上述工业巨头利用行业优势地位积极破局，进一步赢得发展先机；即便在小众的工业信息安全市场，也有奇安信等国内厂商，通过发挥在消费互联网领域积累的经验优势而逐步实现破局的优秀案例。

现阶段需要重点关注的问题主要是硬件与网络产品市场的国产化和高端化。在硬件与网络产品市场中，国产厂商主要关注中低端产品领域，从长远发展来看，进一步提升创新能力，向高附加值环节转移

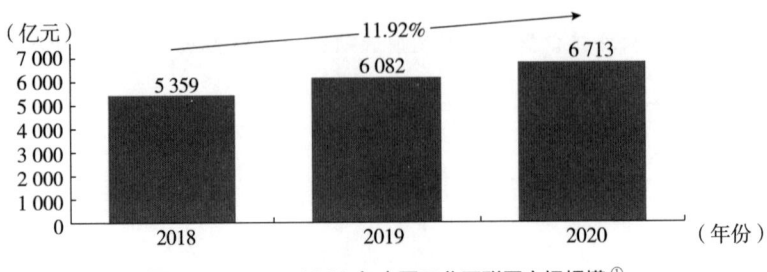

提升是未来发展必须面对的重要课题。

图3.9　2018—2020年中国工业互联网市场规模[①]

工业富联

工业富联依托海量真实生产数据与丰富应用场景，借助大数据、云计算等工业人工智能技术，如今已构建了传感器、"雾小脑"边缘计算、Fii-Cloud云平台与MicroCloud专业云应用的四层工业互联网平台架构，在多个领域形成以数据为基础的价值创造（Vaas）服务模式。以电子制造业为例，工业富联在深圳龙华建设柔性装配作业智能工厂，实现全流程自动作业，有效提升了30%的生产效率，使库存周期降低了15%。同时针对制程消耗成本高、污染严重、货量差异大等问题，工业富联通过刀具制造的智能优化，缩短了30%的开发周期，预计每年减少水消耗6万吨，节约用电约100万度。

树根互联

树根互联已在制造、机械、汽配、环保、家居等行业打造了20个产业链平台，赋能企业提升质量与效率。以机械设备行业为例，通

[①] 中国信息通信研究院. 中国工业互联网产业经济发展报告白皮书（2020）. http://www.thepaper.cn/newsDetail_forward_8819299.

第三章　数字产业化："云物大智链"时代下的千帆竞渡、百舸争流

过树根互联工业互联网操作系统,起重机服务商河南云信电子得以打通运维数据,进而实时掌握设备健康状况,使其实现基于全流程的数据留存还原事故,极大地提升了起重机的工作效率和稳定性。在家居行业,依托树根互联工业互联网操作系统打造的"全球定制家居产业链平台",可以串联起订单转换、个性定制、柔性生产、透明交付等多个生产环节,支撑中小企业数字化转型"一步到位"、拥有定制家居的能力,解决了中小企业过去没有能力打通电商平台、设计师平台,软件中的许多设计稿无法转换成生产订单等问题,板材优化利用率超过90%,生产效率提升超过10%,订单交付期缩短了5天。

卡奥斯

基于行业领先的大规模定制模式,构建了集成AIoT、机理模型、数字孪生、工业软件/APP、端到端灯塔工厂、"5G+智能制造"等全场景解决方案的工业互联网平台,跨行业、跨领域赋能企业转型升级,构建产业新生态。在化工行业,卡奥斯赋能企业在工业生产、系统管理、工业安全方面提质降本增效,单一工厂降本超2 000万元,新增创收超3 000万元;打造化工园区和政府综合管理平台,实时连接山东省84个园区和5 000多家企业,助推数字化管理和科学决策。

大数据:从大容量数据中挖掘价值的全新技术架构

"大数据"是最早为普通大众所熟知的行业术语之一。可以说,正是大数据的普及,人们才开始意识到,自己已经在不知不觉中迈入

了一个数据为王的"大"时代。首先需要明确大数据并不是指大量数据，而是指通过获取、存储、分析，从大容量数据中挖掘数据价值的技术架构。当然，官方仍未明确统一大数据的定义，众多企业和机构都在试着提出自己的定义，并自圆其说。综合来看，得到业界承认的大数据定义需要具备规模大、种类多、生成速度快、真实和有价值5项共同属性。同时得到"云物智链"等新技术广泛应用的助力，大数据的积累速度也在不断提升。

2001年，高德纳咨询公司的道格·莱尼提出三个大数据应具备的特征：数据量大（Volume）、数据种类多（Variety）和生成速度快（Velocity），也称"3V"，是当前大数据最广为接受的定义方式。因为根据数据量的规模，10TB~100TB是传统数据库正常高效工作的数据范围，所以大数据一般也就被认为是超过这个规模的数据库。数据种类多主要体现为数据来源的种类多，传感器、移动设备、固定设备都是数据来源的提供方式；也体现为类型多，包括日志文件、文字、语音、视频等种类。

美国国家标准与技术研究院将大数据定义为用来描述在网络的、数字的、遍布传感器的、信息驱动的世界中呈现出的数据泛滥的常用词语。

在此基础上，部分机构进一步补充了大数据的新特征，如2011年，IBM增加了真实性（Veracity），IDC提出了价值（Value）这一维度，这些新的特征逐渐被广泛接受。

甲骨文将大数据定义为高速涌现的、大量的、多样化的数据。IBM将大数据定义为，大小或类型超出传统关系的数据库，以低延迟捕获的、具有管理和处理数据能力的数据集。总数据量由人工智能、移动、社交和物联网等通过新的数据形式和数据源驱动。随着算力和计算机设备的不断普及,数据不断积累,海量数据存储、处理、分析的需求也变得越来越迫切。

一、大数据的发展历史与趋势

1. 大数据的发展史可大致归纳为三个阶段

(1)第一阶段(1999—2005年)

在这一阶段,概念开始出现,技术初步发展。人类认识到了大数据的规模,但缺乏对大数据的有效处理手段。"大数据"一词首次出现在美国计算机学会的论文《实时可视化浏览千兆字节数据集》中。直到2001年,才由道格·莱尼首次提出了"3V"特征,在这一阶段末期,社交网络开始流行,出现了大量非结构化数据,推动了大数据技术的发展。

(2)第二阶段(2005—2012年)

在这一阶段,大数据基础性处理技术被发明,并开始初步普及大数据概念。2005年,专门为大数据集的存储和分析而创建的开源框架海杜普诞生,为非结构化数据收集带来了更大的灵活性,加速了大数据处理的普及。2007年大数据的概念逐步普及,伴随移动互联网时代的到来,移动数据量急剧增长,数据碎片化、分布式、流媒体特征更加明显。

(3)第三阶段(2012年至今)

随着政府和企业的积极推动,大数据成为重点发展方向,开始向各行各业普及。2012年，大数据成为在瑞士达沃斯召开的世界经济论坛的主题，会上发布了《大数据，大影响》报告；2012年，美国颁布了《大数据的研究和发展计划》，引领行业风潮；2012年，牛津大学教授维克托·迈尔·舍恩伯格出版《大数据时代》一书，大数据概念的影响力不断增强；2014年，美国白宫发布了研究报告《大数据：抓住机遇，保存价值》，标志着大数据成为全球政府的重点发展方向。

大数据技术所呈现的广阔应用前景是毋庸置疑的，其中一大主要推动力是，在政策支持上，全球各国都显著提升了对大数据战略的重视程度。美国从2012年就开始重点发展大数据，重点关注数据治理；2019年发布的《联邦数据战略与2020年行动计划》将大数据视为战略资源，重视数据的保护、共享和利用。欧盟则重点发展敏捷型经济，2020年发布《欧洲数据战略》，提出将欧洲建设成为最有吸引力、最安全、最有活力的数据敏捷型经济体。中国2015年发布《促进大数据发展行动纲要》，要求加快建设数据强国，释放数据红利、制度红利和创新红利，推动政府和产业的发展；党的十八届五中全会将大数据上升为国家战略；2020年4月，《中共中央 国务院关于构建更加完善的要素市场化配置体制机制的意见》发布，明确将数据定义为生产要素。

2. 随着技术迭代和应用范畴加大，大数据面临四大应用趋势

（1）基础技术应用：在存算分离的基础上按需配置资源是未来趋势

在过去的实际应用中，数据存储和计算能力既相互统一又不断变化，会造成两者中其一的冗余，为控制成本，将存储和运算环节相互

第三章　数字产业化："云物大智链"时代下的千帆竞渡、百舸争流

拆分并独立，提出无服务器架构等概念，并将数据分析能力独立出来，从而保证采购方节省开发成本。AWS、Azure、阿里云等供应商已纷纷推出存算分离的解决方案。

（2）数据管理应用：自动化、智能化需求提升

当前数据管理依赖人工数据建模、标准应用和剖析，自动化程度低，在人工智能和数据管理紧密结合的基础上，自动化和智能化程度不断提升。例如，在数据建模方面，机器学习技术可进行特征识别、主题分类，并进行表间关系的识别，对模型进行自动更新。

（3）深层次应用：大数据决策成为重点发展方向

在当前的大数据应用中，分析、描述和预测居多，决策指导较少，过去成功的深度神经网络等方法在基础理论、模型的可解释性及鲁棒性（robustness，指系统的健壮性）等方面存在提升空间，未来随着大数据分析应用深度的加深，需要进一步提升大数据算法决策的能力。

（4）数据隐私保护：大数据隐私成为重点关注对象

随着隐私权逐渐被消费者和各国政府重视，各国纷纷开始完善数据隐私法律。例如，中国首部针对数据安全的专项法案《中华人民共和国数据安全法》于 2021 年 9 月 1 日正式施行，这意味着我国数据要素市场将全面进入"依法治理、有序发展"的新阶段。政府、国资央企、互联网企业都面临着更严格的数据使用流通合规要求。

二、全球大数据产业格局与领先企业

1. 全球大数据产业格局

根据 IDC 的研究报告，2020 年全球大数据市场规模仅比 2019 年增长 3.5%，为 1 959 亿美元（见图 3.10）。随着全球经济从疫情中逐渐恢复，预计 2021 年市场规模可达到 2 157 亿美元，增长 10.1%。

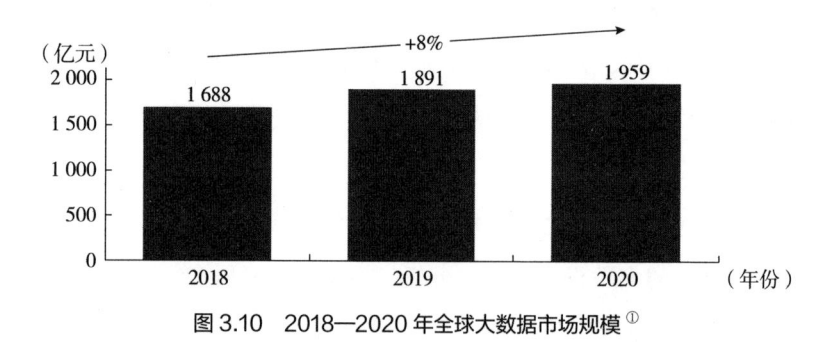

图 3.10　2018—2020 年全球大数据市场规模[①]

从大数据投入市场后的细分情况来看，其市场应用主要分布在 IT 服务、软件、硬件和商业服务四大领域，其中，IT 服务领域最为重要，增长速度也最快。截至 2019 年，IT 服务市场规模为 775 亿美元，占比 41%。软件领域次之，规模为 672 亿美元，占比 35%，这主要得益于机器学习、分析算法等技术发展的需要（见图 3.11）。经调研，最终用户查询、报告和分析工具（136 亿美元）及关系数据仓库管理工具（121 亿美元）是最大的两个软件类别，对大数据在软件市场的发光发热起到了强大的推动作用。

值得注意的是，大数据在硬件领域的表现并不乐观，2020 年的增速回落到 10% 以下，是细分市场中增速最慢的领域。

[①] IDC.Worldwide Big Data and Analytics Spending Guide. 2020.

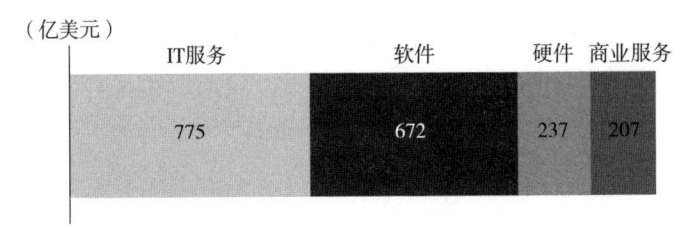

第三章　数字产业化："云物大智链"时代下的千帆竞渡、百舸争流

（亿美元）

IT服务	软件	硬件	商业服务
775	672	237	207

图 3.11　2019 年全球大数据细分市场[①]

从全球各国看，美国大数据市场规模最大，引领多强格局；中国增速最快，研发实力和市场规模共同领先。2021 年美国大数据支出超 1 100 亿美元，中国达到 119 亿美元，中国在 2021—2025 年的复合年均增长率预计达 20.1%，在预测期结束时中国将成为全球第二大市场。[②] 中美研发实力都很强劲，2012—2018 年，中美分别发表大数据论文 18 216 篇和 16 241 篇，分别占全球总发表量的 28.14% 和 25.09%，第三位英国的占比仅为 6.03%。

从行业视角看，虽然大数据技术的发展前景乐观，但落脚于微观企业，依然需要面临来自市场的严格筛选。目前来看，大数据市场格局主要呈现出两个比较突出的特点。

第一，当前的市场较为分散，以中小型企业为主，行业整体的抗风险能力有待验证。大数据作为新兴领域，存在大量的初创企业，以中国为例，当前大数据企业为 3 000 家，其中 70% 为规模在 10~100 人的小型企业，[③] 行业竞争激烈，受外部经济环境冲击影响大。

第二，头部企业通过并购提升市场竞争力，部分中小企业面临淘

[①] IT 服务包括与大数据相关的 IT 咨询、系统和网络设施，IT 外包，IT 教育培训。商业服务主要指与大数据相关的商业咨询和商业流程外包等。
[②] IDC. 2021 年 V1 全球大数据支出指南. 2021.
[③] 中国信息通信研究院. 大数据白皮书, 2020.

131

汰出清。2018年,海杜普领域的头部企业Cloudera、Hortonworks合并,推动海杜普标准更加统一;2019年,赛富时出资157亿美元收购致力于提供桌面系统中最简单的商业智能工具软件的Tableau公司,谷歌以26亿美元收购大数据分析平台Looker。技术与资本的聚集将进一步挤压初创型、中小微大数据技术企业的生存空间,行业壁垒将在无形中逐渐增高。

2. 全球领先的大数据技术企业

(1) IBM

IBM是全球领先的大数据服务商,大量收购大数据服务商,提升自己的综合能力。IBM成立于1911年,将大数据作为重点转型方向,围绕大数据开发了DB2、Informix和InfoSphere平台等系列产品。仅2006—2013年,累计收购超过30家大数据公司,完善综合大数据能力。在分布式计算、非关系型数据库等领域的专利量遥遥领先。

(2) 思爱普

企业服务领域的巨头通过并购布局大数据,积极推广分析软件——HANA平台。成立于1972年的思爱普在2010年稳居ERP(企业资源计划系统)市场领军地位,积极投入收购Sybase(关系型数据库系统),借助其研发能力开发HANA数据库,后逐步添加NoSQL(非关系型数据库)、海杜普等大数据组件,并基于HANA推出S/4 HANA等系列产品,进行积极推广,在2018年第四季度,用户量突破1亿,随后布局云计算,不断强化自身的领导地位。

（3）Palantir 科技

Palantir 科技是一家全球知名的大数据独角兽企业，从服务政府起步，开拓多行业客户。它成立于2003年，初期主要面向政府提供大数据分析业务，后凭借政府背书开拓非政府应用，从2010年签下第一个金融行业客户摩根大通，到2013年拿下美国证监会1.96亿美元大单，竞争力建立在良好的历史数据积累之上，建立了认知分析图谱完善的业务壁垒。

三、中国大数据产业现状与领先企业

中国大数据产业发展呈现出以下两个特征：一是增速领先全球、规模庞大。IDC估计，2020年中国大数据市场规模达104.2亿美元，较2019年同比增长16%，增速领先全球（见图3.12）。[①] 二是阶段相对落后、经验不足。中国市场由于发展阶段相对落后，发展重点依然为硬件，数据和软件发展受制于知识产权保护与管理经验的积累不足，发展速度较慢。2020年，以服务器和存储为代表的硬件市场占比达41%（见图3.13），软件市场包括终端用户查询汇报分析工具、人工智能软件平台以及关系型数据库。

从大数据对国内各行业的影响和应用看，中国大数据市场规模最大的垂直行业是金融、政府和通信。根据IDC报告，三者综合占比超过50%，金融行业主要用于反欺诈、风控、信贷，也正是"金融科技"这一技术的题中之义；政府主要将大数据应用于智慧城市、交通、气象；电信行业则主要应用于精准营销、信用评估等。

---

① IDC. 2021年V1全球大数据支出指南 . 2021.

（十亿美元）

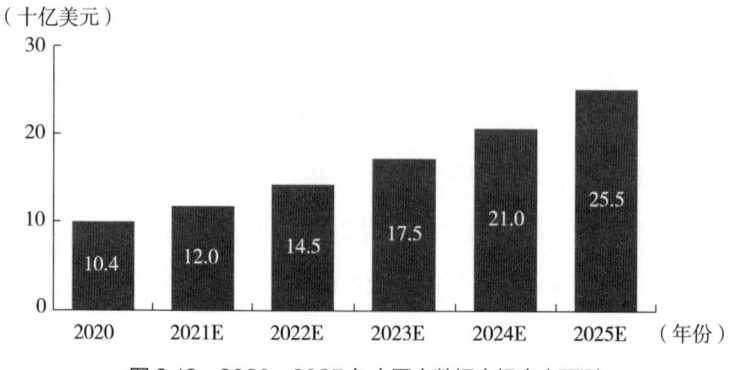

图3.12 2020—2025年中国大数据市场支出预测

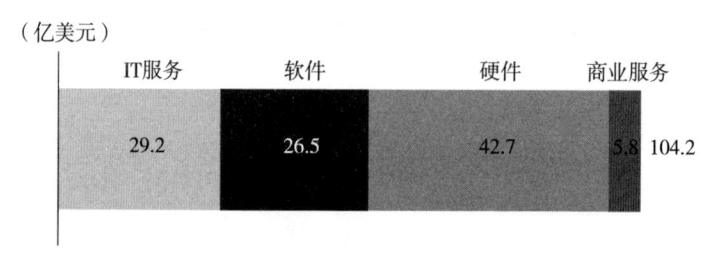

年份	金额
2020	10.4
2021E	12.0
2022E	14.5
2023E	17.5
2024E	21.0
2025E	25.5

（亿美元）

IT服务	软件	硬件	商业服务	合计
29.2	26.5	42.7	5.8	104.2

图3.13 2020年中国大数据细分市场

明略科技

明略科技成立于2006年，致力于通过大数据分析挖掘和认知智能技术，推动知识和管理复杂程度高的大中型企业进行数字化转型。为政企类客户提供一站式数据中台建设以提高其服务能力，例如，为国网某省级电力公司构建电力数据中台，针对各业务条线的100多个业务形成海量业务数据，完成数据标准化、集成化、标签化，实现数据业务化，支撑应用的快速构建和敏捷的业务创新。2014年至今，将业务从线上商业领域拓展到政府服务及线下商业领域，将技术能力从大数据拓展至人工智能。目前，已在包括公共安全、金融、工业、数字城市、餐饮、快消、汽车等行业的2 000多个客户中落地。

第三章 数字产业化:"云物大智链"时代下的千帆竞渡、百舸争流

人工智能:将智慧向万物传递

一、人工智能的发展历史与趋势

1. 人工智能的发展历史

许多人认为,人工智能技术是计算机技术大发展之后的产物。事实上,早在1956年的达特茅斯会议上,这一概念就被提出了。只不过这之后,直到1986年的30年间,因算力受限,AI的大数据训练仅停留在理论层面,因此人工智能技术始终没有取得实质性进展。

1986年,BP神经网络算法的出现,为AI的发展打开了新的局面,这一阶段,大规模的神经网络训练被用来丰富AI的"智慧",使AI发展进入"机器学习阶段",为之后的"深度学习"奠定基础。本阶段以基于人类专家制定规则的专家系统为主,主要瓶颈在于单一领域的局限性。

2014年,以"深度学习"算法的成功为里程碑事件,AI的"深度学习"阶段由此打开。此后,算法发展突飞猛进。以语音和视觉领域为例,AI的识别率分别达到99%和95%,在感知能力方面接近,甚至超越了人类。

2020年以来,以自动因子发现、知识图谱与图计算,以及基于隐私保护的增强分析为代表的技术进步进一步加快了AI技术的发展和普及,在未来10年乃至更长时间内,AI将从专用场景的感知智能,进入能够逐步适用于通用场景,并能够将跨学科知识融合的感知增强阶段。

2. 人工智能发展需要克服的挑战

展望未来，人工智能想迈向广泛的认知应用，在更动态的现实环境，帮助人类做出复杂决策，进而真正实现智能客服、智能投顾、客户图谱、智慧营销等应用，还需要克服三大挑战。

（1）数据隐私与 AI 伦理

人工智能技术的发展离不开数据，但大量数据的采集，尤其是事关用户隐私的数据，已引发更多社会关注和担忧。同时，AI 技术也带来了视频合成、算法歧视等一系列问题。这些都需要政府提高重视程度、制定相关规则，才能得到持续发展。

（2）技术挑战

现有的 AI 技术仍然仅是基于特定领域设计的，其知识难以在学科间迁移，所以跨学科知识交融往往会遭遇困难。同时现有算法需要大量标注过的数据，提高了使用人工智能的门槛。现有计算结构下存储和计算的分离，随着数据量的飞速增长，数据搬运便成了现有架构的瓶颈，因此后续发展极有可能需要与现有架构截然不同的设计。

（3）持续投入

AI 技术的发展不仅需要持续的基础科技投入，还需要传统产业应用的融合。科技企业需要产业的经验和需求，而传统行业需要更容易、更方便地使用 AI 技术，降低开发门槛。

3. 未来的三大趋势

AI 技术的快速发展或许是普通民众最期待的事件之一，因为实

第三章 数字产业化:"云物大智链"时代下的千帆竞渡、百舸争流

在有太多电影作品描绘了人工智能大放异彩的未来,人们是如何借助机器智慧等手段来革新社会面貌的?未来的三大趋势将显著加快AI技术的发展。

(1)政策方面

人工智能将成为全球政府的国家级战略。截至2020年底,全球有32个经济体发布了人工智能国家级战略文件,另有22个经济体正在制定相关文件。其中,中国起步虽晚,但政策扶植力度全球领先;欧盟格外关注数据保护和AI伦理,监管政策最为严格;美国立足长远,关注AI技术的可持续发展。这一系列举措都规范了AI的发展,保障了其长期可持续发展。

(2)技术方面

四大技术助力AI技术迈入感知增强时代。第一,自监督学习:减少人工干预,帮助机器视觉、语音识别更精细地发展。第二,知识图谱:增强人工智能迁移学习能力,适当弥补AI不可解释的风险。第三,联邦学习:兼顾效率与隐私,解决数据孤岛和隐私问题。第四,神经形态硬件:通过存算一体解决高时耗、高能耗问题,突破传统架构算力天花板。这四大技术有望帮助克服AI算力的瓶颈,进而走向更广泛应用、更能适应场景、迁移学习的阶段。

(3)行业格局方面

垂直整合加速,马太效应明显,平台模式初现。所谓"垂直整合",是指AI与"硬件—框架算法—训练平台—应用场景"各个环节的联系日益紧密,领先企业均开始向上下游延伸,加速收购兼并。

所谓马太效应，是指随着开发框架格局逐渐稳定，模型训练成本日趋高昂，AI领域的"护城河"越来越宽，头部效应越来越明显。所谓平台模式，是指人工智能平台是一种方便开发者进行开发的工具。随着分布式计算不断优化，技术工具链逐渐完善，打造人工智能平台成为新的商业模式，进而有效抗衡下游场景的碎片化趋势。随着AI技术的开放，各类场景百花齐放，语音、视觉有望率先实现大规模商用落地，后续将蔓延到消费、物流、安防等重点领域。

随着政策支持、技术革新，产业链分工逐渐明确，人工智能将走出今天以智能感知为主的应用（计算机视觉、语音识别、文本分析），从而迈向能适应复杂环境、具备逻辑推理能力的认知智能阶段，真正地帮助人类进行决策，进而带来更广泛的应用范围，释放出经济价值。

二、全球人工智能产业格局与领先企业

根据IDC的数据统计，2020年，全球人工智能市场规模为1 565亿美元，同比增长12.3%。受新冠肺炎疫情影响，增速略有放缓。但未来随着新冠肺炎疫情防控的常态化，以及疫情防控对AI需求的催生，预计2024年全球人工智能市场将达到3 000亿美元，2020—2024年的平均增速将达到17.1%。

1. 人工智能细分市场

人工智能市场主要分为AI软件、AI硬件、AI服务。AI软件是人工智能市场中占最大份额的细分市场，也是AI目前在市场中发挥最大效应的领域。这一部分约占AI市场总规模的80%，预计未来5

第三章　数字产业化:"云物大智链"时代下的千帆竞渡、百舸争流

年增速将达到16.7%。其中,AI应用市场规模为1 204亿美元[CRM和ERM(企业资源管理)应用是最大的两个品类,分别占20%和17%],AI软件平台的规模为43亿美元。在以人工智能为中心的CRM市场中,奥多比公司遥遥领先,甲骨文、Sprinklr(客户体验软件提供独角兽企业)、Bazaarvoice(美国用户点评及社交商务平台供应商)和Salesforce紧随其后(见图3.14)。

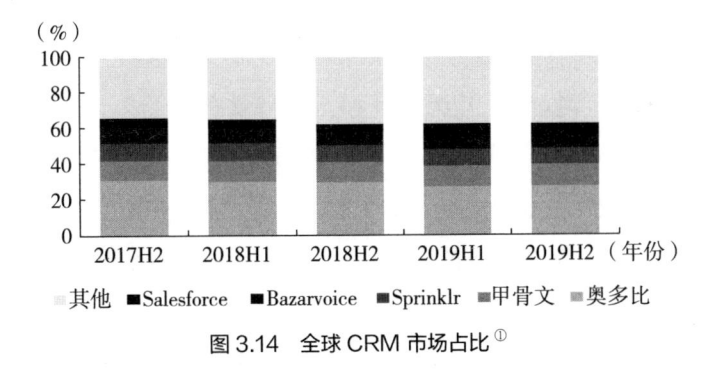

图3.14　全球CRM市场占比[①]

第二大细分市场是AI服务,约占市场规模的11.5%,其中,IT服务占80%,商业服务占20%。

最小的细分市场是AI硬件(包括服务器和存储),占市场规模的8.5%,受新冠肺炎疫情与地缘政治竞争对贸易和供应链产生的影响,2020年增速(10.3%)较2019年(33.4%)明显下降,但考虑到资本市场对人工智能芯片的热度异常高涨,未来人工智能硬件恢复强劲增长的局面依然可期,预计增速可达到35.5%。以AI服务器为例,戴尔、浪潮、惠普为前三且领先优势明显,市场份额占比超过10%。IBM和华为进入前五,但与前三仍有差距(见图3.15)。

---

① IDC.全球人工智能市场半年度追踪报告.2020.

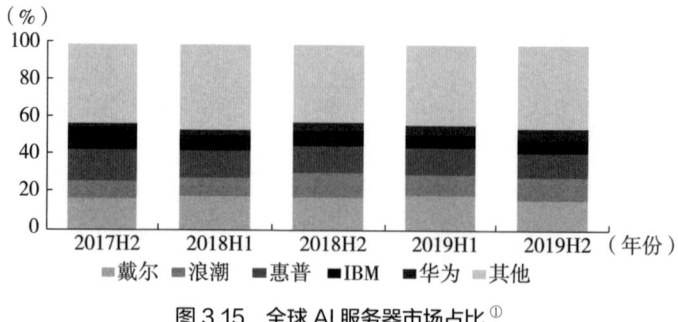

图 3.15　全球 AI 服务器市场占比①

2020 年，美国的人工智能企业数量占全球总数的 38.3%，中国紧随其后，占 24.66%。中美两国 AI 企业数量占据全球总量的半数以上，保持了绝对的竞争优势。美国、中国、英国、加拿大等名列前 10 的经济体的 AI 企业数量排名连续 4 年无明显变化。尽管 2020 年俄罗斯的 AI 产业迎来发展热潮，但对 AI 产业的整体格局并未产生决定性影响。

在行业方面，汽车与配装，商业、法律和专业服务，消费品/零售，金融服务，高科技/电信行业对 AI 的渗透率相对较高（见图 3.16），但不同行业对 AI 的应用环节又存在较大差异，这与各行各业的职能属性的差异有关：第一产业和第二产业多与实体经济挂钩，前台部门直接涉及产品营销、研发等环节，因此汽车、科技等行业多在前台进行应用；第三产业的后台部门对 AI 的应用更多，如金融行业的风控、运营等。②

虽然行业千差万别，但有一个共识是毫无疑问的：各个行业都倾向于应用最能服务其核心功能的人工智能产品。例如，机器人多被应

---

① IDC. 全球人工智能市场半年度追踪报告. 2020.
② 斯坦福大学. 2021 年人工智能指数报告. 2021.

第三章 数字产业化："云物大智链"时代下的千帆竞渡、百舸争流

用于制造业和分销业（如汽车与装配、消费品/零售），而自然语言处理能力，如文本理解、语音理解和文本生成等，则最常被日常工作需要处理大量文档或运营数据及客户的行业所应用，包括商业、法律和专业服务，金融服务，医疗保健/制药及高科技/电信（见图3.17）。这也进一步证明了AI在各个行业中超强的适应性和赋能作用。

产业	人力资源	制造业	市场营销与销售	产品和/或服务开发	风险	服务运营	战略与企业融资	供应链管理
所有行业	8%	12%	15%	21%	10%	21%	7%	9%
汽车与配装	13%	29%	10%	21%	2%	16%	8%	18%
商业、法律和专业服务	13%	9%	16%	21%	13%	20%	10%	9%
消费品/零售	1%	19%	20%	14%	3%	10%	2%	10%
金融服务	5%	5%	21%	15%	32%	34%	7%	2%
医疗保健/制药	3%	12%	16%	15%	4%	11%	2%	6%
高科技/电信	14%	11%	26%	37%	14%	39%	9%	12%

图3.16 各行业不同部门对AI的渗透率

产业	自动驾驶汽车	计算机视觉	对话界面	深度学习	NL一代	NL语言理解	NL文字理解	其他机器学习科技	物理机器人	机器人过程自动化
所有行业	7%	18%	15%	16%	11%	12%	13%	23%	13%	22%
汽车与配装	20%	33%	16%	19%	12%	14%	19%	27%	31%	33%
商业、法律和专业服务	7%	13%	17%	19%	14%	15%	18%	25%	11%	13%
消费品/零售	13%	10%	9%	6%	6%	6%	9%	12%	23%	14%
金融服务	6%	18%	24%	19%	18%	19%	26%	32%	8%	37%
医疗保健/制药	1%	15%	10%	14%	12%	11%	15%	19%	12%	18%
高科技/电信	9%	34%	32%	30%	18%	25%	33%	37%	14%	34%

图3.17 各个行业对不同AI技术的渗透率

2. 全球人工智能产业发展及领先企业

BCG通过大量案例研究对全球人工智能产业的发展情况做了基本梳理。归纳来看，AI技术的应用推广主要由三大类型的科技公司来完成。

（1）布局AI的综合科技公司

以谷歌、微软、脸书、亚马逊、苹果、IBM等全球科技公司为代表，这些公司在人工智能领域有着深厚的积累，通过巨额研发投入和收购、并购，积极打造各自的人工智能产业生态。这些公司技术领先，资源充足，业务范围广泛，所以有实力也有意愿在多个技术领域和行业应用市场全面布局人工智能。这些公司主导了基础科技AI的研发，往往通过云计算平台的方式将能力开放到各个行业，赋能行业应用开发。

例如，谷歌通过收购深度思考公司布局人工智能前沿科技研发，同时也在自动驾驶、智能家居系统、云计算等领域有诸多布局。脸书和苹果则更多将AI技术应用于其主营的广告、社交、娱乐等业务。微软、亚马逊、IBM除将AI广泛应用于主营业务之外，也已成功打造了人工智能云计算业务，赋能各行业客户提升业务或开拓新市场。

（2）行业型AI应用公司

这类公司专注于单一行业应用的开发，往往成立时间较短。例如，在医疗行业，成立于2013年的Caption Health（领先的医疗AI公司）聚焦AI技术协助超声心动图图像的采集，主要布局健康医疗，把"深度学习"带入医疗保健领域。在金融行业则有Zesty.ai（专注于灾难风险的保险科技初创公司）专注于金融与保险机构的 AI 赋能，为保险机构开发过证券承销系统，也研发过与气候风险相关的预测性分析模型。

（3）通用型 AI 技术公司

这类公司聚焦于语义识别、自然语言处理、计算机视觉和网络安全等细分技术领域，成立时间较短但已具备同时服务多行业客户的能力。例如，2015 年成立的语义识别公司 Deepgram，主要从企业庞大的语音数据库中快速准确地搜索目标文本或录音片段。在 NLP（自然语言处理）领域，也有成立于 2017 年的 Hugging Face（一家聊天机器人初创服务商）聚焦人工智能聊天机器人的开发，主要通过在为开源社区收集聊天数据来进行深度学习。而在网络安全领域，则有新开源聚焦计算机视觉、人工智能和机器学习技术；INKY（一家网络安全公司）在电子邮件防护领域处于行业领先地位，通过深度学习，防止邮件欺诈，进而更好地保护用户安全，赋能其创造价值。

三、中国人工智能产业现状与样本企业解析

近 5 年来，中国 AI 产业发展可谓突飞猛进。2020 年，中国人工智能市场规模已达到 1 280 亿元，年增速高达 70%。在国内 AI 市场的四大细分领域内，决策类 AI 是增长速度最快的细分市场，未来 5 年预计增速将超过 40%（见图 3.18）。

数字上的中国

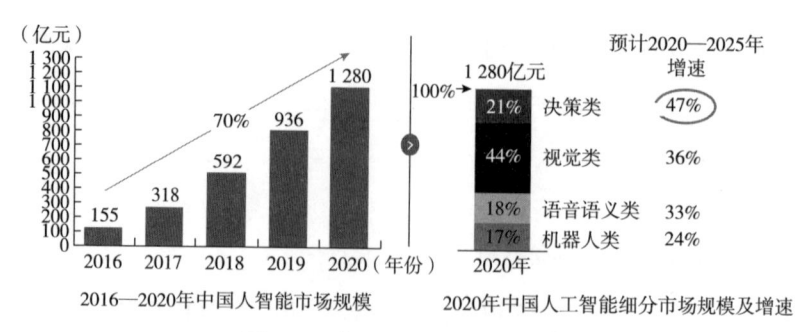

图 3.18 中国人工智能产业现状[1]

资料来源：灼识咨询，BCG 分析。

1. 迅猛发展背后的趋势

（1）碎片化特征明显

从目前 AI 在各行业的应用分布看，整体呈现出较为碎片化的特征，AI 应用较多的场景主要聚焦在企业服务、机器人、金融科技、安防等领域，医疗、硬件、智能驾驶等领域次之。

（2）国内 AI 企业已逐步形成三大发展阵营

第一个阵营，CV（计算机视觉）阵营。随着计算机视觉技术的成熟，其应用前景也越来越广泛。已从最初的安防应用扩展到工业、医疗、教育等诸多领域。除技术领先的互联网巨头（阿里巴巴、腾讯、百度等）和在 CV 领域有较深积累的工业巨头（海康、美的、海尔等），市场的飞速增长也吸引了诸多创业公司入局 CV 市场。例如，商汤、依图、云从、旷视等公司聚焦于视频安防或人脸识别技术，在安防、政府、金融、零售等诸多领域深入布局。

---

[1] 第四范式.第四范式招股书.

第三章　数字产业化："云物大智链"时代下的千帆竞渡、百舸争流

第二个阵营，NLP阵营。随着智能设备数量增长和智能化业务处理需求的增长，中国的NLP市场也在近年来有了显著的增长，吸引了诸多老牌企业和新兴企业入局。科大讯飞是中国最早研发智能语音识别系统的企业，至今已有超过20年的积累，在中文语音合成、语音识别、口语评测等多项技术上拥有国际领先的成果。思必驰公司成立于2014年，也聚焦于语音识别领域，在物联网设备、智能音箱和车载后装等细分市场处于领先地位。

第三个阵营，其他（决策AI、AI芯片等）阵营。除CV和NLP之外，中国也在最近10年诞生了决策AI、硬件、机器人等类别的人工智能企业，主要以通用型AI技术研发的决策型解决方案提供商和致力于提升AI算力的硬件公司为代表。以百度和第四范式为代表的决策型AI解决方案提供商，以企业级应用为主，全面布局金融、零售、制造等领域。同时，也有以寒武纪、燧原等为代表的新兴企业聚焦于AI芯片市场，为国内外云服务商提供训练及推理所需的硬件或处理器基础。

（3）政策环境逐步完善：在扶持的同时重视技术规范

AI的大力发展离不开政策的激励保障。国内政策导向为鼓励AI创新，突破核心壁垒。特别是中央出台的"十四五"规划纲要明确提出通过一批具有前瞻性、战略性的国家重大科技项目，带动产业界逐步突破前沿基础理论和算法，研发专用芯片，构建深度学习框架等开源算法平台，并在学习推理决策、图像图形、语音视频、自然语言识别处理等领域创新与迭代应用。

在大力鼓励发展的同时，政策也高度重视引导AI向善，对技术隐私安全与伦理问题的关注程度也在同步提升。AI技术引发的隐私

保护、AI技术滥用、算法不可解释等伦理问题，是技术"双刃剑"的典型体现。中国相继出台多项法律法规，加强与AI技术相关的数据安全管理，如2019年国家互联网信息办公室发布的《数据安全管理办法（征求意见稿）》以及2020年中国人民银行发布的《个人金融信息保护技术规范》等。

2. 领先企业解析

目前，国内有诸如百度智能云、商汤科技、第四范式等较为领先的AI企业为行业发展发挥良好的示范带动作用，如近年来频频登顶热搜的无人驾驶等技术也都能从这些企业中发现关联。

百度智能云

基于百度长期的技术积累，以飞桨产业级深度学习开源开放平台和百度大脑软硬一体AI大生产平台为核心，全面输出百度领先的云智一体技术能力，赋能各行各业数字化转型和智能化升级。百度智能云战略是以"云计算为基础"支撑企业数字化转型，以"人工智能为引擎"加速产业智能化升级，云智一体"赋能千行百业"，促进数字经济和实体经济的融合及高质量发展。在数据服务、硬件算力、软件算法、行业应用等方面，百度智能云形成了功能丰富、性能领先的产品解决方案和服务，助力工业、政务、金融、能源、医疗等行业客户转型升级。其中，在工业领域，百度智能云将云智一体技术与企业生产经营流程相结合，实现从生产过程、管理活动，到业务经营等各个环节的降本、提质、增效，同时助力产业链上下游之间、大中小型企业之间、企业与政府之间更好地协同创新，催生新产业、新业态、新模式；在智慧城市领域，百度智能云围绕"让城市洞察有深度、治理有精度、兴业有高度、惠民有温度"的价值主张,推出城市 AI 中台、城市大脑等产品和解决方案,科技创新赋能政府的城市治理、政务服务,让城市更美好。近几年,百度智能云始终保持高速增长的态势,稳居"中国科技公司四朵云"之一,持续增长潜力巨大;AI 技术、产品实力获得业界广泛认同,持续在各项榜单中名列前茅。

商汤科技

商汤科技于 2014 年 10 月创立,是业内领先的人工智能软件公司。商汤科技以"坚持原创,让 AI 引领人类进步"为使命,不断增强行业领先的全栈式人工智能能力。业务涵盖智慧商业、智慧城市、智慧生活、智能汽车四大板块,服务商业空间管理、住宅物业管理、城市管理、制造、基础设施、交通、移动设备及应用、医疗及汽车等领域。目前已与国内 2 400 多家知名企业和机构建立了合作关系,累计发表了 600 多篇顶级学术论文,拥有 8 000 多项人工智能专利及专利申请。

第四范式

第四范式专注于企业智能化转型,提供以平台为中心的人工智能解决方案,使企业实现人工智能快速规模化转型落地,发掘数据隐含的规律,并以超越人类能力所及的方式促进决策过程,全面提升企业的决策能力。基于人工智能的决策几乎可以从上到下优化企业运营的所有组成部分,包括但不限于扩大业务规模、提升营销效果、改善运营效率。例如,智能营销,AI 驱动的解决方案能够通过提高营销投放的准确性,推动电子商务公司的收入增长。AI 决策亦正在改变金融业的风险管理体系。例如,使用 AI 信贷风险模型可显著降低违约率。目前，第四范式服务的行业包括但不限于金融、零售、制造、能源电力、电信及医疗。在 2020 年为 47 家《财富》世界 500 强企业及上市公司提供服务。

随着政策的进一步完善，更多企业致力于丰富 AI 生态，随着技术的不断突破，我国人工智能行业也将保持快速增长，进一步走向能够辅助决策的认知型 AI，进而赋能更多行业实现智能化。

区块链：构建信任可追溯的交易体系

一、区块链的发展历史和特征

1. 区块链的发展历史

这种数字技术似乎是从金融领域发端的，即比特币的出现。事实上，比特币的本质是通过区块链技术不断求解。虽然其金融特征比技术内涵更加"出圈"，但区块链的价值绝不仅限于此，而是在于"去中心化"的分布式记账功能，它让每一个节点都成为"见证者"，让共识更加深入人心，让安全更加触手可及。

（1）第一阶段（2009—2013 年）：比特币发布

2008 年，名为"中本聪"的匿名人士发表论文，提出了一种可以自由流通的点对点电子现金愿景，后成为比特币。由于比特币的总量有限，故在加密货币市场中扮演着"数字黄金"的角色。

第三章　数字产业化："云物大智链"时代下的千帆竞渡、百舸争流

（2）第二阶段（2014—2017年）：智能合约出现

2013年11月，在业内被称为"V神"的维塔利克·布特林，发布了《以太坊白皮书》。以太坊与比特币的最大区别在于，其支持脚本语言应用开发，可以实现智能合约，进而实现了无须第三方在场也可进行可信交易。以太坊的出现，催生了首次代币发行（ICO）、证券化代币发行（STO）等新型融资手段。由于去中心化、透明可溯源、不可篡改等优良特性，政府、金融机构、企业开始持续加大区块链应用的开发投入。

（3）第三阶段（2018年以来）：重在实体经济应用

随着监管政策的完善，行业对区块链的理解也逐渐理性和成熟。区块链技术发展开始脱离虚拟货币，而是转向支付、物流、溯源认证等方面的应用，赋能实体经济。

随着区块链技术对货币安全、信息安全等国民经济关键领域的影响越来越深刻，目前，各国正在积极完善加密资产监管体系，加速数字货币研发落地。美国、英国、新加坡、中国香港的监管部门相继发布了各自的加密资产监管标准。在脸书发布虚拟加密货币项目Libra后的第四天，全球反洗钱金融行动特别工作组发布了全球第一个加密货币监管标准。

全球央行也出现了加速发展数字货币的趋势。2014年中国人民银行就成立了专门团队探索数字货币的应用，截至2020年10月，已在超过10座城市或地区启动了试点测试。央行数字货币的推出，除了为消费者提供了一个新的广覆盖、跨平台的支付手段以外，也会实现提升央行货币政策操作的准确性、助推人民币国际化，以及更有效地打击金融犯罪等目标。

2. 区块链发展趋势的四个主要特征

（1）技术与业务的界限模糊化

从以前的技术支撑业务，到现在的技术改变业务，甚至是技术创造业务，相对应地，将强化科技能力提升到战略高度，以战略性的资源投入面对金融科技的竞争成为各大金融机构的共识。

（2）区块链基础设施建设全方位发展

虽然区块链具有技术门槛和应用限制特征，但并不影响区块链基础设施建设的全方位发展。在建设模式和建设主体方面，既有以开源社区为主体技术驱动基础的公链软件架构模式，也有地方政府主导的以区域级公共服务平台为核心的区域性建设模式。

（3）区块链基础设施与前沿技术不断融合

硬件技术发展推动区块链软件安全、隐私和性能持续提升。5G使区块链软件更好地与边缘计算融合，为区块链基础设施提供灵活、高效的资源供给调度。

3. 区块链基础设施网络规模更适配应用

公有链在性能、隐私保护等方面存在不足，许可链具有服务覆盖范围小、数据割裂、不互通等问题，区块链网络节点规模更加适配开放应用生态的许可公有链架构成为主流发展趋势。

第三章　数字产业化："云物大智链"时代下的千帆竞渡、百舸争流

二、全球区块链产业格局与领先企业

1. 全球区块链产业格局

全球区块链产业的市场规模仍在持续增长，据 IDC 预测，2024 年全球区块链市场将达到 189.5 亿美元，5 年预测期内（2020—2024 年）实现约 48% 的年复合增长率。高速增长的主要动力不仅来自全球对银行和金融机构透明度的要求以及安全支付系统的需求不断增加，而且其在供应链管理中的大规模采用也有望持续加速推动市场增长，在更多行业提高渗透率。

进一步探究区块链细分领域市场情况，从技术维度看，IDC 将区块链支出划分为硬件、软件及服务三层。根据其数据，服务和软件支出仍将在中国区块链市场中扮演主导角色，而未来 5 年中国的软件和硬件市场比重将有所提升。从市场组成结构方面看，区块链市场结构由公有链、联盟链和私有链组成。2018 年，公有链占全球区块链市场结构的主要份额，规模达到 68.9 亿元，占比为 56.2%；私有链规模达到 31 亿元，占比为 25.3%；联盟链规模达到 22.7 亿元，占比为 18.5%。

从 2017 年开始，授权专利的申请量开始快速上升，2019 年，获得授权的区块链专利达到 1 799 件，是 2018 年的近三倍。从 2020 年授权专利国家分布来看，获得最多区块链专利的国家是美国，占比为 39%，韩国和中国分别排在第二位和第三位。中国、美国、韩国三国合计占总授权专利的近 80%，[1] 这也从一方面说明这三个市场是目前

---

[1] 中国专利保护协会. 2020 年区块链领域全球授权专利报告. http://www.cbdio.com/BigData/2020-07/02/content_6157848.htm.

最有可能率先落地的区块链市场。

2. 将区块链技术运用到投融资等产业的领先企业

将区块链技术运用在贸易融资领域的先进代表——中国平安。2016年5月，中国平安正式加入壹账链平台，成为金融壹账通区块链平台，进而开发出区块链贸易融资平台，促进跨境商贸的发展。

将区块链和运用在稳定币领域的先进代表——Tether。USDT（泰达币）是Tether公司推出的基于稳定价值货币美元的Tether USD（简称USDT，1USDT=1美元）。Tether无法通过挖矿获得，Tether公司会通过Bitfinex交易所发行新的Tether代币，然后会将等值的美元存入其储备。

将区块链技术运用在跨境汇款领域的先进代表——Ripple（瑞波）。这是一个开源、分布式的支付协议，它让商家和客户乃至开发者之间的支付几乎免费、即时且不会出现拒付情况，它支持任何货币，包括美元、日元、欧元。

三、中国区块链产业现状与领先企业

中国的区块链发展同样全球瞩目。根据IDC预测，中国区块链市场规模有望在2024年突破25亿美元，与上一年期相比整体上涨5%~10%，基本恢复至新冠肺炎疫情暴发前的水平（见图3.19）。未来中国区块链市场规模5年年均复合增长率预计将达到54.6%，增速有望位列全球第一，且市场规模有望在5年预测期内保持全球第二。

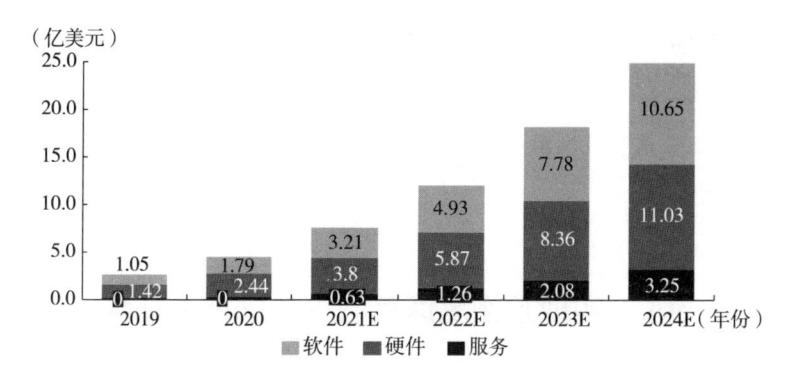

第三章 数字产业化："云物大智链"时代下的千帆竞渡、百舸争流

图3.19 2019—2024年中国区块链市场规模及支出预测

从竞争格局上看，腾讯、银联、阿里巴巴等科技巨头已纷纷布局区块链技术，在金融、供应链、溯源等领域开发应用。同时根据前人民银行数字货币研究所所长姚前撰写的《区块链蓝皮书：中国区块链发展报告（2019）》，全国已有超过2万家中小型区块链企业，除数字货币之外也不乏专注于区块链应用开发的初创企业，有助于我国区块链生态的进一步丰富。

**银联区块链服务助力农产品溯源，保障消费者权益，
提升境内外移动支付便捷度和安全性**

中国银联于2015年开始进行区块链技术研究，2020年4月，中国银联与国家信息中心、中国移动等单位共同发起、建立了区块链服务网络（BSN），并在金融、电子票据和农业等领域展开应用。在电子票据领域，传统票据的真实性验证困难且信息共享不透明，银联基于区块链技术，开发了电子票据应用，将票据信息和使用状态记录在区块链上，实现了多方存储、高效生成、可信流转、真伪查询等功能，助力凭证无纸化。在农业领域，银联区块链三农溯源应用服务全程追踪产品质量与安全信息，保证了消费者权益。在跨境支付领域，

针对跨境汇款信息查询不便、解决投诉积压等问题，银联和中国银行合作，通过区块链技术于2018年上线全球跨境汇款追踪平台，显著提升了业务透明度及用户整体体验。

5G：实现万物高速互联，走向智能社会

3G时代似乎仍历历在目，但近年来海量的资讯传输需求、多样的信息传播形式，都在让5G的普及呼之欲出，以作为4G的延伸。相对4G，5G拥有更加显著的高速率、多连接、低时延特性，这种高效的数据传输本领，也为云计算、大数据等技术带来了更广阔的发展空间。

一、5G的发展历史与趋势

目前，5G还处于规模建设的早期。行业标准组织3GPP（第三代合作伙伴计划）于2018年才发布首版5G标准R15，进而推动各国政府开始拍卖5G频谱并发放5G商用牌照，运营商开始建设5G网络。

截至2020年，主流手机厂商皆发布支持5G网络的手机。各国运营商开始大规模投入5G基站建设，实现网络深度覆盖。如同过往的通信网络，预计运营商将持续投入优化5G网络，助推行业与消费应用进入爆发期，一直到6G成熟后才会被逐步替代。

第三章　数字产业化："云物大智链"时代下的千帆竞渡、百舸争流

1. 政策方面

目前，各国政府特别是数字科技领先经济体纷纷出台政策，运用政策和投资等手段持续推动 5G 网络建设完善。中国方面，截至 2020 年 9 月，各级政府已出台超过 450 份相关政策文件，以降低频率使用费、发放新基建补贴等方式助力运营商建设完善 5G 网络。美国方面，2020 年 3 月制定的《美国保护 5G 安全国家战略》，提出通过提供频谱，加快审批促进 5G 部署，并积极与私营部门和盟友合作推动先进技术研发。韩国方面，降低运营商税率、开放公共基建设施等政策进一步加快了 5G 网络的建设与覆盖。得益于政府的部署，韩国运营商于 2019 年 4 月率先部署 5G 网络，并在 1 年内达到 93% 的用户覆盖率。这些政策都加速了 5G 的部署，给新场景、新应用的出现奠定了基础。

2. 技术方面

前期，5G 部署从高速率、覆盖率要求较低的场景（如固定无线接入的毫米波）开始，未来为提升投资回报，预计运营商会更多地转向覆盖面更广泛的 700MHz 进行联合组网，并采用更多微基站来弥补高频宏基站的覆盖盲点，完成 5G 网络的覆盖。此外，随着超可靠、低时延通信和网络切片技术的逐渐采用，5G 也将赋能自动驾驶、VR、工业自动化等行业的应用场景，为需要进行远程控制和实时交互的新应用开发奠定基础，进一步赋能医疗、教育、工业、运输等诸多行业。

3. 消费互联网方面

通信网络规模建设，用户数量增长会出现在应用爆发性增长的两到三年后。以 3G 时代为例，中国运营商于 2009 年实施大规模建网，

2010年微信出现，直到2012年才出现用户的爆发性增长。在4G时代，运营商于2014年开始体系化建立4G网络，到了2016年才催生了短视频萌芽，直到2018年才出现用户的爆发性增长。基于上述规律，预计5G的消费应用有可能要到2022—2023年才会出现显著增长，换句话说，未来一两年，随着网络覆盖率的提升，更多用户将迁移至5G，更多设备开始支持5G，未来几年有可能出现真正能利用上5G网络优势的现象级应用。

4. 产业互联网方面

5G技术凭借其多连接、低时延等特性，已经在智能工厂、港口、矿山、安防巡检等领域得到了初步而有效的应用。随着未来超低时延、高可靠性的通信技术及相应生态逐渐成熟，5G将进一步赋能车联网、智能制造、医疗等诸多企业级应用，实现"万物互联"的愿景。

二、全球5G产业格局与领先企业

目前，全球5G总市场规模约保持在1 560亿美元，按照合理预计，这一规模将在2025年达到8 850亿美元，年均复合增长率可达42%（见图3.20）。

从市场细分看，主要分为5G终端（手机）、运营商资本支出、运营商信息服务三大部分，目前，各细分市场分别占总市场规模的45.5%、51.3%、3.2%，前两个市场几乎占据了全部市场。值得一提的是，随着5G渗透率的提升及未来增值服务的出现，占比最小的运营商信息服务部分有望出现显著增长，预计2025年能达到整体市场的40%。

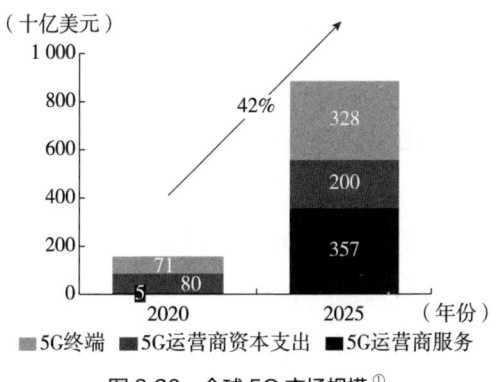

第三章 数字产业化："云物大智链"时代下的千帆竞渡、百舸争流

图 3.20 全球 5G 市场规模[①]

目前，5G 网络的运营商主要由各地区的电信运营商组建。例如，中国有四家运营商（中国移动、中国联通、中国电信、中国广电）参与了 5G 建设，美国有三家（威瑞森电信、美国电话电报公司、Sprint/T-Mobile）。以威瑞森电信为例，作为美国最大的运营商，在 2019 年 4 月就率先推出自由标准的 5G 固定无线服务，开始部署 5G。能提供 5G 网络的设备品牌主要有华为、爱立信、诺基亚、中兴通讯和三星，这五家企业占据了我国 5G 设备市场份额的 95% 以上。海外设备市场主要被爱立信、诺基亚和三星占领。

此外，5G 终端目前以手机为主，主要厂商为华为、苹果、OPPO、vivo 和小米。预计 2021 年 5G 手机渗透率有望达到 37%。以高通公司为例，作为全球最大的 5G 基带及手机中央处理器供应商，其长期投入无线通信技术研发，进而积累了大量的通信技术专利。在芯片销售之外也有专利授权费的营收渠道。苹果公司作为智能手机及消费电子供应商，由于手机销量较大，其对技术和应用的发展也具备相当可观的影响力。与中国和韩国厂商不同，苹果往往会选择等待新技术成

---

① GSMA. The Mobile Economy.

熟后再加以运用，而不是争做第一家商用化5G的企业。

三、中国5G产业现状与领先企业

信通院的调查结果显示，2020年中国5G直接带动经济产出已达8 109亿元，间接带动经济产出2.1万亿元。预计到2025年，直接带动经济产出有望达到3.3万亿元，复合增长率约为32%。在直接带动经济产出中，一半来自5G手机终端，约2 000亿元来自网络建设投资，剩下的则是运营商5G信息服务收入。随着应用技术的成熟，信息服务的占比将逐渐提高，而终端设备支出的占比则会降低。

在运营商方面，据工信部数据，截至2021年9月，中国已建成近百万个5G基站，覆盖了所有地级市及95%的县。四大运营商在竞争的同时，也通过共建共享协议（例如，中国电信与中国联通，中国移动与中国广电）加快了网络建设进程，减少了资本开支。在设备方面，中国市场上华为和中兴通讯两家占据了最主要的市场份额（89%），其余11%由大唐、爱立信、诺基亚分割。在终端方面，目前国内5G终端市场主要由华为、苹果、OPPO、vivo、小米这五大智能手机厂商占据，根据2020年第四季度总出货量数据，上述五大厂商出货占比达95%。

华为

华为作为中国技术在国际舞台上实现崛起的重要代表企业，自2009年起就持续投入5G技术研发并参与5G协议标准制定。据专利数据公司IPlytics统计，华为在5G标准必要专利中的占比为15%，贡献比例为世界第一。在行业标准确定后，协同全球运营商部署5G

第三章 数字产业化:"云物大智链"时代下的千帆竞渡、百舸争流

网络。以煤矿行业为例,华为与山西联通、霍州煤电合作,成功搭建庞庞塔煤矿和张家峁煤矿双 5G 试点。通过 5G 网络带来的大带宽实现了高清视频监控及实时通信,低时延网络实现了远程控制,海量机器通信部署了超过 5 万个传感器,进而减少了所需的人力,在节省成本的同时更好地保护了员工。在港口和工厂等其他行业,华为也持续与运营商合作降低人工干预,尽可能实现数字化以及智能化。例如,2019 年华为、中国移动和海尔共同打造了第一个 5G 智慧工厂,进一步降低了生产成本,也实现了生产全流程自动化监督和风险预警。

波士顿咨询公司(BCG)

第二篇
数字社会篇

第四章

数字生活的"中国试验场",消费图景新潮涌现

目前,中国是全球数字经济规模排名第二的国家[①],也是全球数字化进程发展最快的国家之一。数字化已经成为提升国人生活水平、优化经济结构、推动社会发展的底层动力。

作为引领未来高质量发展的新经济形态,数字经济不仅是传统经济的转型方向,而且对于国人来说,数字生活也为个体的生活方式提供了更多可能性。

在数字化大加速中汲取时代消费新动能

自 2020 年开始,国家发展和改革委员会等多部门相继发布《关于支持新业态新模式健康发展 激活消费市场带动扩大就业的意见》《关于深化新一代信息技术与制造业融合发展的指导意见》《关于推进

---

① 中国信息通信研究院.全球数字经济白皮书——疫情冲击下的复苏新曙光.2021.

"上云用数赋智"行动　培育新经济发展实施方案》等政策文件，指向对数字时代经济发展新形态的创新探索。

2021年政府工作报告及《中华人民共和国国民经济和社会发展第十四个五年规划和2035年远景目标纲要》（以下简称"十四五"规划），都将科技创新提升到前所未有的战略高度，中国经济发展的新里程正从"规模红利"向"数字创新"迈进，加速向数字化、智能化转型。

一方面，表现为产业数字化释放经济增长动力，伴随新一代信息技术的蓬勃发展，5G、大数据、人工智能、工业互联网为产业数字化转型提供了必要条件；另一方面，以微信、支付宝、美团等为代表的数字生活新阵地，催生出宅经济、云生活、到家服务等新生活方式业态。

数字生活加速演进，大量细分品类、消费场景亟待开发。新技术与新需求的碰撞、新技术对既有需求的差异化供给，都在产生着不同的化学反应：新消费圈层开始出现，新消费模式不断长成。

纵观与人们生活息息相关的"衣食住行"等方方面面，不论是传统品牌转型，还是新品牌涌现，无不在数字化转型的变革期和对新生活方式的响应中，塑造新的品牌力。例如，李宁、安踏、波司登等掀起的国潮新时尚；中式茶饮、中式点心的产品创新，让中式饮食成为年轻人的日常消费；全屋智能、家庭前置仓、社区供应链，以智慧家庭为消费单元的新商业模式层出不穷；新能源汽车、共享出行、无人驾驶，不断构建着智慧出行解决方案的基石……

当我们讨论数字生活的多样性时，其实也是在理解数字化对每个个体生活方式的重塑。数字化事实上带来了对人的更深刻理解，也构建了数字温度感与商业同理心。人的多样性更加凸显，要求数字化基础设施构建更富效率的圈层化连接，从小众到大众、从边缘到主流，新消费需求推动新品类长成速度加快。同时，智能供应链、服务生态、社交网络共同构成新供给体系，捕捉每一个新需求，也开发出更多新消费场景。数字时代的消费趋势变化，本质上来源于对每个"新个体"的关注。

拥抱新个体、消费新基础设施、数字化新供给，是本章展开数字生活消费图景的叙事线索。

拥抱新个体：让每个"边缘"需求都长出新机遇

所谓新个体，不仅指"数字原住民"[①]成为主角，更在于每个人、每个圈层，都因为数字化得以更好地自我表达，形成更为专业的判断，完成更具温度感的连接，实现全新的消费与生活观念升级。

面对新个体，品牌与消费者长期以来的"单向"关系正在转变。更多品牌选择深入消费者，在深入交互中感受真实具体的需求。品牌正在定义与新个体的全新关系，重塑增长路径。

纵观近年的消费趋势，大量曾经游离在边缘、极致个体化的场景正在催化新品牌崛起。在数字化重塑的商业链路中，更多"破局者"正试图抓住这些机会，在去中心化的"新大陆"找寻应许之地。

---

① 马克·普连斯基.数字原生代，数字移民.地平线上，2001a（1-6）.

一、重新理解中国消费者：以人为中心的触点机制

重新理解中国消费者，首先理解人的数字化。因为是建立在更完整的生活方式的数据基础上的，所以数字化的"人"理应是更真实的人——更全域地捕捉与更随时地触达，让每个消费者被更精准地认知、更高效地满足。

数字化用户与社交网络互利共生。随着社交网络的不断发展，新一代消费者也需要被重新解构和理解，他们的需求更加个性与自我、消费决策更加专业与理性，同时期待更主动地参与到品牌建设当中，从而进化出更为颗粒化和场景化的消费需求。

因此，理解人的数字化，更在于看到人的场景化。同一个用户可以有不同的"场景身份"，期待不同的场景解决方案。以场景为原点，数字化用户不再是泛化的数据和流动的需求，而是在每个具体场景中完成连接、达成满足、匹配供给。

这些具备情感属性的场景身份定义了新一代消费者，他们的消费决策正从功能型消费向情感型、价值型消费加速转变；他们善于使用社交网络表达自我，同时又以观念认同为基本原则，对品牌进行筛选和决策。对用户价值的重新梳理，在于摆脱流量思维，回到以人为中心的触点机制建设，这也正在衍生企业增长的全新命题。

一方面，由于面向数字时代消费者全时全域的消费行为，品牌需要加速线上线下的全渠道布局、全触点融通，例如，喜茶的小程序门店效率、锅圈食汇的火锅供应链细分、高德从地图到出门的服务平台，都是基于具体场景形成的更好"触达"人的新选择。

另一方面，在用户更加追求自我价值表达的当下，消费的本质是用户寻求参与感、归属感、意义感。纵观当下，泡泡玛特代表的盲盒

经济，是消费未知的惊喜；HARMAY话梅代表的策展型零售，是日常消费的沉浸体验。这些生机勃勃的品牌，无一不是极度重视用户反馈、强化内容连接，与用户共同成长的品牌。支撑这种伴随机制的是全链路的用户触达与数字化运维体系。

以用户为中心的触点机制，形成了对人的全场景认知，决定了今天数字商业的新范式，也达成了数字生活的新意义。

二、圈层化消费：今天的订单是分布式的

数字化深入强化着人们对效率的要求，用户希望在更短时间内找到与自己更加匹配的产品、服务与内容。与此同时，数字化也在加速提高更多细分圈层、小兴趣社群的连接效率，更加人格化、兴趣导向的"圈层化消费"成为新的趋势表达。甚至以此来看待直播电商、社群品牌等的大量出现，都是在以更具人格化的方式、更具温度感的体验，成就品牌与用户沟通的新阵地，重新定义品牌与用户的关系。

从二次元、国风再到潮玩，人们因共同的爱好、兴趣或价值观而形成一个个内核稳定、连接紧密的社群。哔哩哔哩（以下简称"B站"）、抖音、快手这样的多元化社交媒体，成为圈层化消费的最佳载体。"圈层"并非"小众"的代名词，在去中心化的趋势中，任何小众都可能成为主流，也都可能创设新的消费入口。

不再是过去大众化的"买买买"，用户正在把消费看作自身知识图谱与认知能力的集合，基于自身的兴趣与知识，形成更加细分的消费圈层。正所谓"甲之蜜糖，乙之砒霜"，今天用户对于品牌和产品的要求正变得具体且更具区隔性。来自边缘的视角成为新的主流，简单基础的功能型产品已经无法满足今天用户所强调的差异化品位，品

牌越来越难以成为人人都喜欢的"大众品牌"。

需求细分、圈层内不断裂变的趋势，无疑为品牌提供了更多可能性：提出一种新生活方式，以技术驱动产品，以社交媒体和内容体系完成用户触达与连接，在与用户的双向吸引和深度共建中，不断输出新生活方式的观念表达。

用户对品牌的期望值正在发生变化。对于品牌来说，全渠道、全时域响应用户，不再是一道选择题，而是一道必答题。每一个圈层，都应该有属于自己的渠道甚至产品，背后是圈层文化、生活方式的输出和表达。因观念与审美趋同而聚集的新一代消费者，要求品牌为消费赋予意义和内容。

消费是生活的镜子，也是时代精神的隐喻。选择自己的圈层归属和社交温度，选择值得期待的丰富体验和连接效率，以及用户全情投入的注意力与时间，让无数新品牌能在消费浪潮中找到自己的一席之地，也让中国新消费品牌的增长充满活力。

三、安全感消费：从身体到心理的全方位可控

咖啡馆里最受欢迎的往往是能够看到窗外行人的位置，或者能够观察室内，但又不容易被察觉的角落，这样的规律被称作"瞭望－庇护理论"。对安全感的需要，是藏在人们潜意识中的本能。

消费的安全感可能来自各个维度，但它可以被一句话概括：让人信任的能力。对个体而言，新的消费需求在于不安全感加剧，人们更加注重切实的身心健康、资产保障，同时也更加深入思考如何面对生活中的未知，从物质向精神，找寻内心的确定性。数字化深入，也为克服商业的不确定性提供了更多拓展空间，除提升履约效率之外，数

第四章 数字生活的"中国试验场",消费图景新潮涌现

字服务能力和数字信用体系还在不断改善与优化用户信任关系。

安全感消费具体表现在：

首先，需要让消费者对产品有掌控感、符合心理预期。这就需要理解消费者在不同场景下的需求痛点。例如，对于生鲜消费场景，相较于价格，用户更看重生鲜的品质、原产地及配送效率。叮咚买菜通过设立社区前置仓，保证菜品配送的时效性和服务范围的覆盖面，最大限度降低了运输损耗，实现生鲜产品的鲜活配送。"29分钟准时送达"机制背后是对履约效率、毛利率和用户关系变化的思考，"比30分钟快1分钟"的品牌承诺带给用户更多信心，让用户从中找到安全感，从而与品牌产生更加深度的信任连接。

其次，让流程可视，以信息平等化解不确定性。例如，以科技、智慧见长的智能产品，该如何将科学机制转化为普通用户能够理解的生活常识，降低用户使用门槛、提升产品信任感？凭借在扫地机器人领域先进技术而得名的石头科技，在最新的T7S系列扫拖机器人中选用AI结构光Reactive 3D避障方案，支持对上百种泛物体进行识别避障。不仅如此，T7S Plus还融合LDS传感器将障碍物的对应位置标记在App地图上，这一设计也让用户更加直观地看到它的真实工作效果，让机器人的独自居家清扫状态更加可视、可控。

最后，消费者对自身安全感的全方位追求，使"疗愈经济"品类进一步拓展并不断细化，因此形成对个体生活的全方位"保护层"。无论是生理健康的常态化需求，促使医疗小家电加速品类化，还是心理健康免疫带来的从内容到产品的消费形式多样化（不仅是从轻诊疗到心理咨询的专业型内容服务，还包括以健康饮品、轻食为代表的健康生活方式），每个人都得以最大限度地管控风险，舒缓焦虑，以抵抗外界的不确定性。

后疫情时代，宏观环境的不确定性刷新着每个人对安全感的认知，也映射着当下新的消费潮流。这是极致个体化场景的新纪元，如何让每个人都能够找到生活的确定性，是数字生活要持续回答的时代命题。

消费新基础设施：从"单向传导"到"双向共建"

商业模式不断变化、市场需求不断波动、用户期望不断提高、产品生命周期不断缩短，而这些细小而复杂的诉求，最终又借助数字化的传感链路，实时反映到供应链建设上。

以内容平台、直播、小程序等为代表的数字消费"新基础设施"，成为今天品牌与用户之间彼此到达的全新通路。打通供与需之间的信息孤岛，形成完整的生态链条。链条上的所有参与者，从原材料供应商、生产制造商、销售渠道、设计师、用户等，都能够实现灵敏反馈与动态调整。

从消费链条的"单向传导"转为品牌与用户的"双向共建"，是理解数字消费品牌与用户关系的一个关键抓手。今天的品牌，都在拥抱与用户的创新连接，用户也在反向定义品牌的形态与内涵。新的模式、新的品牌、新的产品，就在这种从"单向传导"到"双向共建"的变化中大量涌现。

一、数字化驱动的消费基础设施进化

全民化的数字新基础设施和高效匹配的供应链支撑，形成了更加

第四章 数字生活的"中国试验场",消费图景新潮涌现

数据化、智能化、网络化的协同能力。柔性供应链、成熟的制造业经验和全球化的信息平权的充分发展,重构了产品与业务创新的反馈效率,使传统的大批量生产模式进化为由用户驱动的"小单快反"模式成为可能。

这种以分布式智能响应用户需求的模式,在各种社区拼团中得到了验证。通过快速、精确地响应消费者每一个需求场景,形成更高效的 DTC(直接面对用户的品牌建设)能力。

品牌方在很长一段时间内,因为技术瓶颈而难以收获用户的真实反馈,如今则可以通过内容平台完成真实、个性化的链路重塑,包括前端需求采集、敏捷信息分析反馈、供应链协作效率及高效履约体系,重新形成仓储、物流、配送、客服的完整消费闭环。

数字化驱动的消费新基础设施,正在给数字生活的消费进化带来新的确定性。

一层理解是"效率基础设施"。"前置仓商业"普遍化即是典型,在智能、柔性的供应链能力相对成熟的基础上,企业与企业、品牌与品牌之间的竞争,落到了与用户"连接效率"的竞赛上。以物流体系为例,在过去 10 年间,物流体系经历了从"快递"到"即时配送"的发展,配送时长从三天、一天,到一小时内,再到现在精确至以分计时。本质上是服务商对于连接效率的竞争。除了快速送达之外,用户开始越发关注物流体验与链路的完整性。

于是,越来越多新生的社区商业模式,希望通过无缝融合线上服务与密集线下体验的方式,经济高效地满足消费者对效率与体验的平衡需求。要做到比竞争对手快一分钟,需要对触达用户的每个环节进行更精准的把控。通过分布式订单管理系统来管理并优化各个来源的订单,在链路的每个要素中,寻找提高效率的可能。

另一层理解是"信任基础设施"。数字化正在重建信任关系和人格温度，在线上流量成本越来越高的今天，重要的增量空间在于邻里之间和具有社区属性的信任网络。

跳广场舞的阿姨身兼社区团购"团长"，在跳广场舞间隙发一条朋友圈，提醒大家明天要开团的产品及自己的过往体验。随着这条朋友圈的发出，品牌也就完成了一次用户教育，在相同的需求属性下，社区成员会更具效率地进行自组织与自连接。数字化激活的信任网络，同样存在于线上场景，可能是在直播间里一起做游戏直播、完成一次拼单，或者是在闲鱼、小红书、豆瓣小组上分享种草心得等。

借助社交媒体与内容平台，越来越多拥有小众认知、小众标签的群体，开始自发地完成组织纪律与运转机制的建立。这个组织可能是家庭，可能是社区，也可能是一群天南地北从未见过面，但拥有相同兴趣爱好的人。

从功能型消费向情感型、价值型消费趋势的转变，正在系统地改变品牌的成长路径。不仅表现为品牌从流量曝光到内容营销的思路转变，而且更深入地影响着用户的连接方式、产品的创新方法乃至新品牌的打造逻辑。社交媒体与内容平台在其中扮演了重要的"场景连接器"角色。以短视频、直播等内容形式持续触达消费者、沉淀超级用户，以"内容电商""直播电商"等方式形成消费者购买闭环，进而以社交化连接助力线上线下联动，实现全触点用户运营。

二、参与式共建："KOC 社群"驱动的 DTC

在圈层更加细分、社群不断裂变的当下，如果说 KOL（关键意见领袖）是品牌的流量中介，那么 KOC（关键意见消费者）则是作为情感中介的存在：相较于普通用户，他们更加专业，能够在更大程度上引导消费决策；但相较于距离普通用户更远的KOL，或者只是作为交易功能的销售渠道，KOC又表现出真实、有温度的特质。

社区团购的KOC可能是邻居，护肤品的KOC可能是医生，母婴用品的KOC可能是普通妈妈。他们都是细分场景中的KOC，是主动参与到品牌建设中的专业消费者；也是"用户主权"重置后，深度用户关系与信任感建立的来源；更重要的是他们是伴随式、共建式、服务式用户体验中的重要一环，是品牌的隐性情感契约。作为品牌与普通用户的情感连接节点，KOC成为建立用户与品牌信任关系的社群符号。

以KOC社群为代表的用户连接机制，正在重塑品牌的从0到1。"种草模式"可以被看作这种方式的延展。以完美日记为例，2017年底，完美日记开始在小红书进行大量内容推广，并与KOC进行合作。从小红书到微博，从淘宝直播到微信社群，通过与各个圈层、社群产生连接，完美日记从小圈层切口进入主流。截至2020年9月30日，完美日记母品牌逸仙电商旗下品牌全网官方账号粉丝数量超过4 800万，深度合作过的KOC近1.5万个。

除完美日记之外，当下众多明星品牌的早期崛起也主要依靠来自小红书、B站、微博等社交媒体的KOC社群力量。早期的小米也应用过类似模式。小米的MIUI系统机制及新功能的设计，都由"发烧友"投票决定。产品经理、工程师通过论坛等社群阵地接触用户，并第一时间响应用户需求，由此完成MIUI的设计。

KOC社群推动"更高效的DTC"的新型品牌建设方法，正在越来越广泛地被企业使用。当品牌的传达逻辑从拓展"信息触达"广度转变为挖掘"用户信任"深度，基于对以价值认同为原则的圈层化用户的连接，KOC成为品牌与用户高效沟通的中间角色。以KOC社群形成的圈层影响力，能够完成品牌价值对消费者生活方式的渗透，形成可持续的用户信任关系。

无论是在快手上火爆的合味芳还是在B站上火爆的花知晓，其本质在于，今天的品牌不再是口号、标签，而是一种新的情绪与感受，取决于新发布平台、新技术能力和新社群方案。

例如，快手在于掌握基于信任关系的"新品类加速器"逻辑。"从流量经济到信任经济"的背后，是将"老铁"社群作为方法，因为"信任关系"命中了商业不确定性周期的底层诉求。

快手磁力引擎正立足于对场景用户的深度连接与运营，释放新的增长能力与创新启发：美食、户外、国风、宠物……譬如美食场景就可以细分为路边小吃、蛋糕甜点、品酒教学等13个细分品类，与用户共建圈层图谱。每个圈层场景的"小确幸"都在成就场景化用户运营的新商业价值，开发成本更低、效率更高、基本盘更稳固的新品牌建设机制和新增长效率引擎。

KOC来自线上，也来自线下。他们是内容，是生产力，是品牌更高效DTC机制的核心环节。品牌无法与100万消费者做一对一访谈，但是可以以100名KOC为节点，与上百万人建立信任与双向联系的关系。更重要的是"KOC社群"这一理念为品牌的创新逻辑指明了方向：从单向教育迈向与用户共创内容，品牌与用户互动的方式已经被改变。

三、内容化连接：内容即心智的品牌新链路

我们正处在一个由微博热搜、百度指数、微信指数构成的年代，

每个人都拥有无数记录时代印记的介质。它们以持续生成、不断刷新的数字内容，重塑品牌和用户的连接。

内容即消费，渠道即心智。面对与社交网络共生，因为观念、审美趋同而聚集的新一代消费者，品牌不仅需要系统性的内容体系来完成与用户的触达和连接，更需要通过内容传递的价值观念，实现与用户的双向塑造。

品牌和用户已经形成共生的关系，其中的连接就是内容。数字时代消费者全时全域的消费行为，从过去的计划性需求变成了"探索性寻找"和"实时触发"。以内容作为连接，将原本孤岛化的节点串起，形成消费链路，最终创造全方位、多触点的品牌与用户关系体系。

今天所有的品牌都在形成用户的"镜像"。用户通过品牌提供的"镜像"找到归属感，甚至完成自我构建。品牌与消费者围绕消费者的核心需求与价值观，在不断地进行双向交互。围绕特定场景，品牌与用户通过不断产生内容，建立独有的价值体系。在其落地的过程中，品牌也系统性地与用户完成连接。

场景驱动的内容生态让越来越多的品牌能够全时全域，不间断地与用户发生联系。用内容建立连接，就不会出现"购后失联"的情况。完美日记与明星、KOC共同创作内容，并采用多渠道、多触点的运营方式。例如，小程序直播更多以"教学＋种草＋交流"的模式进行，需要对内容策划更加用心，强化社交属性；平台直播的节奏会更快，更多是对店铺活动的展示。更极致的例子是，完美日记曾收到粉丝反馈说很喜欢公司的产品，却困于买到产品后不懂如何更好地使用，于是完美日记在微博开设了一档妆教视频栏目"拜托了完美日记"，专门指导新手用户化妆。

无论是跨屏触达还是跨场景融合，其根本还是在于如何建立连接。

从长文种草到直播带货,背后的逻辑都是通过内容唤起用户情绪。

喜茶从"茶饮新零售"向"数字生活的茶饮场景提案"的快速迭代,背后也有类似的内容方法论:在原创内容层面,鲜明表现出门店的策展化与符号化,以及杂志化的新媒体内容企划;不断创新议题设计,譬如宠物友好与社区社交,以及对人造肉、纸吸管等可持续消费观念的探索;IP协作与实验层面,与江南百景图、LoFt(日本人气生活杂货店)、茶颜悦色的创新联名;喜茶百货、喜小茶瓶装厂、喜小茶饮料厂等"厂牌化"业务布局。

在数字化用户不断成长的今天,品牌与用户的连接,已经从原本的"商品价值",迈向"情感价值"。品牌走出存量的流量思维,进入以内容连接用户的新成长方式。体验性零售让"触达"这一环节不再是难题。品牌要做的事情是通过塑造一套属于品牌的内容体系,让消费者认识产品背后的观念和文化传递,只有这样才能支撑品牌生长的可持续跃迁。

数字化新供给:
满足随机性消费的供应链模式升级

商业告别流量入口逻辑,进入场景细分下的精耕细作,供给、需求匹配的商业链条,也正在进入逻辑重建的全新周期。

当下的消费者很难再满足于单一的产品价值,围绕商品的服务体系,逐渐成为消费者做出消费决策的主要考量。

"所有To B都要To C"不再只是简单的空话。供给侧的数字化改造使得越来越多"供应链品牌"强势崛起，以随时随地响应的姿态，构成这个时代商业应有的立体与丰满。

一、供应链涌现新商业模式

纵观中国的产业发展历程，供应链优势由来已久，中国一度被称为"世界代工厂"。产业数字化转型加速，中国的供应链能力不仅体现为低成本、高效率的规模集聚优势，更表现为透明化、短链路的柔性响应优势，如C2M模式。

梳理C2M模式的发展脉络：2015年，必要商城上线，率先提出C2M模式；2016年，网易严选上线、ODM（原始设计制造商）进入大众视野；2018年，京东京造上线、拼多多发布"新品牌计划"，电商平台从渠道深入制造，加速用户反向定制的模式成熟；2020年，淘宝先后发布C2M战略及淘宝特价版，从工厂到用户的源头直供是更加极致的短链。

C2M是供应链模式创新的中国样本，代表着供应链要素更加以人为中心的柔性响应。经由数字化融合互相赋能，从规模到个体，多元而复杂的需求场景加速了柔性供应链时代的到来。消费者与生产者的关系倒置，需求反向定义给C2M模式提供了一片生长的沃土，新需求催生了新供给，围绕个体体验的细节满足，是数字化融合的必然，也不断衍生出前置仓商业、社区供应链等更加多元的供应链创新模式。

供应链的短链透明，也让供应链从幕后走向台前，不仅表现为供应链品牌化，还表现为更加具备生活方式企划能力。以供应链取胜的商业模式逐渐成为数字生活的主流，例如，数年如一日蛰伏在城市边缘的山姆会员店，现在宣布要开到城市中心，还有表现出极强生命力的开市客，以及近年来陆续推出的盒马鲜生X会员店、fudi仓储会员店、家乐福会员店等。

会员店的共同繁荣背后，是C端模型，更是B端企划。譬如，山姆会员店是全球产地精选，盒马鲜生更侧重中国本土供应链，选择它们所代表的生活方式，就意味着选择这个平台的供应链企划方案。从这个角度看，今天的乡村振兴就是非常典型的"从供应链建设开始的系统复兴"，超越传统地域，从产业策划、供应链建设开始，建立数字时代城市生活与乡村文化的对话，建设自身的IP体系和产业模型。

供应链模式的崛起，本质上是消费者主权的崛起，它不仅打破了传统供应链的运作模式，也带来了从0到1的产业机遇，成为产业数字化的创新引擎。围绕供应链模式的产业机遇，以下从"服务型产品"与"供应链品牌"两个最具代表性的供应链模式的升级样本展开讨论。

二、服务型产品：从提供产品到提供"场景解决方案"

当需求越发具体，场景越发细分，极简便成为一种常态，以产品为单位的旧有组合模式不仅成本高企，而且会由于需求不匹配而产生供给冗余。我们需要简化的场景入口，更需要由场景驱动的系统解决方案，新消费单元和新供给方案，已经展现出全新的景象。

1."产品+服务"构建新消费单元

随着商品流通中信息壁垒的瓦解，商品能力的趋同，围绕商品的服务体系逐渐成为消费决策的首要考虑因素。而在实际消费场景中，人们对于完整解决方案的需求日益紧迫。市场差异化竞争成为服务能力的竞争，服务所带来的附加价值在消费决策中所占的比重越来越大，服务体系脱离产品，甚至成为独立的品牌，已是大势所趋。

典型如"一键上门"的全品类化。伴随互联网而生的"宅经济"让人们越来越习惯于不出门即享受服务，从日常的线上购物、外卖到家，到居家办公、家庭健身，从产品上门到服务上门，消费者对"居家即体验"的意愿日趋加深。一方面，以系统数字化的供应链协作，提升了服务效率，降低了服务成本，打破了商业模式上的束缚；另一方面，基于5G、AI、区块链等技术的进步，智能化方案解决了体验质量、信任危机等问题。从消费者"上门"到商家"上门"，消费者完成了体验方式的变迁。

2. 从单一产品到完整场景

"产品会被场景替代，行业会被生态颠覆"，这是海尔集团创始人张瑞敏经常提及的一句话。2020年9月，海尔智家发布全球首个场景品牌"三翼鸟"，旨在重构家庭生活的新居住场景。用涵盖家装、家居、家电、家生活的无界生态，赋能一站式定制智慧家，解决长期被忽略的日常痛点。

以"三翼鸟智慧厨房"为例，它的生产不再是传统的冰箱与厨具，而是厨房。通过组件化、可拼装的"智慧网器＋半成品食材"的形式、聚焦用户"吃生活"的智慧厨房解决方案，三翼鸟智慧厨房的背后是海尔"食联网"完整的"食联生态"。"食联生态"涵盖了食品、生鲜、烹饪、家装、物流、健康等各行各业，近300家企业共创美食场景，构建起了互联互通、互惠共赢的无边界生态模式。

商业对于人的洞察，如果单纯来自线上或线下，或是生活方式的局部，都不足以支撑对需求的准确捕捉与满足。在复杂且细碎的生活场景中，消费决策的形成，越发倾向于服务的便捷性。无论是"一键下单"的打包式整体解决方案，还是全场景带来的无缝消费体验，消费环节中的服务正在逐渐超越以往的配套价值，变得产品化、中心化。

正因如此，企业的生态化生存也越来越表现为产业协作的常态化。从信息协作到产业协作再到场景协作，数字经济时代的企业需要时刻思考，相比更为"激进"的用户，自己的商业模式是否足以匹配这个时代的协作精神。

三、供应链品牌化：垂直供应链一体化整合的"新物种"

在某种意义上，并没有真正的 To B 企业，本质上都是面向用户的。无论在何种领域，都需要企业具备用户能力。

从供给端看，柔性供应链、成熟制造业经验和全球化信息平权的充分发展，重构产品与业务创新的反馈效率，使大批量的生产模式逐渐向用户反向定义的"小量订单"模式的转变得以实现。打造弹性供应链，设计用户触点，定义新履约体系，满足社群化的表达，赋予供应链品牌化的新能力。

供应链品牌化有赖于技术能力的不断下放，也在于成为新生活方式的策源地。上文提到的 DTC 品牌和全民化直播电商，必然来自供应链的高效匹配，是更加数据化的智能和网络化协同。

随着"供应链品牌"逐渐成为今天的生活主流，企业更应从用户需求出发，建立敏捷响应机制，培养灵活产品生产能力。企划力正在成为供应链模式的新起点,或是化整为零,抑或是化零为整。

"化整为零"指供应链的每个环节都在长出新商业模式。以海底捞为例,火锅供应链的食材、配送以及后端整体解决方案延伸出了子公司蜀海供应链;火锅底料、蘸料产品化,以海底捞品牌进入商超;堂食之外的居家场景,催生了火锅外卖服务。

"化零为整"是供应链的乘法效应,是封装"一键响应"的柔性能力。网红饮品的爆款,来自香水柠檬、油柑、黄皮等原产地食材,这是产地买手制的成熟。原产地直播、品牌定制供应链、产地产业化、新农人IP,借助于大量的平台创新、模式创新和社群化运营、技术能力升级,原产地供应链重新完成在地品牌化。

供应链转换思路将规模体量优势转变为创新应用优势,以数字化"新供给"满足用户需求的"随机性"。相信在"双循环"新发展格局的战略下,数字化供应链可以通过创新建立核心竞争力,走出一条漂亮的"微笑曲线"。

面向数字生活的蓬勃发展,中国作为场景丰沛的创新场,新消费场景层出不穷,新消费精神活力充沛,也必然使消费图景的新潮涌现生生不息。

吴 声

场景实验室创始人、新物种实验计划发起人

第五章

数智融合构筑智慧医疗新底座，打造健康中国

医疗新基建：颠覆医疗供给模式

一、引领医疗内涵蜕变，数字医疗顺势而生

大数据、云计算、人工智能、物联网等数字技术的出现，为医疗产业的创新奠定了技术基础，可以打通居民健康档案和电子病历数据、药品研发和流通数据、医保支付和报销数据、医院管理和运营数据之间的障碍。基于各类医疗、医药、医保和医院管理数据，实现对疾病监测、筛查、诊断、治疗、康复的数字化升级，链接医院、药械企业、医保机构等，实现动态互动，打造数字医疗生态体系，为居民提供便捷、高效、普惠的医疗服务。

总体来讲，数字医疗可以分为技术层、数据层和应用层三个层次（见图 5.1）。

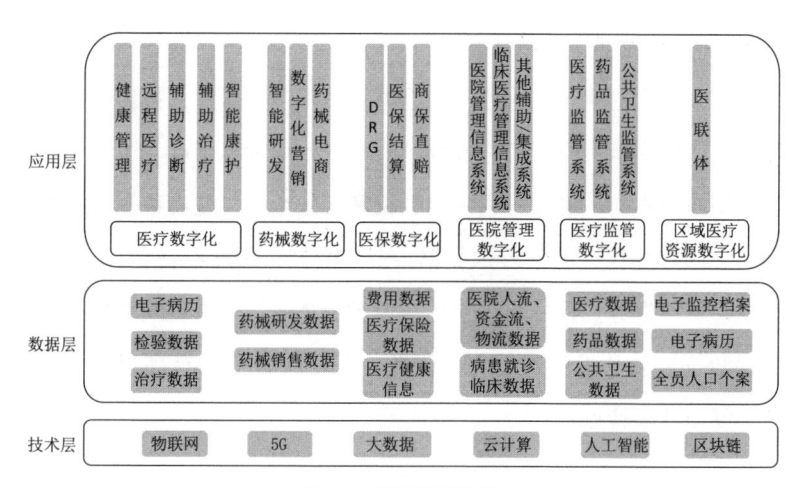

图 5.1 数字医疗架构

1. 技术层是数字医疗的基础

技术层包括物联网、5G、大数据、云计算、人工智能、区块链等数字技术。物联网实现了设备与设备、设备与人、人与人之间的智能连接，能够实时采集医疗设备的运行数据、医务人员的行为数据、患者的体征数据。5G 的高带宽、低时延、海量通信特点为实现远程医疗创造了条件，缓解了优质医疗资源分布不均的问题。大数据技术基于对海量医疗数据的抓取、清洗、存储和分析，为医疗服务提供结构化的数据模块，促使医疗服务由经验决策向数据决策转变。云计算在软件架构层面对医疗系统的影响较大，云架构可以打通院内各个科室、医院之间的医疗信息系统，实现数据的互联互通。人工智能的图像识别可以应用于医学影像筛查，语音交互被应用于电子病历和智能导诊，知识图谱和机器学习被应用在辅助决策、疫情防控、药械研发等方面。区块链具有去中心化和可追溯的优点，能够有效防止患者数据泄露，保护个人隐私。

2. 数据层是数字医疗的中枢

数字医疗的应用以医疗大数据共享为支撑，医疗大数据为数字医疗的应用提供了决策支持，提高了决策的效率和准确度。医疗大数据按照来源的不同，可以分为院内数据和院外数据。院内数据包括电子病历、诊疗数据、医学影像数据、费用数据、医疗设备和仪器数据、医院管理数据等。院外数据包括居民健康档案、药械研发数据、药械流通数据、公共卫生数据等。因此，医疗大数据具有高容量、多样性、复杂性等特点。

3. 应用层是数字医疗的核心

数字医疗应用场景广泛，可大致分为医疗数字化、药械数字化、医保数字化、医院管理数字化、医疗监管数字化和区域医疗资源数字化六大领域。医疗数字化主要以患者就诊为中心，实现"健康管理——问诊——诊断——治疗——康复"的数字化升级。药械数字化是以药械研发和流通为中心，解决药械研发周期长、风险高、药械营销成本高和药械质量追溯难的问题。医保数字化以医保控费为中心，实现医疗费用的动态监控，提高医保资金使用效率。医院管理数字化以医院智慧管理为中心，实现医院人流、资金流、物资流的智能化管理，提高医院的运行效率。医疗监管数字化以科学决策为中心，医疗监管部门基于各类数据的动态监测和分析，可以及时做出科学的监管决策，保证整个医疗系统的稳定运转。区域医疗资源数字化以区域信息互联互通为中心，区域内各类医疗机构共享信息，实现优势资源动态互补。

二、缓解医疗分布失衡，实现医疗普惠价值回归

1. 医疗资源分布不均衡，制约医疗水平整体提升

目前国内医疗行业最为突出的痛点之一是医疗资源的分布不均衡，主要体现在医疗资源区域分布不均衡、医疗资源城乡分布不均衡、等级医院和医疗需求错配三大方面。

（1）医疗资源区域分布不均衡

国内医疗资源分布不均，首先体现在东部、中部和西部之间分配不均衡。高年资医生和高精尖医疗设备大多分布在三级医院，特别是三甲医院。《2020中国卫生健康统计年鉴》的数据显示，东部地区三级医院数量和三甲医院数量占比均超过40%，中西部则不足30%。而且东部地区卫生人员数量占比也在40%以上，远高于中西部地区。优质医疗资源分布不均将制约中西部地区医疗服务水平的提升（见图5.2）。

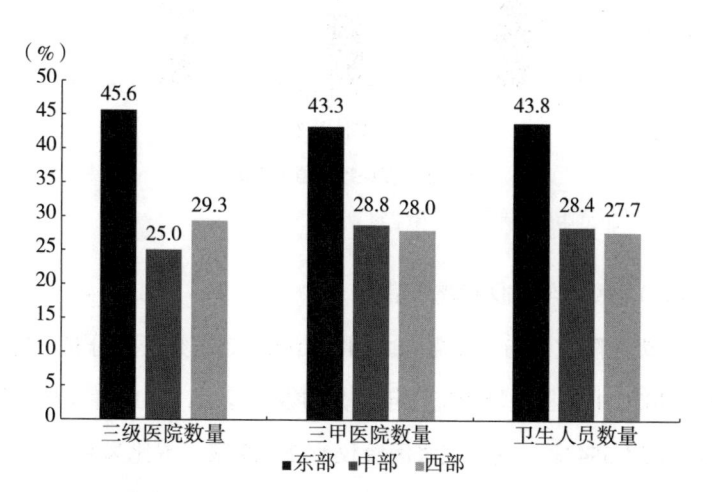

图5.2 我国东、中、西部地区医疗资源分布情况

数据来源：《2020中国卫生健康统计年鉴》。

（2）医疗资源城乡分布不均衡

国内医疗资源分布不均衡还体现在城乡差距大。《2020中国卫生健康统计年鉴》的数据显示，城市的医疗卫生专业人士数量为666.5万，其中执业医师数量为190.5万；农村医疗卫生专业人士数量为625.3万，其中执业医师数量为130.5万，城乡执业医师数量相差60万。城市医院的床位数量为401.1万，而农村医院的床位数量却只有285.6万，城乡医院床位数量相差115.5万。因此，不管是医疗卫生专业人士、执业医师，还是医院床位的数量，城市的医疗资源都遥遥领先于农村（见图5.3）。

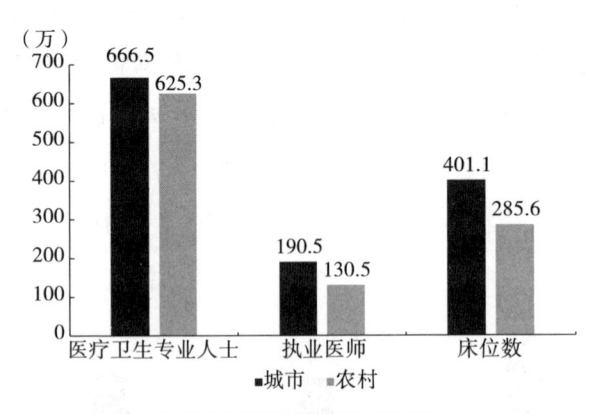

图5.3 城乡医疗资源分布情况

数据来源：《2020中国卫生健康统计年鉴》。

（3）等级医院和医疗需求错配

等级医院数量与医疗需求之间的错配也是医疗资源分布不均的体现。《2020中国卫生健康统计年鉴》的数据显示，2019年全国医院总数量为34 354家，其中三级医院仅有2 749家，占比为8%。但从服务就诊人次数量看，三级医院却承担了20.6亿人次的诊疗，占全年诊疗人次的53.6%。反之，占比高达63.8%的一级医院和未定级医院的就诊人次数仅为 4.4 亿，占比为 11.4%。基层医疗机构医疗服务水平偏低导致患者更愿到三级医院就诊，出现医疗资源和医疗需求倒置，大量基层医疗资源被闲置浪费的情况。

2. 数字医疗缓解医疗资源分布不均衡，促进医疗普惠

解决医疗资源分布不均衡问题，主要有两种途径：一种是增量提升，增加中西部地区、农村地区、基层医疗机构的医生数量和高精尖医疗设备数量，但该种途径需要大量的资金投入且耗时过长；另一种是存量优化，将东部地区、城市地区、三级医院的优质医疗资源共享，该种途径投入较少且见效较快。

医疗联合体（以下简称"医联体"）作为数字医疗的代表模式之一，成为区域医疗资源存量优化的主要载体。医联体主要指将同一个区域内相对统一的管理体制下的不同级别、不同性质或者不同管理体制、不同隶属关系的大中型医疗机构与基层医疗卫生机构进行优化整合，实施集团化管理方式，形成统一规范管理的服务模式，达到集预防保健、卫生服务、医疗救治全程服务于一体的目的。

2016 年 8 月，卫生健康委员会在《关于推进分级诊疗试点工作的通知》中重点提到"探索组建医疗联合体"。各省级和试点地市卫生计生行政部门要统筹规划，通过组建医联体，逐步形成责、权、利清晰的区域协同服务模式，通过远程医疗等信息化手段，促进区域医疗资源共享和纵向流动，完善分级诊疗服务体系。在原有的工作基础上，鼓励区域内按照就近、自愿的原则组建医联体，避免跨省组建形式，在医联体内部建立责任分担和利益共享机制，充分调动成员单位的积极性。2017 年 4 月 23 日，国务院办公厅发布了《国务院办公厅关于推进医疗联合体建设和发展的指导意见》，设定了医联体建设的

具体推进目标："到2020年，在总结试点经验的基础上，全面推进医联体建设，形成较为完善的医联体政策体系。所有二级公立医院和政府办基层医疗卫生机构全部参与医联体。2017年6月底前各省（区、市）都要明确推进医联体建设的工作方案，10月底前，所有三级公立医院都要启动医联体建设工作。"

医联体是落实分级诊疗体系的重要方法，它在建立机构连接的同时，明确各级医疗机构的功能定位，实现各级医疗机构的分工协作，规范有序就医，推动医疗服务体系资源的合理分布，可以在很大程度上解决我国医疗服务体系因资源分布的结构性不合理带来的服务效率不高问题。

医联体建设的目的是从纵向和横向打通各个机构之间的壁垒，建立医疗资源流通机制，优化医疗资源配置。通过远程医疗，三级医院专家可以为基层医疗机构提供远程会诊、远程诊断服务。基层医疗机构可以通过转诊平台，将疑难杂症患者向上转诊到三级医院接受治疗。通过建设和发展医联体，充分发挥区域内三级公立医院的牵头引领作用，引导不同级别、不同类别的医疗机构，建立目标明确、权责清晰的分工协作关系，促进优质医疗资源下沉，可以逐步解决现有医疗服务体系布局不完善、优质医疗资源不足和配置不合理等问题，推动形成分级诊疗制度，引导群众基层首诊、就近就医。

三、触发数字技术多元融合，重塑医疗服务模式

数字医疗是以互联网为载体，利用物联网、5G、大数据、云计算、人工智能、区块链等数字技术手段，对传统医疗赋能而形成的一种新型医疗模式。作为数字医疗的技术支撑，各类数字技术并不是相互孤

第五章　数智融合构筑智慧医疗新底座，打造健康中国

立的，而是彼此融合形成数字技术群，共同推动数字医疗发展的。

物联网技术主要是实现医疗数据的采集，运用物联网设备广泛采集医疗行为数据、人员数据、设备数据等。5G是用来解决数据的传输问题的，高速率、低时延的技术优势能够实现在短时间内完成海量医疗数据的传输。大数据技术可以解决数据结构化问题，运用大数据技术能够对海量的非结构化数据（诊疗数据、健康数据、研发数据、运营数据等）进行结构化处理。云计算可以解决数据运算分析问题，将数据上传到云计算平台（如公有云、私有云、混合云）上，对各类数据进行集中处理和运算，数据分析结果可为最终输出应用奠定基础。人工智能可以解决数据应用问题，人工智能技术（机器学习、语言识别、图像识别、自然语言处理、知识图谱等）基于大量数据训练构建智能模型，辅助医疗决策。区块链技术则可以解决数据安全问题，以密码学的方式保证医疗数据不可篡改、不可伪造。由此可见，各类技术相互融合，贯穿医疗数据的"采集—传输—结构化—运算—应用"全流程，全面支撑数字医疗的应用（见图5.4）。

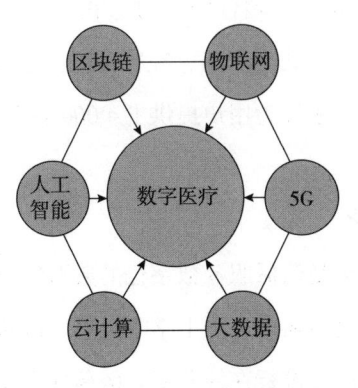

图5.4　数字医疗技术支撑体系

正是基于各类数字技术的融合，传统医疗才能实现颠覆式创新，

189

医疗服务、药械服务、医保服务、医院管理、医疗监管、区域医疗服务资源各个领域都出现了全新模式。

1. 医疗服务数字化

远程医疗是医疗服务数字化的典型代表，基于互联网的在线医疗服务集成平台，患者通过平台在线挂号，运用大数据和人工智能进行医患智能匹配，在最短时间内找到最合适的医生为患者提供诊疗服务。依靠5G，三级医院专家可以实现高清会诊，实时调用患者病历、影像等资料。人工智能还可以辅助医生进行在线诊断并开具处方，处方流转平台将处方分配到药械平台，实现药械配送到家。另外，基于物联网技术的可穿戴设备可以全天候不间断地监测居民体征，同步体征数据至医疗云平台，医生通过终端可以实时查看居民康复状况，一旦出现异常情况，可以及时处理。因此，数字化医疗服务可以实现"挂号、诊断、开方、配送、康复"的线上医疗服务闭环。例如，微医旗下27家互联网医院已经集结了超过27万名医生，拥有了超过2.2亿个注册用户，接入了超过95%的三甲医院。平台提供挂号预约、在线问诊、在线开方、处方配药、慢病管理、健康管理等服务，截至2020年12月31日，累计为用户提供了4 000多万次数字诊疗服务。[①]

2. 药械服务数字化

医药数字化营销是药械服务数字化的典型代表，主要指药企采用数字系统开展医生虚拟拜访、线上学术会议、最新学术进展分析等方式对旗下的处方药产品进行在线营销。医药数字化营销服务模式中的

---

① 相关数据摘自微医招股书。

PaaS 和 SaaS 就是云计算的产品形式。医药数字化营销通过在云平台上运算分析医生的行为数据，有针对性地组织线上学术会议和个性化的虚拟拜访。基于人工智能的患者依从性管理系统，协助医生管理患者，提高患者服药依从性。例如，医脉通的医药数字化营销服务，通过 e 信使和 e 脉播提供精准的数字推送，以文本和多媒体形式向医生提供定制内容，通过视频形式为医生提供医学支持，以及为科室提供在线会议服务。2020 年，医脉通已为 81 家医疗企业提供了数字化营销服务，包括 18 家跨国药企。[①]

3. 医保服务数字化

DRGs［Diagnosis Related Groups，（疾病）诊断相关分组］作为医保控费的主要手段，是医保服务数字化的典型代表。实现 DRGs 的核心是对疾病组类别的确定，这需要将临床经验与统计验证相结合，并且需要大量的数据与计算支持，大数据技术和云计算技术可以发挥积极的作用。在技术层面最为核心的是基于分组规则编写的 DRGs 分组器，划分外科、内科、操作部分的 DRGs，以及最终影响临床过程的其他因素，得到成百上千的 DRGs 组。该系统的实现要求对医保端与医院端进行部署并对接，并在此基础上建立如用于分析数据的平台系统。基于 DRGs 系统，可以规范各类疾病治疗的临床路径，控制相应的医疗费用，节约医保支出。

4. 医院管理数字化

医院管理智能化是医院管理数字化的典型代表。医院基于物联网

---

① 相关数据摘自医脉通招股书。

设备采集医院人流、资金流、物资流数据和病人就诊的临床数据，并对这些数据进行结构化处理和运算分析，管理者基于分析后的数据进行决策，可以提高医院管理效率。另外，医院通过建设中心数据集成平台，打通HIS（医院管理信息系统）、CIS（临床信息系统）及其他辅助系统，可以动态监测医院的运营状态，以便管理者实时了解情况。卫宁健康打造的医院智慧医疗数据湖解决方案，囊括了供应链、耗材、医疗废弃物、数据资产、绩效、设备物资、医务、护理、信息安全等多个方面的智慧管理，为6 000多家医疗卫生机构服务，提高了医疗机构的管理效率。

5. 医疗监管数字化

医疗监管智能系统是医疗监管数字化的典型代表，医疗监管智能系统包括医疗服务监管智能系统、药品监管智能系统、公共卫生监管智能系统等多种类别。例如，医疗监管智能系统采集门诊、住院、检验、检查、诊断、手术、收费等数据，经过云计算分析得出医疗效率、医疗质量、医疗运行和医疗安全等指标，监管机构可以据此判断医疗机构的运营绩效。创业慧康基于政府对医疗机构的调控和监管需求，推出了卫生管理决策支持系统，可以从医疗服务、公共卫生、药品使用、医疗保障、卫生资源和计划生育6个方面对医疗机构的运营状况进行实时监管。政府能够依托该监管系统，对医疗机构的业务运行情况进行客观评价，建立科学的公立医疗投入及拨付机制。

6. 区域医疗服务资源数字化

医联体是区域医疗服务资源数字化的典型代表。近年来全国各省、市、县已构建起不同类型的医联体，包括城市医疗集团、县域医疗共同体、专科医联体和远程医疗协作网，以实现医生、医疗设备、医疗服务等资源的共享。例如，借助远程医疗协作网，由公立医院面向基层、边远和欠发达地区提供远程医疗、远程教学、远程培训等服务；利用信息化手段促进资源的纵向流动，提高优质医疗资源可及性和医疗服务整体效率。

医疗新时期：加速数字医疗纵深发展

一、政策助力营造发展环境，数字医疗迎来春风

美国数字医疗起步于 21 世纪初期，2002 年颁布的《在医疗行为中正确使用互联网的标准指南》明确了远程医疗的服务标准规范，后续围绕远程医疗服务、远程医疗报销、医疗软件等问题发布了相关政策。美国的数字医疗政策类型和内容给全球其他国家发展数字医疗提供了借鉴：第一，远程医疗服务需要用高标准进行监管，线上医疗服务应该与线下医疗服务适用同样的标准规范；第二，对从事远程医疗的医疗机构和医生要经过资质审核，明确医疗服务的主体责任；第三，远程医疗服务应该纳入医保支付范畴，对于偏远地区可以适当加大医保支付力度；第四，要评估在数字医疗服务过程中所使用的软件可能存在的风险，考虑是否将其纳入医疗器械进行监管。

欧盟作为由多个欧洲国家组成的联合体，也在积极推动数字医疗建设，于 2011 年发布了《数字医疗行动方案 2012—2020》，详细阐述了欧洲数字医疗建设的路径、内容、时间进程，为欧洲各国建设数字

医疗提供了统一的指导规范。欧盟特别强调医疗数据在数字医疗发展中的作用，要加强电子健康档案和电子病历建设，实现成员国之间电子病历的互通。此外，欧盟还对医疗软件的应用做了规定，要按照医疗器械指令对它们进行管理，并且要保证用户数据的安全（见表5.1）。

中国数字医疗的快速发展离不开政府的高度重视和大力支持，从政策类型看，既有技术层政策，也有应用层政策。技术层政策涵盖了物联网、5G、大数据、云计算、人工智能和区块链等各类数字技术，为数字技术如何在医疗健康领域发挥作用提供了明确的指导意见。《物联网的"十三五"规划（2016—2020年）》提出物联网技术要在药品流通和使用、病患看护、电子病历管理、远程医疗、临床数据等方面加强应用。《工业和信息化部关于推动5G加快发展的通知》提出医疗卫生机构要加快5G网络建设，利用5G网络优势为远程医疗保驾护航。而应用层的政策涵盖了医疗数字化、药械数字化、医保数字化、医院管理数字化、区域医疗数字化等场景，为各类场景的数字化创新提出了发展方向和建设要求。国家卫生健康委员会、国家中医药管理局发布的《关于印发互联网诊疗管理办法（试行）等3个文件的通知》提出各级医疗机构要加快远程医疗服务体系建设。《国务院办公厅关于推进医疗联合体建设和发展的指导意见》提出要加快多形式医联体建设，促进医疗资源共享（见表5.2）。

通过比较中国、美国和欧盟的数字医疗政策，可以发现，虽然中国数字医疗发展起步较晚，但政府对发展数字医疗的支持力度较大，在技术层面和应用层面都出台了一系列政策。因此，在政府的大力支持和推动下，中国数字医疗的发展速度已超过美国和欧洲，成为数字医疗建设的世界范本。

表 5.1 美国、欧盟数字医疗政策

地区	时间	政策	主要内容	信息来源
美国	2002年	《在医疗行为中正确使用互联网的标准指南》	明确医生进行远程医疗必须遵守与面对面诊疗相同的标准规范	https://www.chima.org.cn/Html/News/Articles/4765.html
	2010年	《患者保障和可承受的医疗费法案》	提高了远程医疗的救助和保险补偿水平,将按项目付费的方式转变为按医疗价值付费	https://vcbeat.top/38377
	2011年	新的远程医疗服务规则	简化远程医疗医生的资格审查过程及医院开展远程医疗合作的审核过程	https://vcbeat.top/38377
	2013年	《2013远程医疗现代化法案》	建立一个全国范围的远程医疗定义,为美国各州在制定监管远程医疗的新政策时提供指导	https://www.sohu.com/a/243422563_464498
	2015年	《医疗服务获取及儿童健康保险项目再授权法案》	对远程医疗和远程医疗患者检测使用的因素进行了分析。医院和其他医疗机构可以申请50万美元的津贴,用于医疗设备和科技木援助,为农村地区提供远程医疗服务	https://vcbeat.top/38377
	2017年	《远程医疗的私人和医疗补助支付》	明确了美国各州数字医疗法与 Medicaid 医疗计划(医疗补助计划)的覆盖情况	https://vcbeat.top/MzI4MjI4Y-mU4N2Y3Y2VhYmQ5ZDJkOG-Y1NmEzYzE5Njc=
	2017年	《软件作为医疗设备(SAMD):临床评估》	明确了软件作为医疗设备必须要经过严格的临床评估,界定了医疗器械软件的类型、用途等	https://www.fda.gov/media/100714/download
	2020年	总统签署《2018年互联网医疗特殊注册法案》	要求 DEA(美国缉毒署)限期启动特别注册程序,根据 DEA 的新指令,在美国卫生部宣布新冠肺炎公共卫生紧急状态期间,DEA 注册的医疗从业人员无须进行线下医学检查时就可以使用互联网医疗平台为病人开具管制药品处方	https://m.medsci.cn/article/show_article.do?id=846d195238c9

195

(续表)

地区	时间	政策	主要内容	信息来源
美国	2020年	《COVID-19（新型冠状病毒）的数字健康政策和公共卫生解决方案》	FDA（美国食品药品监管管理局）通过对设备和移动医疗应用的指导，阐明了以风险为基础的管理数字健康产品的方法，充分发挥了数字医疗工具在近期防控疫情期间的作用	https://www.fda.gov/news-events/press-announcements/coronavirus-covid-19-update-daily-roundup-march-26-2020
欧盟	2011年	《数字医疗行动方案2012—2020》	提出了将欧洲作为一个整体建设数字医疗的具体路径、内容体系、时间进程等	《券商研报》——《乘全球医疗信息化之风腾飞》
欧盟	2013年	《延龄桥计划2013—2015》	致力于建立一套信息共享标准，在欧盟和美国之间搭起一座流转患者信息和电子健康记录的标准和方法的桥梁	深圳市标准技术研究院和技术性贸易措施研究所《医疗信息化体系建设和监管准入中的欧盟经验与深圳对策研究》
欧盟	2016年	《独立工作软件资格审查与分类》	详细解释了将移动医疗 App 和其他医疗软件按医疗器械指令进行分类授权与监管的标准和方式	深圳市标准技术研究院和技术性贸易措施研究所《医疗信息化体系建设和监管准入中的欧盟经验与深圳对策研究》
欧盟	2016年	《移动医疗管理准则》	规定了 App 开发者在用户数据收集、使用、传递方面应遵循的守则和监管模式	深圳市标准技术研究院和技术性贸易措施研究所《医疗信息化体系建设和监管准入中的欧盟经验与深圳对策研究》
欧盟	2020年	《欧洲数据战略》	制定医疗部门个人数据处理行为准则，部署数字医疗基础框架，特别是支持 EHR（电子健康档案）的开发及其互操作性；到2020年，使参与 eHealth（电子健康）数字服务基础设施（eHDSI）的会员国之间能够交换患者电子病历摘要和电子处方	欧洲咨询机构 EU-Patient 2020年4月发布的《大数据和人工智能的欧盟政策》

196

表 5.2 中国数字医疗政策

类别	时间	政策	主要内容	信息来源
技术层（物联网）	2017年1月	《物联网的"十三五"规划（2016—2020年）》	推动物联网技术在药品流通和使用、病患看护、电子病历管理等领域中的应用，积极推动远程医疗、临床数据应用示范等医疗应用	http://www.e-gov.org.cn/article-164273.html
技术层（物联网）	2017年6月	《工业和信息化部办公厅关于全面推进移动物联网（NB-IoT）建设发展的通知》	推动 NB-IoT 在个人生活领域的应用，加快 NB-IoT 技术在智能家居、可穿戴设备、儿童及老人照看、宠物追踪等消费电子等产品中的应用	https://www.miit.gov.cn/zwgk/zcwj/wjfb/txy/art/2020/art_2c5c3a0cee9c466eb00bebb3e4f620cf.html
技术层（物联网）	2020年5月	《工业和信息化部办公厅关于深入推进移动物联网全面发展的通知》	推进移动物联网应用发展，深化移动物联网在工业制造、仓储物流、智慧农业、智慧医疗等领域的应用，推动设备联网数据采集、提升生产效率	https://www.miit.gov.cn/jgsj/txs/wjfb/art/2020/art_f0ea6a0156a441e99bf52ae98cd12729.html
技术层（5G）	2020年3月	《工业和信息化部办公厅关于推动5G加快发展的通知》	推动"5G+医疗健康"创新发展。开展5G智慧医疗系统建设，搭建5G智慧医疗示范网和医疗平台，加快5G在疫情预警、院前急救、远程诊疗、智能影像辅助诊断等方面应用推广	https://www.miit.gov.cn/jgsj/txs/wjfb/art/2020/art_72744a8f6ad146b6b6336c0e25c029c6.html
技术层（5G）	2020年11月	《工业和信息化部办公厅 国家卫生健康委办公厅关于进一步加强远程医疗网络能力建设的通知》	面向有条件的地区和应用需求明确的医疗卫生机构，加快推进5G网络建设，充分发挥5G网络低时延、大连接、高带宽的特点，应用5G切片、边缘计算等先进技术，为远程医疗提供更优网络能力	https://www.miit.gov.cn/jgsj/txs/wjfb/art/2020/art_95c73cc313f046298a5f684f71a6a14.html

（续表）

类别	时间	政策	主要内容	信息来源
技术层（大数据）	2016年6月	《国务院办公厅关于促进和规范健康医疗大数据应用发展的指导意见》	健康医疗大数据是国家重要的基础性战略资源，规范和推动健康医疗大数据融合共享、开放应用，将健康医疗大数据应用发展纳入国家大数据战略布局	http://www.gov.cn/zhengce/content/2016-06/24/content_5085091.htm
技术层（大数据）	2018年9月	《关于印发国家健康医疗大数据标准、安全和服务管理办法（试行）的通知》	制定了医疗大数据的标准管理、安全管理、服务管理等三个方面的具体管理办法	http://www.cac.gov.cn/2018-09/15/c_1123432498.htm?from=timeline
技术层（云计算）	2015年1月	《国务院关于促进云计算创新发展培育信息产业新业态的意见》	重点在公共安全、疾病防治、社会保障、交通物流、教育科研、电子商务等领域，开展基于云计算的大数据应用示范	http://www.gov.cn/zhengce/content/2015-01/30/content_9440.htm
技术层（云计算）	2017年4月	工业和信息化部关于印发《云计算发展三年行动计划（2017—2019年）》的通知	加速向云计算转型，丰富完善办公、生产管理、财务管理、营销管理、人力资源管理等企业级SaaS服务	https://www.miit.gov.cn/jgsj/xxjsfzs/wjfb/art/2020/art_c65d033611f145198ae2ff6d3c6a2a2d.html
技术层（人工智能）	2017年12月	工业和信息化部关于印发《促进新一代人工智能产业发展三年行动计划（2018—2020年）》的通知	要重点培育医疗康复机器人、医疗影像辅助诊断系统等人工智能辅助医疗产品	https://www.miit.gov.cn/zwgk/zcwj/wjfb/zh/art/2020/art_de9019156 8e94fb0b358 64d30c67ae9.html
技术层（人工智能）	2017年12月	《人工智能辅助治疗技术临床应用质量控制指标（2017年版）》	从平均手术时间、重大并发症发生率、术中及术后死亡率等方面明确了人工智能辅助治疗技术临床应用质量控制指标	https://www.chima.org.cn/Html/News/Articles/11000187.html

(续表)

类别	时间	政策	主要内容	信息来源
技术层（人工智能）	2021年7月	《国家药监局关于发布人工智能医用软件产品分类界定指导原则的通告》	明确了人工智能医用软件产品管理属性界定、管理类别界定	https://www.nmpa.gov.cn/xxgk/ggtg/qtggtg/20210708111147171.html
应用层	2017年4月	《国务院办公厅关于推进医疗联合体建设和发展的指导意见》	要加快城市医疗集团、县域医疗共同体、跨区域专科联盟、远程医疗协作网等多种形式的医联体组织模式	http://www.gov.cn/zhengce/content/2017-04/26/content_5189071.htm
	2018年4月	《国务院办公厅关于促进"互联网+医疗健康"发展的意见》	要求2020年二级以上医院普遍提供线上服务，三级医院实现院内信息互通共享	http://www.gov.cn/zhengce/content/2018-04/28/content_5286645.htm
	2018年4月	《全国医院信息化建设标准与规范（试行）》	针对二级、三乙和三甲医院，从软硬件建设、安全保障、新兴技术应用等方面对信息化建设的主要内容进行规范	http://www.nhc.gov.cn/guihuaxxs/gongwen12/201804/5711872560ad4866a8f500814dcd7ddd.shtml
	2018年7月	《卫生健康委 中医药局关于印发互联网诊疗管理办法（试行）等3个文件的通知》	《互联网医院管理办法（试行）》《远程医疗服务管理规范（试行）》《互联网诊疗管理办法（试行）》3个文件，明确互联网诊疗、远程医疗的内涵和管理，明确互联网医院的设立、管理、基本标准等	http://www.gov.cn/gongbao/content/2019/content_5358684.htm
	2018年12月	《关于印发电子病历系统应用水平分级评价管理办法（试行）及评价标准（试行）的通知》	二级以上医院要按时参加电子病历系统功能应用水平分级评价，除此前对三级医院的要求外，2020年二级医院也须分别达到分级评价3级以上	http://www.gov.cn/xinwen/2018-12/09/content_5347261.htm

199

（续表）

类别	时间	政策	主要内容	信息来源
应用层	2019年9月	《国家医疗保障局关于完善"互联网+"医疗服务价格和医保支付政策的指导意见》	完善"互联网+"医疗服务的价格和支付政策，就基本原则、主要思路、支付项目管理、价格形成机制、医保支付范围等做出顶层规定	http://www.nhsa.gov.cn/art/2020/11/2/art_37_3801.html
	2019年10月	《关于印发疾病诊断相关分组（DRG）付费国家试点技术规范和分组方案的通知》	整合 BJ-DRG、CR-DRG、CN-DRG、C-DRG 四个主流权威版本分组方案，形成国家医疗保障疾病诊断相关分组（CHS-DRG）方案与付费技术规范，作为试点城市统一的操作指南	http://www.nhsa.gov.cn/art/2019/10/24/art_14_1874.html
	2019年8月	《药品管理法》	规定疫苗、血液制品、麻醉药品、精神药品、医疗用毒性药品等国家实行特殊管理的药品不得在网络上销售，而其他地方药未做规定	http://www.nhc.gov.cn/fzs/s3576/201909/345adc3c39e74a348b45cc29ee87a7c9.shtml
	2020年5月	《国家卫生健康委办公厅关于进一步推动互联网医疗服务发展和规范管理的通知》	进一步推动互联网技术与医疗服务融合发展，发挥互联网医疗服务的积极作用。各地要坚守医疗质量和患者安全底线	http://www.nhc.gov.cn/yzygj/s3594q/202005/fdde84a0c623460c89091d92c57385fe.shtml
	2021年2月	《国家卫生健康委印发电子病历系统研究所关于电子病历系统应用水平分级评价工作规程和专家管理办法的通知》	进一步规范我国电子病历系统应用水平分级评价工作，加快推进各级医疗机构以电子病历为核心的信息化建设	http://www.niha.org.cn/hwaciis/news/publish/sevenlmer?id=1108&title=%E9%80%9A%E7%9F%A5%E5%85%AC%E5%91%8A

二、资本加持催生行业融资潮，独角兽企业涌现

资本是行业发展的加速器，数字医疗领域的投融资热度加快了该行业的发展。2011—2020 年，全球数字医疗领域共发生了 5 829 起融资事件，融资总额累计达到 782 亿美元。其中，中国数字医疗领域发生了 2 363 起融资事件，占到全球融资事件总数的 40.6%。可见，中国已成为全球数字医疗投融资活跃度较高的国家。

国外和国内融资事件数对比的结果显示，2015 年和 2016 年中国融资事件数高于国外融资事件数，特别是 2015 年中国融资事件数比国外多 144 起。2015 年被称为数字医疗发展元年，全球融资事件数同比增长 75.3%，中国融资事件数同比增长 133.3%，中国数字医疗起着引领作用，这主要得益于以互联网医院为代表的医疗数字化服务的迅速发展。根据国家卫健委公布的相关数据，截至 2021 年 3 月 23 日，7 000 多家二级以上公立医院接入了省统筹区域全民健康信息平台，2 200 多家三级公立医院初步实现了院内信息的互通共享，全国已建成超过 1 100 家互联网医院。这意味着自 2014 年我国第一家互联网医院出现至今的 7 年时间里，我国医疗服务数字化建设取得了可喜成就。

在资本带来的数字医疗融资热潮中诞生了一批数字医疗独角兽企业。从数字医疗独角兽企业主营业务的分布来看，医疗服务数字化代表企业有微医、春雨医生、丁香园、好大夫在线、Sharecare（面向 C 端的数字健康管理平台）、Doctolib（在线预约问诊平台）等，它们提供挂号预约、在线问诊、慢病管理、复诊续方服务。医药服务数字化代表企业有泰格医药、思派网络、太美医疗科技、GoodRx（处方药电商平台）、Alto Pharmacy（处方药快递服务公司）等，它们提供智

能医药研发、医药大数据分析、医药电商服务。医保服务数字化代表企业有平安医保科技、奥斯卡健保、Devoted Health（医疗健康保险公司）等，它们提供医保智能控费、医保报销、保险产品定制化设计服务。

三、发展潜力孕育市场蓝海，需求势能刷新中国速度

市场需求规模决定了行业未来的发展潜力。全球知名市场研究机构 Transparency Market Research 公布的数据显示，2020 年全球数字医疗市场规模为 2 969 亿美元，2016—2020 年的年均复合增长率达到 13.4%。从全球各地区数字医疗市场规模分布看，美国占比为 40%，市场规模高达 1 188 亿美元，主要原因是美国数字医疗起步早且数字技术实力强，为数字医疗的发展提供了支撑。

中国进入数字医疗发展元年后，市场需求日益强劲，从 2016 年的 110 亿元人民币增加到 2020 年的 330 亿元人民币，这 5 年的年均复合增长率高达 31.6%，比同期全球的年均复合增长率高出 18 个百分点，未来还将持续保持高速增长态势，预计 2025 年中国数字医疗市场规模将达到 1 360 亿元人民币，充分展现了数字医疗发展的中国速度（见图 5.5）。

中国数字医疗市场规模能够实现快速增长，主要得益于以下四个方面：第一，政府重视数字医疗的发展，积极培育市场消费主体；第二，医疗机构加快数字医疗设施建设，目前我国已经建成 1 100 多家互联网医院，能够为居民提供多元化的数字医疗服务；第三，数字医疗用户数量庞大，2020 年，我国数字医疗用户数量已经突破 8 亿，数字医疗正在被广泛认可和接受；第四，互联网医疗服务被纳入医保

报销范围，国务院办公厅于 2020 年 7 月 21 日发布《关于进一步优化营商环境更好服务市场主体的实施意见》，明确将符合条件的互联网医疗服务纳入医保报销范围，这进一步鼓励了居民使用数字医疗服务。

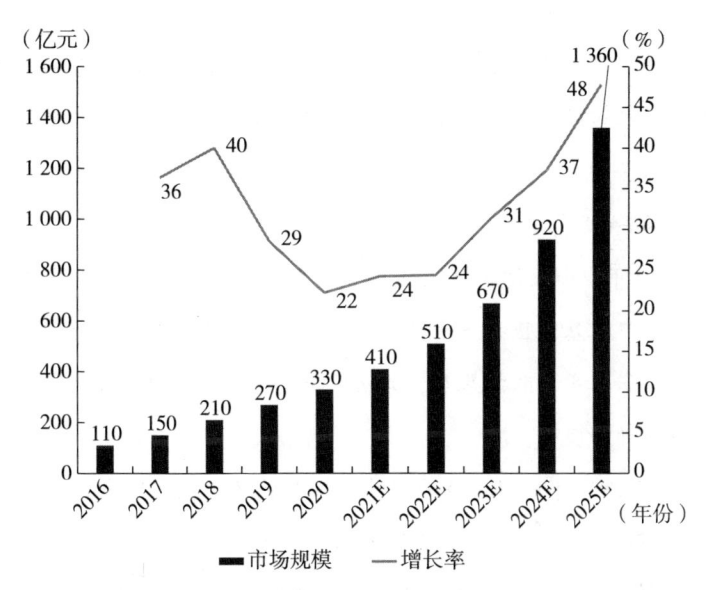

图 5.5 中国数字医疗市场规模变化趋势

数据来源：火石研究院。

医疗新场景：多元应用打造医疗新生态

数字新基建的加速推进和政策制度的配套支持，为智慧医疗的发展打下了坚实基础，同时智慧医疗的价值也需要通过具体的医疗场景来体现。通过大量走访调研，本书选取了互联网医疗、药物研发、影像诊断、医疗服务等智慧医疗领域的头部企业，通过多维度剖析这些企业的技术、产品和服务，进一步阐释智慧医疗的价值。

微医：开创融合式数字医疗服务先河

微医是中国领先的数字医疗服务平台，2010年创立于杭州。2015年，微医创建中国首家互联网医院——乌镇互联网医院，开创了在线预约、远程诊疗、在线处方、药品配送、在线支付等一系列融合式创新医疗服务的先河。

1. "四朵云"重塑健康责任机制

2020年，由天津微医总医院（天津微医互联网医院）牵头、协同全市267家基层医疗卫生机构共同组建天津市基层数字健共体，落地"四朵云"平台赋能基层，为居民提供诊前、诊中、诊后全流程医疗和健康维护服务。

"云管理"平台促进基层数字健共体内各类医疗服务纵向贯通融合；"云服务"平台为居民提供多形式、多层次、多样化中西医结合医疗健康管理服务；"云药房"平台提升基层药品供应保障能力；"云检查"平台推动建立"基层检查、上级诊断"的服务模式，实现检查检验结果互传互认和优质医疗资源共享。

健共体以慢病管理为切入点，探索医保"整体打包付费""按人头打包付费"等支付方式，实现了医保支付方以确定的成本为健康结果买单，推动医疗服务体系从"价差模式"向"效差模式"转变，构建起全新的健康责任机制。

2. 数字健康画像智联"三医"

2020年4月，山东省互联网医保大健康服务平台正式运行。作为平台主要发起方和运营方，平台上线当天，微医在济南开出了国内首张互联网医院医保电子结算单,打通了"三医联动"全流程。

以医保支付为驱动,平台构建起了"互联网+医保+医疗+医药"综合医疗保障服务体系,并率先在济南进行医保支付改革、医保智能监管、医保便民惠民等尝试和探索。

基于一系列探索,平台逐步形成医保统筹区的参保人全生命周期数字健康画像,一方面,帮助医生更好地开展诊疗活动,制定更具针对性的健康干预策略;另一方面,帮助患者全面了解自身健康状况,开展有效的自我健康管理;同时,数字健康画像还有效地解决了商业健康险面临的投保人健康数据缺失、投后健康管理不足等问题,提升了商保渗透率,形成了医保商保一体化的医疗保障格局。

3. 流动医院赋能基层医疗

2017年,微医依托互联网医院平台和资源,助力河南郏县构建县、乡、村三级医疗机构智能分级诊疗体系。微医自主研发的"流动医院",以"车、包、站"(云巡诊车、云巡诊包、医卫工作站)的组合形式,赋能基层医疗机构,为基层群众提供家医签约和医疗健康服务。

一辆云巡诊车可协助完成七大类53小项检查检验项目,提供百种疾病的标准化诊疗方案,相当于将一家二级医院搬到了老百姓家门口,使"村头接诊,云端看病"成为现实。截至2020年底,微医流动医院服务已覆盖12个省份69个县的2 800万人口,为更多偏远地区打通医疗服务"最后一公里"。

泰格医药:临床试验数字化助力药物研发标准化、精准化和高效化

泰格医药是行业领先的一体化生物医药研发服务平台,为全球制药和医疗器械行业提供跨越全周期的临床研究创新解决方案。自成立以来,公司已与超过1 200家中国临床试验机构合作,建立了广泛的临床试验机构网络和临床合同研究机构专业团队，也是中国临床合作研究机构中进行全球扩张的先行者。截至2021年8月，泰格医药在全球布局170多个办事处和研发基地，拥有一支超过8 000人的专业团队，覆盖五大洲的46个国家。

在数字化技术赋能的情况下，数字化的临床研究管理平台将连接发起者、临床研究机构、医生和受试者，在保证非公开信息安全的前提下，实现信息的互联互通；远程随访搭建起医患沟通的新桥梁，有效提高患者在参与临床研究过程中的依从性；智能化的数据分析方式大幅降低了大规模的患者数据处理难度，使从真实世界数据中挖掘新的临床证据不再遥不可及。全面的数字化转型将助力药物研发的标准化、精准化和高效化，助力中国医药产业迈上新的台阶。

泰格医药是中国临床合同研究机构中最早提供若干临床试验相关服务（如药物警戒、医学影像及电子数据采集系统）的机构之一。泰格医药组建了跨部门的RBQM（基于风险的质量管理）研发项目团队，作为公司数字化战略中的重大创新专项，自主开发了适用于中国和国际多区域临床试验的RBQM解决方案和配套系统。该系统目前主要包含关键风险因子监控、医学审核平台、受试者资料可视化平台三大模块，丰富且专业的数据分析和数据可视化模块能够让项目经理、临床监察员快速有效地识别数据风险与问题。同时，系统还可以根据项目需求，个性化制定适配的关键风险因子与医学审核分析，具有与国际接轨的风险指标，可进行实时分析，可对接不同的EDC/CTMS（临床试验电子数据采集系统/临床试验电子化管理系统），实现数据可视化，可定制与医学监察、统计分析相关的报表等优势。

第五章　数智融合构筑智慧医疗新底座，打造健康中国

联影医疗：打造世界智能影像设备

联影医疗成立于2011年3月，在国家相关政策的大力支持和推动下，以创新突围，致力于为全球用户提供覆盖预防、诊断、治疗、康复全流程的创新解决方案，打造全智能医疗健康生态。

1. 打造世界级转化医学创新平台，提供从科研到临床的一体化解决方案

为推动科研创新，联影医疗打造世界级转化医学创新平台，推出无缝联动基础研究、临床科研、前瞻科研、产业转化的全套科研大设施。例如，针对临床前生命科学研究，推出中国首台9.4T超高场磁共振，为小型动物模型的神经科学、病理学、药理学研究提供了有力的技术支撑。

2020年，联影医疗、张江实验室脑与智能科技研究院牵头，联合上海交通大学、复旦大学附属华山医院、复旦大学附属中山医院、浙江大学医学院附属第二医院，共同打造"中国人脑图谱研究科创平台"，是国产科研型影像设备及技术首次应用于脑科学前沿重大科研领域。

2. 打破技术封锁，产品性能比肩国际

迄今，联影医疗已实现全线高性能医学影像、放疗产品核心部件及整机的自主研发与制造，向市场推出100多款掌握完全自主知识产权的产品，包括Total-body PET-CT、"时空一体"超清TOF PET/MR、3.0T探索磁共振、320排640层超高端CT、一体化CT-linac等一批世界首创和中国首创产品，整体性能指标达到国际一流水平，部分产品和技术实现世界范围内的引领。

其中，联影医疗推出的世界首台Total-body PET-CT uEXPLORER探索者让人类有史以来第一次用肉眼观测到药物在全身流动、扩散及

代谢的全过程，为癌症精准诊疗、脑科学研究、新药开发开启无限可能，被誉为探测人体的"哈勃望远镜"。英国物理学会《物理世界》杂志将其评为"2018年十大科学突破之一"。

10年来，联影医疗始终坚持自主创新，在核心技术领域不断突破，推出一系列超高端产品，满足临床与科研需求。同时，积极集结产学研医多方力量，营造深度协同、共生共赢的创新生态，以更大的创新能级推动中国医疗设备行业迈入世界级创新产业链、价值链。

丁香园：服务医众两端的数字医疗健康科技平台

丁香园是中国领先的数字医疗健康科技企业，通过专业权威的内容分享互动、丰富全面的医疗数据积累、高质量的数字医疗服务，连接医生、科研人士、患者、医院、生物医药企业和保险企业。

1. 数字技术搭建线上专业平台，助力中国医生成长

由于医疗服务不是实体商品，资源短缺情况并不能在短期内得到解决，而只能依赖于供给效率的提升。于是从2000年创立之初，丁香园的定位便是助力中国医生成长。从医生的专业需求出发，丁香园不断满足医生学术交流、继续教育、用药指导、职业发展等多种专业需求，并衍生出用药助手、丁香人才、丁香公开课等越来越丰富的内容。

同时，由于丁香园也聚焦大众及患者领域，医生在丁香园不仅可以通过在线接诊获得回报，还可以通过更多方式获得"阳光收入"。例如，医生参与科普内容的产出或审核、课程设计研发、健康消费品的研发等获得收入。

2. 聚焦大众患者需求，解决院外健康困扰

聚焦院外，面向大众，做健康生活方式的向导。丁香园不仅通过互联网医院提供在线问诊服务，还针对大众生活中的高频健康问题

提供解决方案。2014年以来，丁香园开始提供专业可靠的健康科普、知识服务、内容电商、轻量问诊、线下健康管理等服务，患者求医问药的真实需求开始在平台上得以满足。

患者端的系列组合拳产品体系成功地将丁香园的专业影响力从医学行业带出圈，影响到众多消费者，为患者解决院外健康困扰提供了不错的数字化解决方案。

3.联动医药各方，构建医药数字化新生态

在B端，丁香园强化与企业的协同，和医生一起发挥专业优势，共同为大众和患者提供专业可信的解决方案。以与药企的合作为例，丁香园协同药企的专业力量，共同服务于医生、大众及患者。在健康消费品领域，丁香园已与企业探索出高度协同模式，携手专业医生参与到企业的产品设计研发中。

丁香园的数字化实践准确地把握了我国医疗产业数字化转型的时代契机，通过连接医疗各方，为构建数字化医药新生态不断助力。公司成立21年来，服务上亿大众用户，并拥有550万专业用户，其中包含210万医生用户，占国内医生总数的71%。

医疗新使命：数字医疗让生活更美好

一、全民全方位健康服务，让医疗更加以人为本

1. 医疗创新增强数字医疗普惠性

数字医疗降低了医疗服务价格，根据调研访谈，数字化药械研发

可以降低20%~30%的研发成本，数字化供应链可以降低30%~40%的流通成本，数字化医院管理可以降低40%~50%的运营成本，医疗成本的降低又推动着医疗服务价格的降低。数字医疗打破医疗服务地域限制，借助远程医疗系统，使中西部偏远地区的居民可以线上问诊东部三甲医院专家，让其为自己提供重病诊治服务。配备数字化检查检验设备的移动体检车定期到农村地区为居民提供健康体检和疾病诊治服务，通过移动设备实时查看居民健康档案，指导居民做好健康管理。数字医疗扩大药械覆盖范围，缺医少药一直是偏远地区在医疗方面的一大短板，医药电商平台和供应链系统可以将缺少的药械配送到点，及时弥补因药械缺失而延误的疾病治疗。数字医疗加快了医疗物资的运转速度，可以通过大数据和计算技术实时监测各区域、各机构医疗物资的使用和库存情况，动态调配物资，确保医疗机构的正常运转。

2. 打造全方位医疗健康服务生态

以智能手环、智能手表为代表的可穿戴设备可以全天候为居民提供心率、血压、血糖等体征方面的监测，当体征数值出现异常波动时会自动报警，居民可以及时就诊。以AI医学影像为代表的疾病筛查，大幅提高了疾病诊断，特别是肿瘤诊断的准确率，减少了疾病误诊情况的发生。以手术机器人为代表的辅助治疗，能够替代医生的部分手术工作，降低人为因素带来的操作风险，提高手术成功率。以数字化康复系统为代表的智能康复，能够持续跟踪患者康复过程的身体状态变化，康复医生可以为患者提供远程康复指导，巩固康复效果。将数字技术应用到医疗健康的所有环节，促进每个环节朝着智能化、个性化、精准化发展，使医生在决策时降低对以往经验的依赖，而基于对大量患者数据的科学分析，进而使得数字医疗更加人性化。

数字科技赋能医疗健康，优质医疗资源不再局限于为某个区域的居民服务，而是辐射全国更多区域，为更多居民带来福祉。同时，医疗也不再只停留在疾病治疗环节，而是前置到健康监测和疾病早筛，防"病"于未然，减轻居民的医疗费用负担。因此，数字医疗是以人为本的医疗。

二、全域式医疗创新探索，谱写数字医疗中国范本

1. 医疗服务内容创新

医疗服务内容创新要沿着"医疗数字化创新—药械数字化创新—医保数字化创新"方向拓展。医疗数字化创新主要集中在肿瘤早筛、影像筛查、辅助诊断等方面。未来将进一步提升辅助筛查和辅助诊断准确率，同时加强数字技术在疾病治疗环节的应用创新，如手术机器人、器官移植等，提高疑难手术的成功率。

药械数字化创新主要围绕药械研发和营销进行，以解决研发周期长、营销成本高等问题。未来将加强生物医药研发、临床试验的数字化创新，让更多种类的新药上市，以满足患者的用药需求。同时，数字技术改造药械生产工艺，可以提高生产工艺水平，降低残次品率。

医保数字化创新，主要围绕医保控费和报销便捷化进行，解决医保资金紧张、医保报销程序烦琐问题。未来随着DRGs在全国医疗机构的落地实施，将进一步减少医保资金的不合理支出，提高医保资金使用效率。

2. 医疗服务主体创新

医疗服务主体创新要沿着"单个服务主体数字化创新—同类服务主体群数字化创新—多类服务主体群数字化协同创新"方向拓展。单个服务主体数字化创新，主要发生在单个医疗服务机构（如医院、门诊部/卫生院、诊所/卫生室）、药械服务主体（研发企业、生产企业、流通企业）和医保服务主体（如各地医保机构、商保企业）。单个主体利用数字技术改变现有的工作流程，让部分流程智能化，提高服务质量或服务效率。

同类服务主体群数字化创新，主要发生在医疗服务主体、药械服务主体、医保服务主体等具有同类属性的机构群。它们利用数字技术实现资源共享，提高了合作频率与合作强度，增强了群体内机构整体的服务能力。

多类服务主体群数字化协同创新，主要发生在不同类别的主体群之间。例如，两种主体群的协同创新，如医疗与药械协同创新，当出现目前的药品无法实现治疗的新疾病时，将医疗机构的患者诊疗数据提供给药企，企业可以针对这些数据进行新药研发，匹配疾病治疗需求。三种主体群（医疗、药械、医保）的协同创新，基于大数据和云计算技术，打通医疗机构的运营数据、药械企业的经营数据、医保机构的开支数据之间的障碍，动态调整医疗服务价格、药械集采价格，既保证了疾病治疗的药械供应，又提高了医保资金的使用率。

因此，数字技术对医疗的创新，带来了医疗服务、药械服务、医保服务的数字化升级，构建"医、药、械、保"的服务体系。而且，数字技术将单个医疗服务主体创新、医疗服务群体内部创新和医疗服务群体外部协同创新连接起来，打造了一个全域式的医疗服务系统网络（见图5.6）。

```
              单个医疗服务主体内部创新
                    ┌─────────┐
                    │  医院   │
                    │门诊部/卫生院│
                    │诊所/卫生室│
                    └─────────┘
                         ↑
                    不同类别服务
                    主体之间协同创新
      ┌─────────┐                    ┌─────────┐
      │ 研发企业│ ←────────────────→ │ 医保机构│
      │ 生产企业│                    │ 商保企业│
      │ 流通企业│                    └─────────┘
      └─────────┘
     药械服务主体内部创新           医保服务主体内部创新
```

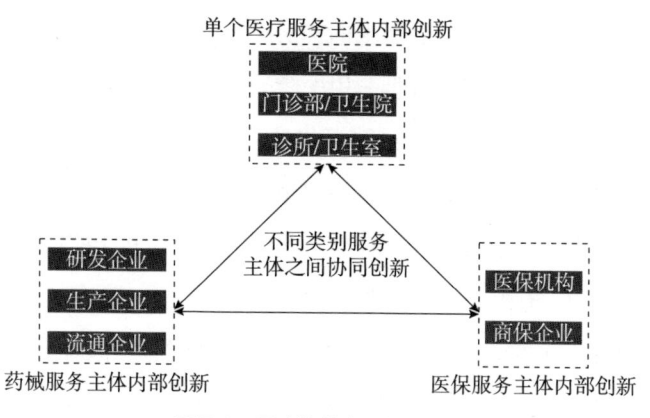

图 5.6　医疗的数字化创新路径

三、系统化改革加速科技创新，开辟数字医疗新蓝图

1. 完善数字医疗新基建

单项数字技术对医疗健康的改变力量有限，数字技术在医疗服务、药械服务、医保服务等方面发挥的作用尚小，必须对多项数字技术进行有机融合，才能为医疗健康构造坚实的技术底座。

云计算、大数据、人工智能的相互融合。大数据将电子病历、检查检验、临床诊断等数据进行标准化处理，上传至云平台，云平台可以根据授权在云中存储和计算数据，人工智能影像系统和临床辅助决策系统实时调用云端数据，提高筛查和诊断的准确率，更好地协助医生开展疾病诊断工作。

5G、云计算、人工智能的相互融合。5G 的优势在于加速单位时间内人工智能可分析的数据量，云的作用在于帮助人工智能突破单一设备的限制，通过设备上云的方式可以让其连接更多终端。这在诸多医联体内发挥了积极作用，尤其是新冠肺炎疫情时期，基于医联体的远程 CT（电子计算机断层扫描）辅助诊断。通过这一方式，患者无须往返于大医院，仅在符合要求的基层医联体机构便可完成检查与诊断。这将有效分诊患者，降低三甲医院的工作负荷，降低患者往返医院时发生感染的概率，患者通过手机便可接收影像诊断等相关信息，这将有效推进我国主动预防型公共卫生防控体系的建设。

物联网与人工智能的相互融合。物联网的价值在于能够将医疗数据的收集从单一有限的医院延伸至居家、健身、旅行等每一个场景。对于医院而言，这些冗杂、琐碎的数据没有太大的价值，但对于特定的健康管理企业而言，经过"清洗"的数据能够与患者的健康状况挂钩，并可基于此帮助患者进行疾病监控。人工智能的介入可以帮助企业根据患者的身体情况完成模型的自适应，有效提高对多模态数据的分析能力，进而提升相关应用分析的准确率，同时降低单个用户的服务成本。

2. 制定数字医疗新标准

美国、欧盟、日本等国家和地区高度重视数字技术应用标准化工作，均已进行围绕核心技术、主要产品、设施建设的标准进行部署。虽然我国政府和相关机构相继发布了一些与数字技术相关的指导政策和战略规划，但是现阶段我国数字技术在医疗健康领域的标准差异较大，顶层设计与复杂现状难以匹配。大多数医疗机构在进行医疗信息化建设、应用人工智能产品方面还比较谨慎，究其原因，主要是缺乏相关的标准作为参考。因此，为了更好地推进数字医疗建设，必须完善相关的技术标准、产品标准和建设标准。

技术标准是为了明确在医疗健康领域应用各类数字技术所要达到的要求，以便更好地规范技术的应用方式和应用场景。例如，国家卫生健康委员会于2017年12月13日印发的《医院信息化建设应用技术指引（2017年版试行）》，明确了云计算、大数据、物联网、人工智能四类技术在就诊、检查、治疗、康复等院内医疗服务中的具体应用要求。未来，国家应该出台更多的数字技术应用指导政策，涵盖医疗服务、药械服务、医保服务、医院管理、医疗监管、区域医疗共享等方面，推动数字技术在各个领域的广泛应用。

产品标准是为了明确依托数字技术的药品或医疗设备需要具备的属性，以便更好地保证医疗产品的使用安全。例如，国家药监局于2021年7月1日印发的《人工智能医用软件产品分类界定指导原则》，明确了人工智能医用软件管理类别界定，结合产品的预期用途、算法成熟度等因素，综合判定是按照二类医疗器械还是三类医疗器械进行监管。未来，在借鉴人工智能医疗产品标准的基础上，国家应该出台依托云计算、物联网等技术的医疗产品标准，让更多优质安全的数字化产品应用到疾病治疗中。

设立标准是为了明确作为医疗健康底层技术支撑的数字技术建设要求，以便更高效地支持医疗创新变革。例如，国家医政医管局于2018年8月22日印发的《关于进一步推进以电子病历为核心的医疗机构信息化建设工作的通知》，要求到2019年，辖区内所有三级医院要达到电子病历应用水平分级评价在3级以上，即实现在医院内不同部门间进行数据交换；到2020年，要达到分级评价在4级以上，即实现全院信息共享，并具备医疗决策支持功能。未来，国家应该出台医学检验室、ICU（重症监护治疗病房）、手术室等数字化建设标准政策，全面推动医疗服务科室的数字化升级。

3. 构建数字医疗新支付

数字医疗创新了医疗的服务模式、供给途径，作为医疗新物种，目前的医疗支付体系并不能较好地与之匹配。因此，在医疗支付端也需要进行制度创新,以便更好地满足数字医疗发展要求。

构建数字医疗服务价格体系。目前,医疗服务价格主要以《全国医疗服务价格项目规范(2012年版)》为基础,具体包括综合医疗服务、病理学诊断、实验室诊断、影像学诊断、临床诊断、临床手术治疗、临床非手术治疗、临床物理治疗、康复医疗、辅助操作和中医医疗服务等11项内容。由于当时数字技术在医疗健康领域的应用较少,医疗服务价格没有考虑数字医疗服务类别。但是,随着数字技术应用到越来越多的医疗健康服务场景中,建立数字医疗服务价格体系势在必行。2020年4月,国家卫生健康委员会财务司启动了"医疗服务价格政策研究"项目,旨在现有医疗服务价格体系基础上,制定新版《全国医疗服务价格项目技术规范》,尝试将医疗人工智能产品纳入医疗服务收费目录。其实早在进行这次政策研究之前,已有部分省市医院为医疗人工智能产品设置了服务价格,浙江大学医学院附属邵逸夫医院率先就人工智能相关产品开放收费目录,文件中标明"(特需)人工智能辅助多学科疑难病联合诊治,6 500元/次"。山东、辽宁等省份紧随其后,也将部分人工智能服务纳入收费目录。

构建数字医疗服务医保支付体系。既然数字医疗是医疗服务的重要组成部分,那么,数字医疗服务也应该纳入医保支付范畴。国家及各统筹地区在制定医疗服务报销目录时,应该结合数字医疗服务的具体应用情况,设定相应的报销种类和报销比例。例如,应用较为成熟的人工智能影像筛查服务,对于那些获得医疗器械认证并在医院大范围使用的产品,可以考虑逐步在全国范围内纳入收费目录,进行统一定价,并与国家医疗保障局共同规划将其纳入医保体系。在制定数字医疗医保支付体系时需要考量以下三点:其一,要规范隶属医保范围的服务项目标准,只有符合标准的数字医疗服务才能被纳入医保报销范围；其二，要界定数字医疗医保的受益人群，在医保控费前提下尽可能扩大低收入人群比例；其三，要明确数字医疗医保报销比例，根据不同类别的数字医疗服务、不同等级的医疗机构设置不同的报销比例，并向基层医疗机构倾斜。

健康中国旨在全面建立优质高效的整合型医疗卫生服务体系，减轻疾病危害，提高人均预期寿命。数字医疗通过构建多层次、全方位的医疗服务体系，从疾病治疗拓展到健康管理，致力于让医疗更高质、更普惠、更便捷。数字医疗以数智融合为底座，有利于加快推动我国医疗卫生事业改革，尽早实现"健康中国2030"战略目标。

石安杰

动脉网产业研究部负责人

第六章

中国城市转型核心动能：
"新基建"数字革命与都市圈一体化

改革开放 40 多年来，我国的经济建设取得了前所未有的成就，城市作为经济发展与社会生活的重要载体，与经济发展相辅相成。城市为经济发展提供沃土，经济发展为城市带来活力。根据第七次全国人口普查数据，截至 2020 年末，我国人口总量达 14.12 亿，其中城镇常住人口高达 9.02 亿，城镇化率高达 63.89%。与此同时，全国城市和建制镇数量也分别从 1949 年末的 132 个、约 2 000 个增长到 2019 年的 684 个、逾 2.1 万个，随着交通设施、住房条件、公共服务的不断改善，我国已进入以城市群为主体的社会发展新阶段。[①]

经济发展一直与城市建设交相呼应，相辅相成。我们可以很清晰地看到，1978 年至今，我国各大中城市建设取得了傲人的成果。北京、上海、广州、深圳等国际型超大城市发展迅猛、脱颖而出，一跃成为全球一流大都市。这些城市正在比肩纽约、伦敦、东京，深度参与国际交流和世界经济的发展。与此同时，近 20 年来，杭州、成都、

---

① 国家统计局. 第七次全国人口普查公报（第八号）. http://www.stats.gov.cn/ztjc/zdtjgz/zgrkpc/dqcrkpc/ggl/202105/t20210519_1817701.html.

第六章　中国城市转型核心动能："新基建"数字革命与都市圈一体化

南京等新一线城市发展势头迅猛，成为我国"双循环"新经济格局下的发展新动能。

在快速发展的同时，高速的城镇化进程也为各大中城市的发展带来了不少新问题：城市发展马太效应明显、大城市人口与交通负担过重、老城市新动能不足等大城市病层出不穷。

"后城镇化"时代中国城市发展的动能在何处？发展的抓手在哪里？各大中城市如何突围？新基建和都市圈两大抓手将是城市发展的核心驱动力，是未来中国城市发展的全新模式。新基建和都市圈这两者相互作用，以数字化作为手段来驱动城市发展，将会成为城市发展的新样板。在这两者的融合之中，有产业的数字化升级，也有商业模式的数字化升级，更有城市基础设施的数字化升级。在未来，我们很可能会发力于新基建，以数字化驱动城市，以都市圈为单位，实现城市的转型升级。

从"China Made"到"China Built"，数字化时代全面开启

一、新基建打造中国经济新增量

"新基建"这一概念由来已久。早在1993年，美国就已经开始推行在如今看来意义深远、效果卓著的"国家信息基础设施工程计划"，该计划的核心在于通过投资2 000亿~4 000亿美元，最终达成"使美国再度繁荣，建设21世纪的'道路'，使美国人得到就业机会，使美

国经济高速增长"的目标。根据2013年的统计数据，信息服务业在美国所创造的价值，已远超美国汽车工业百年发展所创造的价值，令美国企业的劳动生产率普遍提高了20%~40%。更重要的是，"国家信息基础设施工程计划"极大地推动了信息制造业、信息服务业在美国的发展，从而为美国长期提供大量的高收入就业机会，让美国的科技和经济持续保持繁荣与领先地位。

在美国开展数字信息高速建设30多年后，我们的新基建才开始发力。2020年是中国"新基建"的元年。2020年5月22日，李克强总理在作政府工作报告时提出，要重点支持"两新一重"，即新型基础设施建设，新型城镇化建设，交通、水利等重大工程的建设。① 在当前国内国际双循环格局下，新基建作为引领经济转型升级的重要动力和新一代中国版信息高速公路的重要引擎，对国家经济和科技产业的重要性和长期价值不言而喻。

新基建究竟新在哪里？新基建的"新"是相对于传统基建的，其与铁路、公路、轨道交通等"铁公基"是有区别的。从定义上看，新基建包括信息基础设施（卫星、移动通信等网络设备设施）、融合基础设施（在同一基本平台上提供不同类型通信服务的平台）、创新基础设施（支持科学创新研究的基础设施，如大型实验器材等）（见图6.1）。传统基建相对经济而言，其"托底"和"保障性"意味更重，而新基建则与我国产业整体升级密不可分。具体来说，新基建的"新"体现在三个方面——新技术、新场景、新动能。

新技术——以5G网络技术为例。众所周知，5G的传输速率是

---

① 中国政府网. 政府工作报告. http://www.gov.cn/gongbao/content/2020/content_5517495.htm.

第六章 中国城市转型核心动能:"新基建"数字革命与都市圈一体化

4G 的数十倍,5G 能够以高速度、低时延传输更大规模的数据,连接更大规模的设备。作为数字经济的重要引擎,是发展人工智能、工业互联网、在线经济等新产业的重要支撑。新场景——传统产业数字化需要有相应的基础设施。以交通行业为例,2020 年,我国高速公路新增了 8 000 多千米,新建公路的路况、信号、通信等要有更高的技术标准,就要引入智能网联功能。因此传统公路就被赋予了新的使用场景。新基建也将为经济的发展赋予新动能。根据估算,2020—2025 年,我国新基建能带动投资 11 万亿元,平均增速为 10%。[1] 符合产业转型升级和高质量发展方向的新一代信息技术及其应用,将会成为未来经济的主要增长点。未来 10 年,以新基建为基础的数字经济将是中国进行赶超的绝佳武器,也是未来经济发展的新动能。

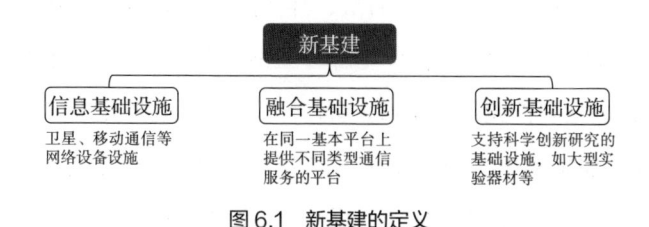

```
                    新基建
          ┌───────────┼───────────┐
    信息基础设施    融合基础设施    创新基础设施
    卫星、移动通信等  在同一基本平台上  支持科学创新研究的
    网络设备设施    提供不同类型通信  基础设施,如大型实
                  服务的平台       验器材
```

图 6.1 新基建的定义

资料来源:如是金融研究院整理。

二、数字化建设将成为中国特色发展路径

综观全球局势,中美之间正在进行重要的结构调整。中国经济在 2003—2008 年实现了快速增长,当时我国正在经历一轮"重工业化"产业升级,修路、架桥、盖房子等传统基建产业发展迅速。与此

---

[1] 如是金融研究院.我们盘了 500 家新基建企业,最核心的干货都在这里了!.

221

同时，美国在过去40多年忙于战争与反恐，与中国的"埋头谋发展"形成了对比。然而这一切的旧逻辑都将在未来发生变化。未来10年，将会是中美交换发展战略的10年：美国大兴基建，中国发力科技，中美互相借鉴。

一方面，如今的美国已经迈出了万亿元基建的第一步。美国总统拜登深谙基建投资发力提振经济的必要性和重要性。2021年拜登政府正式上台，在从竞选到执政的过程中，拜登一直旗帜鲜明地将"超级基建"作为政治主张，力推"超级基建计划"。2021年3月31日，拜登上任不到100天就宣布了高达2.3万亿美元的重大基础建设计划，该计划分8年实施，主要用于道路、桥梁、公共交通、电动汽车充电站、下水道、电网等基础设施的改造和升级，也被称为"一代人仅能看到一次的投资"。2021年5月底，拜登提交了任内的首份财政预算，单2022年就高达6万亿美元，创下了二战结束以来的最高水平，主要用于提振基建和扩大社会保障。而且拜登规划的远不止未来一年，而是10年，要求到2031年将预算总支出增加至8.2万亿美元，加大对教育、交通、气候变化问题、饮用水管道建设、宽带互联网、电动汽车与充电站、先进制造等项目的资金支持。

另一方面，中国的科学技术发展将在未来10年完成"惊险一跃"。我们一直奉行"科技强则国家强，科技兴则国家兴"的理念。秉承"科学技术是推动经济和社会发展的强大杠杆"这一思路，党的十八大强调"科技创新是提高社会生产力和综合国力的战略支撑"；党的十九大更是提出"创新是引领发展的第一动力，是建设现代化经济体系的战略支撑"。党的十九届五中全会与"十四五"规划中也均涉及科技"自立自强"在国家发展中的战略支撑作用。我们必须看到，发展科学技术是在国际形势不确定、不稳定因素增大背景下的重

第六章 中国城市转型核心动能："新基建"数字革命与都市圈一体化

大战略抉择，科技事业发展在很大程度上决定了中国企业能否在激烈的国际竞争中脱颖而出、占据优势。面对当下中美、中欧技术"脱钩"的风险，我国正在通过推进长期扎实的基础研究工作，从科学研究的体制、激励机制、技术和资本的结合、产权保护等方面实现科技突围。科学理论发展推动了技术变迁，技术变迁推动了产业升级或产业变迁，而产业变迁最后以产品或服务的形式呈现出来，进而深刻影响和改变人们的生活方式，实现消费升级。中国未来经济的发展潜力正蕴藏于科技创新驱动所带来的新动能之中。

科技与基建的交集就是以数字化基建为代表的新基建。中美两国发展方式的结构性调整，将会在未来相当长的时间决定两个国家经济发展方式的分化，导致两国经济运行的特征产生差异。大兴基建将会是美国未来10年的主要经济动能。而在保持"老基建"基本盘的同时，大力发展科学技术，解决"卡脖子"问题将会是中国的重要任务。从长远视角看，中国将在未来10年完成基础设施的数字化革命，"新基建"作为引领经济转型升级的重要动力和新一代中国版"信息高速公路"的重要引擎，对国家经济和科技产业的重要性和长期价值不言而喻（见图6.2）。

图6.2 新基建是中国版"信息高速公路"的重要引擎

资料来源：如是金融研究院整理。

三、从"China Made"到"China Built",数字化重新定义基建

新基建的推动主体是新产业、新赛道、新企业。未来10年,中国要实现赶超,当然离不开以"China Built"为代表的中国新基建企业的助力。1993年,美国的"国家信息基础设施工程计划"不仅让IBM、惠普、英特尔、微软、甲骨文、德州仪器、思科等美国老牌ICT企业焕发了新的生机,而且增强了美国半导体材料、芯片、计算机系统、通信设备等IT基础架构的全面领先能力,更是直接刺激并催生了雅虎、谷歌、亚马逊、eBay(易趣)、PayPal(贝宝)、Mirabilis Design(硅谷软件公司)等明星企业,这也间接催生了中国的新浪、百度、阿里巴巴和腾讯等一批当下的互联网巨头。更为深远的意义是,当互联网基础设施得到全面普及后,随着第一代PC互联网原住民的成长,硅谷还陆续诞生了脸书、推特、YouTube(优兔)、WhatsApp(瓦次普)和Instagram(照片墙)等企业,并让抓住移动互联网时代契机推出了iPhone的苹果公司,一举成为10多年来全球最具价值的科技企业。

因此这场没有硝烟的新基建数字革命,必然会为我国一众互联网与科技类企业带来全新的生命力。这些新企业必将孕育新场景,带来新产业,带动经济产生全新的增长极。无论是华为这样近乎全能的英雄企业,还是"赛道升维"的老牌强者,或是已经在单一赛道上取得优势地位的隐形冠军,都将成为数字革命道路上的领军者。在之前的研究中,我们将中国的新基建优质企业分为综合巨头、老牌强者、垂直新锐三种类型。[①] 第一类是以华为、阿里巴巴、腾讯为代表的实力

[①] 如是金融研究院,我们盘了500家新基建企业,最核心的干货都在这里了!。

第六章　中国城市转型核心动能："新基建"数字革命与都市圈一体化

雄厚的综合巨头。它们掌握最先进的技术和资源，全面布局5G、云计算、人工智能、大数据等新基建核心领域，并有着丰富的应用场景，能够充分发挥先发优势。第二类是以京东方、紫光股份为代表的"赛道升维"的老牌强者。它们基于比较深的"护城河"，持续深耕核心技术创新，不断提升自主创新能力，会因新基建技术的加持而出现"赛道升维"，在新的赛道上实现新的跨越式发展。第三类是以宁德时代、科大讯飞、汇川技术、四维图新等为代表的，快速抢跑的垂直新锐。这些企业从新基建的关键细分领域快速切入，在做大做强后积极向产业链上下游延伸，不断丰富内涵，绽放新光彩。上述10家核心代表企业的英文名称首字母共同组成"China Built"，代表推动新基建落地的企业中坚力量（见图6.3）。

图 6.3　"China Built"助推中国基建升级

资料来源：Wind，如是金融研究院整理。

三类公司都在以自己的技术、规模，从多个方面影响着各地区的经济发展。一方面，一家优质的新基建龙头企业对当地的区域产业结构升级产生了巨大的正面影响；另一方面，新基建龙头企业对一座城市的人才引流起到了不可或缺的作用。人口与经济向来是相辅相成，互为因果的。经济活动的本质是人的活动，因此我们常说人口的流动是经济发展的晴雨表。如今各地"抢人大战"已经进入白热化阶段，而优质的产业与优质的龙头企业正是抢夺人才的重要砝码。以新基建的典型代表——动力电池与储能龙头企业宁德时代为例，宁德时代为宁德市带来了数以万计的高端就业岗位，带来了远超一座三线城市的先进基础设施建设，例如实验基地等创新基础设施。

从"城镇化"到"都市圈"，区域发展迎来新增长格局

根据《中国城市群地图集》统计的数据，2016年底，中国城市群以占全国29.12%的面积，集聚了全国75.19%的总人口，创造了全国80.05%的经济总量。可以看出，中国的各大中城市一直是我国经济发展的核心动力之一。但与此同时，城市化扩张发展到了一定阶段，面临规模限制的超大城市不可避免地出现了人口和产业的溢出问题。在这一背景下，围绕超大城市组建的城市群将成为经济发展的必然趋势。

第六章 中国城市转型核心动能:"新基建"数字革命与都市圈一体化

一、世界各国大型城市人口分布模式拥抱都市圈新时代

2020年11月,《求是》杂志发表文章《国家中长期经济社会发展战略若干重大问题》,明确指出"城市单体规模不能无限扩张"。当前我国一线与新一线超大城市和特大城市人口密度总体偏高的问题一直难以得到解决。从长期视角看,我国各大中城市要根据实际情况,合理控制人口密度,大城市人口密度要有明确的控制标准。如今城镇化进程快速推进,不少"大城市病"应运而生,因此如何解决各大中城市的"大城市病"、如何带动中小城市发展、如何尽可能消除城市发展之间的马太效应,就成了经济发展过程中不得不攻坚的难题。对于大城市的管理者来说,控制人口数量只是手段,人民的美好生活才是最终目标,人口不是规划中冰冷的数字,而是一个个鲜活的生命。对于小城市来说,如何逆势完成发展的跃迁,也是难以解决的问题。

从历史出发,世界各国大型城市人口分布模式主要有三种。而中国模式正是这三种模式之集合(见图6.4)。

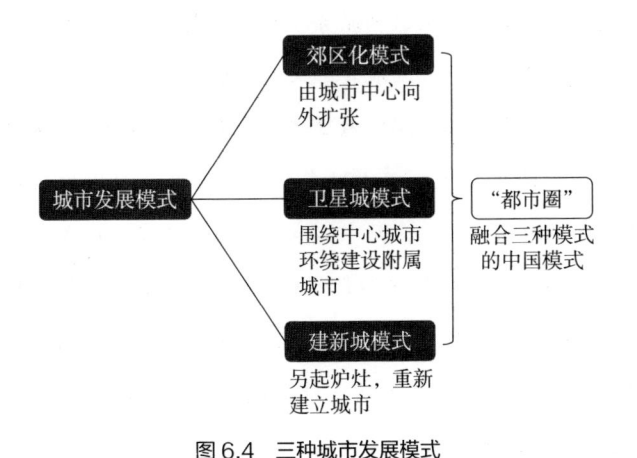

图6.4 三种城市发展模式

资料来源:如是金融研究院整理。

第一种是郊区化模式。所谓郊区化模式，其核心在于无须政府精心规划布局，而是要求政府将施政的重点集中在如何提高郊区居民的生活质量上。只要居民迁入郊区就能获得比较利益，人口迁移完全是居民"用脚投票"的结果。郊区化模式能够从根源上解决人口疏解问题，是最根本、最有效、成本最低的模式。但这一模式的弊端则在于郊区的基础设施建设和郊区的公共服务质量等问题都不能在短期内轻易得到解决，可谓优劣参半。郊区化模式的代表是美国。

美国：无须规划，"用脚投票"

1920年，美国在基本完成城市化进程之后，城市发展逐步开始了郊区化进程。二战后的美国，迎来了城市向郊区化发展的巅峰时期，美国城镇人口以空前的速度向郊区转移，中产阶级成为向郊区迁移的主力。根据相关统计数据，1970年，美国郊区人口首次超过中心城区人口，美国成为以郊区人口为主的国家。从政府举措来看，美国从来没有提出过郊区化发展的战略目标，而是致力于完善郊区的基础设施建设，提高郊区的公共服务质量：一是加强市郊公路建设。财政拨巨款兴建高速公路，发展市郊交通干道，引导城市中心区的人口和就业向郊区转移。二是丰富教育文化资源。美国郊区在教育、文化方面优于中心城区。例如，1994年，纽约郊区政府平均每年为每名学生的支出达9688美元，而中心城区的支出为8205美元；郊区学校为每名学生配备图书的平均数量为20本，中心城区的平均数量为9.4本。1996年，59%的郊区学生能够使用互联网，中心城区的这一比例只有47%。三是实行差别地价和税价，在提高市区征税标准的同时降低郊区征税标准。郊区较低的地价、税率，吸引企业向郊区迁移。四是鼓励居民在郊区建房买房。鼓励中高收入者在郊区贷款建房，对普通居民在郊区买房给予大量资金帮助，使郊区买房的月供额低于市区房租。

美国的郊区化模式对其他国家大都市疏散人口具有一定的启示作用，但这种模式与美国特殊的政治、经济、社会、历史等因素息息相关，难以简单地复制效仿。值得注意的是，20世纪90年代中期以来，美国郊区化发展趋缓，城市化的反转趋势开始显现，中心城区和郊区正在形成一种新的空间平衡，因此其借鉴意义有限。

第二种是卫星城模式。卫星城模式是各国较为常见的城市发展模式，核心是发展周边城市或者重新建城。政府为缓解中心城区人口压力，在核心城市周边建几座新城，接纳中心城区转移出的人口，承接中心城区部分非重要功能。这一模式主要依靠政府的行政主导，既不需要郊区化漫长的周期，也不需要像迁都那样大费周折，只要求政府制定周密的城市规划方案，重新布局城市空间，分散城市压力。在行政干预下，这种模式往往在短期就可以见效，但从长期来看，有其发展的制约性，如果配套设施不到位，新城极易发展成为空城、"鬼城"。卫星城模式的代表是伦敦与巴黎。

伦敦与巴黎：精心布局，分散压力

伦敦自工业化进程开始以来，人口逐渐增加，于1939年达到峰值，约有860万人。20世纪40年代起，伦敦制定了大伦敦规划，掀起了新城建设运动，重新规划调整城市空间布局。在距伦敦中心半径约48千米的范围内建设内城圈、郊区圈、绿带圈、乡村圈4个同心圈，在第四层乡村圈分布8座卫星城，与绿带圈共同控制城市蔓延，计划疏散150万人。此外，政府在伦敦张贴了大量宣传卫星城的海报，同时出台了一系列政策辅助人口疏散，例如，服务业、工业企业不能进驻伦敦，并且给予卫星城企业税收优惠。在这种引导下，上百万人迁移到新城。根据相关数据统计，英国全部新城安置了225万人，提供了111万个就业岗位，1988年，伦敦内城人口达到最低点637万人。在新城计划实施的30多年里，伦敦内城大量人口和产业流失，东伦敦和西伦敦出现了严重的发展不均衡问题。东伦敦聚集了大量的外来移民和低收入人群，与两千米外繁华的金融城形成鲜明对比。面对破败的内城，英国开启了内城复兴计划，因此，新城运动在英国只开展了30年，便走向终结。

巴黎疏解人口同样采取的是卫星城模式，同时新城建设与旧城改造双管齐下。一是进行新城规划建设。巴黎于1965年开始新城建设，改造之初，巴黎即成立了地区规划整顿委员会，统一领导巴黎大区规划和新城建设，还专门成立巴黎大区城市开发研究所，制定巴黎大区规划方案。1965年，《城市规划与地区整治战略规划》出台，提出在巴黎市区东西两侧、离市中心较近的塞纳河谷地和城市化程度较高的地方建设5座新城，分别围绕着历史悠久的巴黎城。按顺时针方向，西北是塞日－蓬图瓦兹，东边是马恩拉瓦莱，东南是默伦－塞纳尔，南边是埃夫里，西边是伊夫林。二是旧城居民安置。为疏解中心城区人口，巴黎要求拆除旧城区违章建筑，挨家挨户做工作，对居民进行重新安置。以圣保罗村为例，1971年，该村户均居住面积仅有23平方米，经过长期整治，2012年的户均居住面积为58平方米。但值得注意的是，街区整治计划的实施成本非常高，大约为新建建筑标准的30%。三是保障底层权益。随着人口的疏解，巴黎中心城区社会结构发生变化，中产阶级人口比重上升，低收入居民比重下降，政府为缓解居住区分割产生的社会矛盾，为低收入居民提供补贴，保障低收入

第六章　中国城市转型核心动能："新基建"数字革命与都市圈一体化

居民的居住权益。同时将一些街区划为社会住宅区，该区域内的房东出租房屋，租金越低，补贴越高。此外，业主修缮房屋还可以获得政府补贴、低息贷款和税收优惠。从1982—2008年巴黎城市扩张的变化情况来看，巴黎周边以马恩拉瓦莱为代表的新城逐渐崛起，大大缓解了巴黎中心城区的人口压力，但根本性的贫富差距悬殊的区域化问题没有得到有效解决。

第三种是建新城模式。建新城是一项声势浩大的系统性工程，最典型的例子是迁都。在全球近200个国家中，有1/3的国家曾经或正在经历迁都。很多国家迁都的原因之一就是缓解"大城市病"，促进地区均衡发展。建新城要求将一座城市的核心功能迁移到新址，与其他两种模式相比，成本较高，疏散效果也存在很大的不确定性。但不论是哪一种模式，"大城市病"都不可能得到完全解决，更不可能形成一座完全同质化的城市。建新城模式的代表是首尔。

首尔：另起炉灶，从头再来

汉城（今首尔）于1948年成为韩国首都。半个多世纪以来，随着首尔日益成为国际大都市，韩国人口逐渐向首尔集中，人口数量达到1 200万，占韩国总人口的1/4，首都圈规模膨胀，"大城市病"日益严重。首尔疏解人口工作的实施分三个阶段：第一阶段是20世纪60年代后期至20世纪70年代末，以疏解工业职能为主，同时向外转移部分国家行政设施。第二阶段是20世纪80年代至20世纪90年代，以住房提供为主，辅之以向首都圈外区域分散迁移国家公共机关。第三阶段是自2000年以来，以发展新行政城市（世宗市）为主，配合实施公共部门再安置、创新型城市发展、区域均衡发展、首尔转型发展等战略。

二、中国城市发展新模式：都市圈与城市群

到底怎样才能完美地协调城市发展？答案是复杂的，不管是哪一种单一模式，"大城市病"都难以在短期内完全得到解决。因此，我国在融合了三种模式的基础上提出了所谓的"中国模式"——都市圈与城市群新模式。2019年2月，国家发展改革委员会发布的《关于培育发展现代化都市圈的指导意见》指出，都市圈是城市群内部以超大、特大城市或辐射带动功能强的大城市为中心，以一小时通勤圈为基本范围的城镇化空间形态。2020年，在"十四五"规划中补充了"优化行政区划设置，发挥中心城市和城市群带动作用，建设现代化都市圈"的内容。

都市圈与城市群正是在综合评估了三种模式的基础上，保障了基础设施与配套建设的质量，解决了主要城市与附属城市的人口与产业联动等问题。都市圈模式不但解决了卫星城、建新城模式下城市间发展的马太效应，还与城市群的发展模式一起强调以点带面、协同发展，强调以中心城市为轴心，将配套产业链条向周边城市辐射。因此，城市之间的发展不再是零和博弈，而是基于中心城市的共同发展的正和博弈，而且解决了郊区发展模式下的基础设施配套问题。以"中心—外围"这一模式进行发展很难同时顾及市中心与城郊的建设匹配问题。郊区地带交通不便，医院、学校、商业配套不完善的问题难以得到彻底解决，但城市群的多点效应则可以在一定程度上解决这一问题，即每座城市分别发展各自的基础设施，从而使各个城市的中心半径可控，以此保障配套设施不掉队。

第六章　中国城市转型核心动能："新基建"数字革命与都市圈一体化

在具体都市圈的分布上，2020年发布的"十四五"规划指出，未来将发展壮大城市群和都市圈，推动城市群一体化发展，全面形成"两横三纵"城镇化战略格局。在具体区域布局上，"十四五"规划重点强调的是以促进城市群发展为抓手，优化提升京津冀、长三角、珠三角、成渝、长江中游等城市群，发展壮大山东半岛、粤闽浙沿海、中原、关中平原、北部湾等城市群，培育发展哈长、辽中南、山西中部、黔中、滇中、呼包鄂榆、兰州—西宁、宁夏沿黄、天山北坡等城市群。通过发展都市圈，各个附属城市可以依托辐射带动能力较强的中心城市，提高一小时通勤圈协同发展水平，以此培育发展一批同城化程度高的现代化都市圈。

通过"中心城市"这一表述我们也可以得知，我国涵盖四大一线城市与多个新一线城市，长三角城市群、珠三角城市群、京津冀城市群、成渝城市群四大增长极将会是未来带动城市经济发展的四个"发动机"。长三角城市群——上海、苏州、杭州、南京、宁波、无锡、南通、合肥，共计8个万亿级城市；珠三角城市群——广州、深圳、香港、佛山，坐拥4个万亿级城市；京津冀城市群——北京、天津两个万亿级城市；成渝城市群——成都、重庆两个万亿级城市；这四大城市群刚好立足东南西北4个点，是中国崛起的排头兵，也是中国经济发展动力最强的几大区域。

三、城市定位与功能错位竞争，科技与数字化是主战场

长三角是以金融、互联网、科技产业为核心，以贸易与轻工业制造为辐射的国际性金融与技术中心。其中，上海作为中国最大、国际化程度最高的城市之一，其配套设施发展完善、人才吸引能力极强。

上海以金融、互联网、科技产业为主要支柱，境内、境外上市公司数量总计近400家，占全国全部上市公司总数的近1/10。上海作为长三角最重要的区域核心城市，通过加快金融市场、现代服务业和先进制造业领域的开放，持续为长三角提升资源配置能力发挥作用，长期引领长三角成为全国最具影响力和带动力的强劲增长极。与此同时，杭州、南京、合肥、苏州等省会城市和大型城市具有丰富的区域性科教资源、较高的经济发展程度与高人才吸引力等方面的优势，它们正承担着面向上海的区域性"科技总部"的职能，并承接着"科技研发"的职能。同时面向全球价值链、打造服务区域经济的生产性服务中心和高技术产业基地。与此同时，苏南城市、浙江沿海城市和马芜铜（马鞍山、芜湖、铜陵）等一大批经济实力不弱的地级城市，也正在依托各自的经济要素禀赋与地理区位优势，不断发展成为位置不同但专业化分工明确的制造业基地和区域服务中心。此外，长三角的中小城市和小城镇也在发挥生态优势，成为生态经济、休闲服务、农产加工和零组件加工基地。

珠三角城市群制造业技术先进、生产水平发达，正致力于构建科技和先进制造业中心，在全球进行着新一轮科学技术与工业产业革命。中国正处在开展新一轮对外开放的进程中，粤港澳大湾区面临着重大的发展机遇，珠三角正在构建"两主一副三极"的中心体系，并通过"集群化的产业聚集区"，形成区域重点产业的合理空间布局。珠三角是我国先进制造业的心脏，发展历史已久，其城市群产业发展先后经历了从承接香港与全球各国制造业转移的发展模式，到我国内需扩大后承接国内产品的发展模式，如今的珠三角正在迈向制造门类更加全面、制造技术更加精尖的高端制造自主创新的全新阶段。深圳是改革开放新贵，毗邻香港，奠定了其作为珠三角金融、贸易和创新

第六章　中国城市转型核心动能："新基建"数字革命与都市圈一体化

中心的定位。与此同时，深圳也是科技之都，号称中国的"旧金山"。珠三角的其他城市，如东莞、佛山、珠海等，主要以中低端制造业为主，以配套广深延展的产业链。在珠江东岸，以东莞、惠州为主体，形成了全国著名的电子信息产业走廊；在珠江西岸，以佛山、中山、珠海为主体，形成了电子、电气机械产业集群。广州是老派华南重镇，作为全省的政治、经济、文化中心，以汽车、电子、金融产业为支柱，和深圳交相呼应成为珠三角的两大经济核心。

数字化赋能都市圈发展，新型智慧城市潜力无限

未来中国城市的发展将会依赖两大发动机——新基建和都市圈。新基建和都市圈两者相互作用，即以数字化手段驱动城市发展。所谓数字化，其中有具体某类产业的数字化升级，也有产业内特定企业商业模式的数字化升级，当然更有城市群中各大中城市基础设施的数字化升级。数字化也将从产业、模式等方面，驱动城市转型为新型智慧城市，使得城市的发展焕发出全新的动能。

一、新技术、新产业、新动能

随着数字化进程的加速，未来我们身边的诸多产业都将会被数字化重新洗牌。在这样的背景下，数字技术会催化出新型产业，传统产业将会被赋予新动能。与此同时，在孕育新产业的基础上，城市群和都市圈将受益于规划等引导措施，逐渐完成产业的地理化分工，实现

城市群内共同发展。新基建与城市群、都市圈相互作用、相互协同，为中国城市的发展开创新的模式。

一方面，新基建带来了传统产业的新模式。新冠肺炎疫情防控期间，经济下行压力增大，经济研究工作者一般将主要矛盾聚焦"三期叠加"等内外部因素。一是增长速度进入换挡期，支撑经济发展的人力资源、自然资源、制度安排和经济政策等要素正在发生变化，这也是由经济发展的客观规律决定的。二是前期刺激政策进入消化期，宏观刺激政策全面退出，库存周期的变化、金融扭曲和金融风险的显化导致资金链收紧，金融深层次结构问题开始显化，产能过剩问题凸显。三是结构调整面临阵痛期，如我们提出的"30·60"目标就是结构调整的攻坚重点。碳中和要应对的不仅仅是气候问题，更是产业结构和发展模式的问题。产业结构向低碳转型的核心是从旧动能到新动能的转化，最终形成一种既可以推动经济发展，又低碳环保的产业结构。

新冠肺炎疫情的到来又使得"三期叠加"雪上加霜。我们对于突破重围的方法，正是从所谓的"美国模式"到"类德国模式"的切换，即进行第二产业内部创新，从制造业走向以高端制造业为核心，替代所谓传统的三次产业理论，以服务业替代工业的发展模式。因此，未来中国经济发展，配套产业应先行，而新基建有着"一业带百业"的作用，对传统企业快速升级和孕育全新产业具有加持效果。以5G的普及为例，在娱乐行业，5G将推动视频、游戏等应用向超高清、3D和沉浸式体验方向发展，成为8K超高清视频等新应用不可或缺的网络支持；在汽车行业，5G带来无人驾驶车的面世和普及，高速通信将车辆与交通信号灯、公交车站甚至公路本身等基础设施连接起来，可以调整交通流量，减少外部危险因素，提升车辆反应速度，提

第六章　中国城市转型核心动能："新基建"数字革命与都市圈一体化

高公共交通效率。

另一方面，都市圈完成了配套产业的合理化分配。随着城市群协同发展并整体走向成熟，城市群中核心城市的规模必将进一步扩大。核心城市中的高技术制造业企业和大企业的上游生产制造部门承担着核心城市土地、劳动力、资源要素成本不断上涨的压力，倒逼产业链转移。同时随着通信技术的快速进步与普及，在一定空间内的通信成本与通信难度迅速降低，都市圈中心城市的生产性服务业企业为外围城市生产制造业企业提供生产性服务的便捷性与交流效率的能力迅速提高，上游制造环节将自动向周边城市转移，并完成配套产业的合理化分配，而生产性服务业将逐渐成为核心城市的主导产业。城市群核心城市专业化于生产性服务业，主要发挥生产性服务功能，而外围城市专业化于生产制造业，主要发挥生产制造功能的城市功能分工逐渐形成。

二、新模式、新业态、新赛道

除了传统产业的数字化升级外，数字技术还将催生全新的商业场景，助推城市群产业升级。正如3G时代的我们无法想象到4G竟然对我们的生活产生了如此巨大的影响——短视频、直播带货、手机游戏、移动支付都在高网速下应运而生。如今的我们，也无法想象5G将会孕育出何种新业态与新赛道。

以汽车行业为例，基础设施的数字化、规范化将会带领自动驾驶进入全新纪元。我们之前曾经提出汽车行业会经历能源革命、智能革命、基础设施革命的设想。而在这里，未来基础设施的革命最为重要。伴随着汽车生产端的智能化革命，基础设施的革命正在发生，例如，道路更加标准化、更加智能化，如何跟车内的物联网实现衔接，而不是仅对驾乘者进行监控和拍照？如何在基础设施革命和智能化汽车与本身智能化革命中有一个好的衔接，加快所有的无人驾驶、自动驾驶的发展进程？但基础设施与配套设施的数字化并不单纯由汽车企业驱动，更应该由新基建技术单位和城市建设部门共同努力，为城市发展带去全新的动力。

管清友

经济学家、如是金融研究院院长

第七章

推动智慧农业与农村现代化，实现共同富裕

数字乡村：一张蓝图绘到底

一、乡村振兴、共同富裕和新发展格局

2021年2月25日，在全国脱贫攻坚总结表彰大会上，习近平总书记庄严宣告：我国脱贫攻坚战取得了全面胜利，这标志着中华民族的历史翻开崭新篇章。[①]随着这一宣告，中国"三农"工作的重心，正式从全面脱贫转到新的历史阶段——乡村振兴。乡村振兴政策发布的时间线如图7.1所示。

1. 建立新发展格局的主角

在今天的中国，乡村振兴问题早已不是一个局限于"三农"问题的话题。正如"三农"的扶贫攻坚战是中国现代化进程的重要组成部

---

① 人民网.全国脱贫攻坚总结表彰大会在京隆重举行.

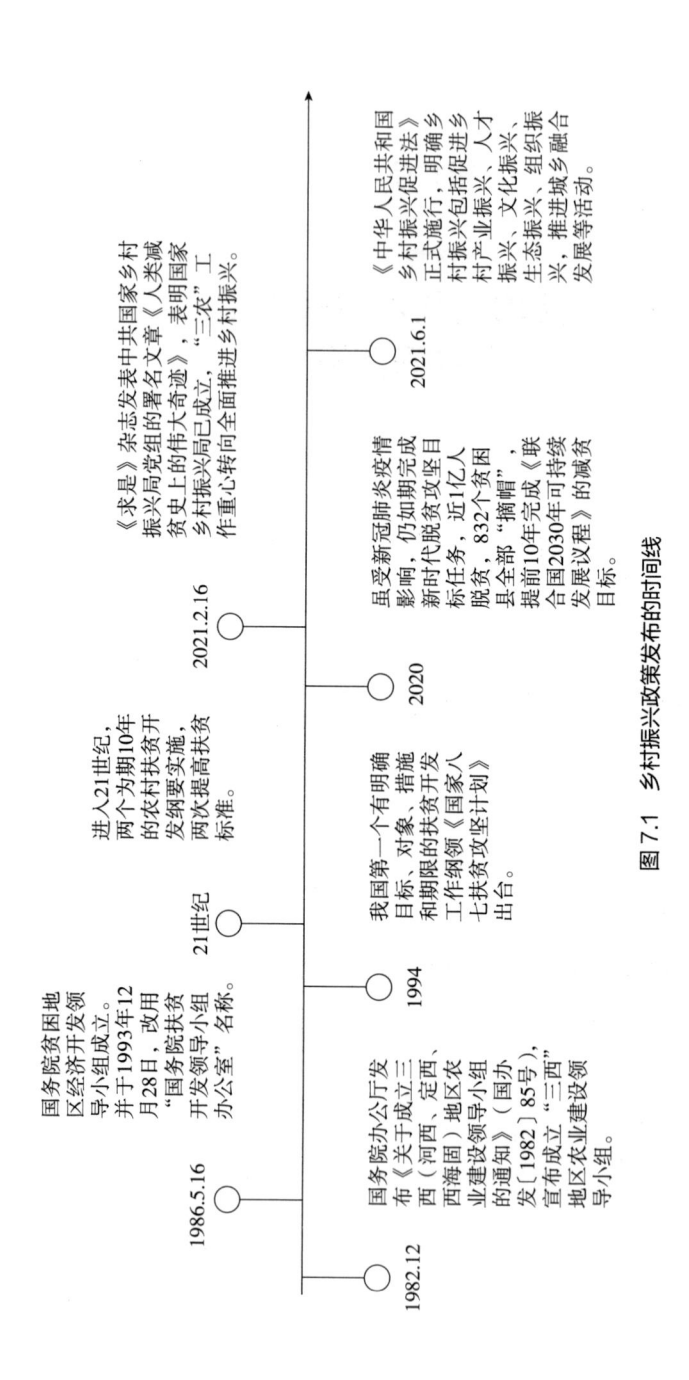

图7.1 乡村振兴政策发布的时间线

1982.12：国务办公厅发布《关于成立三西（河西、定西、西海固）地区农业建设领导小组的通知》（国办发〔1982〕85号），宣布成立"三西"地区农业建设领导小组。

1986.5.16：国务院贫困地区经济开发领导小组成立。并于1993年12月28日，改用"国务院扶贫开发领导小组办公室"名称。

1994：我国第一个有明确目标、对象、措施和期限的扶贫开发工作纲领《国家八七扶贫攻坚计划》出台。

21世纪：进入21世纪，两个为期10年的农村扶贫开发要实施，两次提高扶贫标准。

2021.2.16：《求是》杂志发表中共中央国家乡村振兴局党组的署名文章《人类减贫史上的伟大奇迹，表明国家乡村振兴局已成立，"三农"工作重心转向全面推进乡村振兴。

2020：虽受新冠肺炎疫情影响，仍如期完成新时代脱贫攻坚目标任务，近1亿人脱贫，832个贫困县全部"摘帽"，提前10年完成《联合国2030年可持续发展议程》的减贫目标。

2021.6.1：《中华人民共和国乡村振兴促进法》正式施行，明确促进乡村振兴包括乡村产业振兴、人才振兴、文化振兴、生态振兴、组织振兴，推进城乡融合发展等活动。

分一样，在时下中国全力构建的新发展格局中，乡村振兴是枢纽工程，是决胜法宝，乡村发展的空间和外延正沿着意想不到的产业方向如火如荼地进行。

在"加快构建以国内大循环为主体，国内国际双循环相互促进的新发展格局"下，乡村无疑是内循环建设的主角。许多中心城市周边的乡镇已经随着城市群的壮大而发展，一边继续承担传统的城市农产品供给任务，一边因地制宜，打出生态文化牌，将城市人群的休闲文旅空间扩展至乡村。如果你到北京市顺义区北小营镇逛一逛由养鸭场改造的张堪文化园和从木工厂升级的木作文化传承园，将感受到乡村在内循环市场中的无限潜力。

即使是金融、互联网这样的以城市为主发展的核心产业，也可以在乡村找到广阔的空间。我国首家地市级农村商业银行——安徽马鞍山农村商业银行，就代表了非常有特色的乡村金融发展方式。它调动国际智力资源，对农村和农业发展的大趋势做出深度分析，推演出一条贴合农村经济发展需求的乡村金融和绿色金融发展路线，设计出一系列接地气的农业金融产品，并得到了发展。

乡村也是实现碳中和目标的重要战场，在兼顾生态的同时发展致富。河北省张家口市尚义县红土梁镇在不断改善大青山森林公园的生态环境的同时，开发周边生态农业和旅游产业，形成了"草原天路"上唯一的玻璃栈道和"尚义赛羊会"品牌，一举把自己打造成环保生态的"网红"，探索出一条一边致富、一边碳中和的发展道路。

乡村振兴交织着方方面面的问题，是今天中国构建新发展格局的必由之路。乡村既在支撑生态涵养建设，也在推动民族地区的发展，既蕴含着产业升级和科技赋能的方方面面，又是内循环的主要增量空间。

2. 实现共同富裕的主战场

2021年8月17日，中央财经委员会第十次会议研究促进共同富裕的问题，明确了共同富裕的标准，概括起来为"三多"：人数多，是全体人民的富裕，不是少数人的富裕；内容多，物质生活要富裕，精神生活也要富裕；步骤多，共同富裕不是整齐划一的平均主义，要分阶段逐步实现。

我国广大的农村地区拥有将近5 700个乡镇，60余万个村落，集体土地面积占全国总面积的45%，人口占全国总人口的36%以上，但国民生产总值占比不足8%。这些数据说明，乡村是我国实现共同富裕的主战场。

中央农村工作领导小组办公室、农业农村部对全国农村集体资产清算核资工作的数据显示，截至2019年底，全国拥有农村集体资产的5 695个乡镇、60.2万个村，共有集体土地总面积65.5亿亩，占全国总面积的45.5%。

2021年5月11日，第七次全国人口普查的主要数据公布，居住在乡村的人口数为50 979万，占全国总人口的36.11%。

国家统计局的数据显示，2020年我国的国民生产总值是101.6万亿元，其中第一产业增加值约7.8万亿元，占比为7.7%。

在全国范围内实现共同富裕的战略目标下，如何发展精细农业，如何建设精美农村，如何培育精勤农民，成为共同富裕目标的有机组成部分，是实现全国一盘棋的关键。

消除贫困、改善民生、实现共同富裕，是社会主义的本质要求。利用系统和组织的优势，为人民追求美好生活助力，不让任何人掉队，不仅是经济问题，更是重要的政治问题。

扶贫攻坚战的胜利是中国特色社会主义的胜利，是"四个自信"

的有力论据；而乡村振兴，则将进一步论证我们的道路自信、理论自信、制度自信、文化自信，于国于人，意义深远。

二、乡村振兴需要以乡村为主体进行重新规划

理解了乡村工作在中国新发展格局和发展目标中的重要地位之后，再来看看当下乡村的实际情况。

中国社会科学院农村发展研究所、中国社会科学出版社在北京联合发布的《中国农村发展报告2020》中的数据显示，到2025年，保守估计农村新增迁往城市人口在8 000万以上，农村60岁以上人口的占比将达25.3%，约为1.24亿。

这组数据明确体现出，在过去几十年城镇化发展的过程中，城市发展对农村人口的虹吸、农村人口老龄化加剧、农业发展为工业发展殿后、农村用地为城市扩张让路等现象造成了农村发展的相对滞后。

早期的城乡关系，更多体现的是农村包围城市，农村和农业经济居于主要位置，而城市是由乡村之间的市集逐渐扩大而形成的衍生区域。随着我国的工业化和城镇化进程加快，在2008年以后，城乡关系更多地体现出城市和城市群掌握经济主动脉，农村成为城市群构建过程中的从属部分的特点。

这种从属地位有时体现在城市产业链的某个环节，有时体现在城市运行职能的某一分工上。在这样的关系下，农村谋求发展就要更多地贴近城市发展需求，消化城市对农村人口和资源的虹吸。

1. 以城市为主的城乡关系给农村带来巨大变化

在以城市为中心的城镇化发展大潮中，中国的乡村开始呈现出与

过去较为不同的鲜明特色。

农村原有的内部社会治理体系在不断调整。在城镇化的人口迁移过程中，农村出现空心化趋势，以往紧密的农村社会关系开始松动，被这些关系联结起来的乡土文化纽带也变得松弛。同时，越来越多农村的年轻人在城市打工，开阔眼界后返乡，进一步冲击了传统的农村内部信用体系。

农村社会的经济关系也在不断发生变化。在改革开放早期，一部分农村地区通过先行致富的乡镇企业的带领，顺利完成了现代化乡镇的进化。但那些没有抓住机会在这个阶段建立核心乡镇企业，或乡镇企业规模不足以成为核心带动力的农村地区，随着我国的产业转型和生态转型，其发展难度大大提高，不仅人口面临空心化问题，而且随着落后产能的下马，产业也面临空心化问题。

所以对"三农"问题的扶贫攻坚工作，绝不仅是经济工作，更多的是一场波及全社会的深刻革命。其中既包含如何实现农村、农业和农民的现代化，也包含农村内部的社会治理改善和社会关系重建，更包含了城乡职能的重新划分和重新定位。

2. 扶贫攻坚战打下坚实基础

农村所面临的以上种种新变化，急需通过跨越式的振兴发展重新成为经济发展的引擎。而在过去几十年中，常抓不懈的扶贫攻坚战已经为农村的跨越式发展打下了坚实的基础。

第一，培养了一批高质量的基层干部，他们对于政策的解读及时到位，对乡村需求的理解深刻具体。他们在农村工作中积累了扎实的实践能力，在农村社会环境中建立了高度的公信力，为进一步推进乡村振兴提供了坚实的人力基础和组织保证。

第二，推进了史无前例的农村基础设施建设。网络、水电、公路、教育、医疗村村通，消除了农村生活相比城市生活的不便利，对农村引进人口和产业产生了巨大的助力。

第三，农村地区对自身定位趋于明确。扶贫攻坚过程推动了农村的现代化建设，把农村和城市通过新基建建立连接，这使得农村进行新的主体性定位成为可能。

第四，形成一套乡村振兴的方法论。我国地大物博，不同地域农村之间的差异远大于城市间的差异，甚至大于城乡差异。扶贫攻坚工作在实践中做到具体问题具体分析，抓住规律实质、总结经验、概括方法论，形成了宝贵的实战经验。

第五，推进农村文化和社会关系的改造，移风易俗，提倡新风，加强教育，推进文化建设。扶贫攻坚工作在农村地区形成的新时代农村精神风貌，以及构建起来的农村题材的文化作品、新媒体平台、宣传阵地以及农村治理平台，都为乡村振兴工作提供了有力支持。

强调乡村振兴中乡村本身的主体性定位，就是要依据农村自身的发展诉求、社会关系、内在优势来设计发展路线。特别是想尽一切办法调动农民的积极性、主动性与创造性，投身于新农村、新农业建设中。

三、数字乡村代表了乡村振兴最全面的发展需求

实施乡村振兴战略的总目标是实现农业农村现代化，破题之处在于网络化、数字化和智能化。从这个角度来说，城市的发展经验可以被广泛地应用于乡村振兴。其中，数字经济在农村的本地化是重要的发展方向，是形成有农村和农业特色的新兴经济业态的关键。

数字经济已经成为中国经济发展的主要驱动力，甚至正在成为经济增长的主要构成力量。财新智库和数联铭品合作发布的中国数字经济指数显示，各个省份的 GDP 总量与数字经济指数的表现高度相关（见图 7.2）。

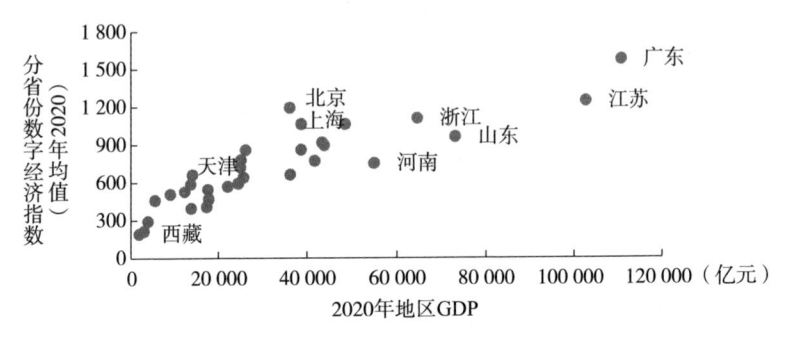

图 7.2　各个省份 GDP 总量与数字经济指数

数字乡村是伴随网络化、信息化和数字化在农业农村经济社会发展中的应用，以及农民现代信息技能的提高而内生的农业农村现代化发展和转型进程，既是乡村振兴的战略方向，又是建设数字中国的重要内容。

数字经济作为中国未来发展的核心优势和驱动力，在乡村振兴进程中必将扮演重要角色。甚至可以说，数字乡村建设就是乡村振兴的主线之一，只有让乡村发展进入数字经济的快车道，才能实现农业强大，农村美好，农民富裕的"三农"目标。数字乡村战略演进的时间线，如图 7.3 所示。

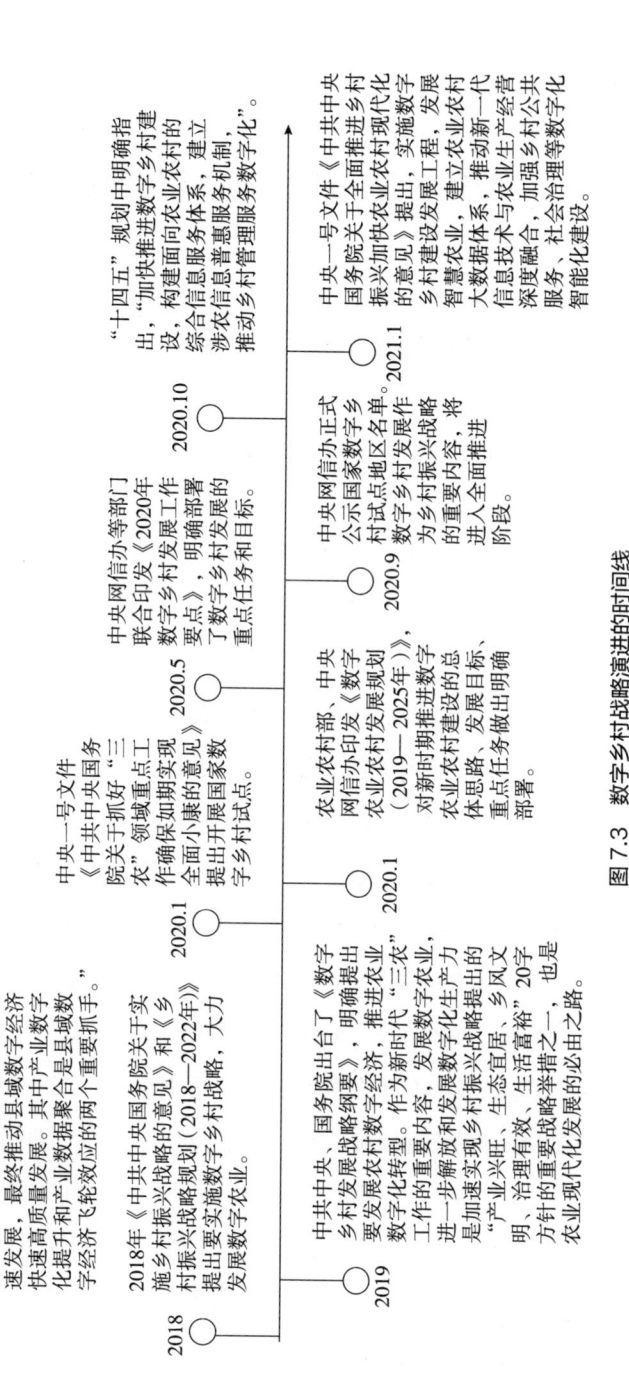

第七章　推动智慧农业与农村现代化，实现共同富裕

2018
"县域数字经济发展要素众多，应扩大自身优势产业提升产业数字化水平，实现产业规模扩大促进产业集群生态繁荣。产业生态不断壮大推动产业数据聚合，以数据聚合为抓手推动数字产业化发展，进一步提升数字经济飞轮快速发展，实现县域数字经济高质量发展。其中产业聚合是县域数字化提升和产业数据聚合飞轮效应的两个重要抓手。"

2019
2018年《中共中央国务院关于实施乡村振兴战略的意见》和《乡村振兴战略规划（2018—2022年）》提出要实施数字乡村战略，大力发展数字农业。

中共中央、国务院出台了《数字乡村发展战略纲要》，明确提出要发展农村数字经济，作为新时代"三农"工作的重要内容，发展数字农业。进一步解放和发展数字化生产力是加速实现乡村振兴战略提出的"产业兴旺、生态宜居、乡风文明、治理有效、生活富裕"20字方针的重要战略举措之一，也是农业现代化发展的必由之路。

2020.1
中央一号文件《中共中央国务院关于抓好"三农"领域重点工作确保如期实现全面小康的意见》提出开展数字乡村试点。

农业农村部、中央网信办印发《数字农业农村发展规划（2019—2025年）》，对新时期推进数字农业农村建设的总体思路，发展目标，重点任务做出明确部署。

2020.5
中央网信办等部门联合印发《2020年数字乡村发展工作要点》，明确了数字乡村发展的重点任务和目标。

2020.9
中央网信办正式公示国家数字乡村试点地区名单，将数字乡村发展战略内容的重要工作全面推进入全面推进阶段。

2020.10
"十四五"规划中明确指出，"加快推进数字乡村建设，构建面向农业农村的综合信息服务体系，建立涉农信息普惠服务机制，推动乡村管理服务数字化"。

2021.1
中央一号文件《中共中央国务院关于全面推进乡村振兴加快农业农村现代化的意见》提出，实施数字乡村建设发展工程，发展智慧农业，建立农业农村大数据体系，推动新一代信息技术与农业生产经营深度融合，加强乡村公共服务、社会治理等数字化智能化建设。

图7.3　数字乡村战略演进的时间线

247

智慧农业：从农业现代化到农业智慧化

一、因地制宜的农业现代化途径

经济学家西奥多·舒尔茨认为，发展中国家的传统农业之所以落后，并非因为缺乏效率，相反，在给定资本技术信息和经营方式的条件下，农民的行为是非常有效率的。他强调，传统农业只有经过改造成为现代化农业，才能为经济增长做出重大贡献。

农业现代化是指传统农业转变为现代农业的过程，是用现代科学技术和工艺为农业提供生产技术和物质手段，用现代经济管理方法提供农业生产的组织管理手段，把封闭的、自给自足的、停滞的农业转变为开放的、市场化的、不断增长的农业。

改造传统农业需要解决的三个主要问题是：制度建设，包括建立适合传统农业改造的土地制度、组织制度和激励制度；扩大对新的生产要素的供给和需求；对农民进行人力资本投资。

然而，并不存在对农业普遍适用的最好的技术。拥有不同资源条件的国家，技术发展的道路明显不同。例如，欧美的大型农业机械技术与日本农业的小规模农户经营极其不同。在美国中西部密苏里的广袤大地上，辛勤耕作的一般都是卡特皮勒公司生产的联合农机，而在日本奈良郊区的稻田里，往往都是洋马株式会社生产的小型农机在耕作。

对我国来说，农业现代化的首要目标是坚持提高粮食生产能力，同时把提高质量效益作为主攻方向，把促进可持续发展作为重要内容，把推进改革创新作为根本动力，把尊重农民主体地位作为基本遵循。

二、农业现代化与数字化进程

中国是典型的农业大国，自给自足的小农耕作模式在很长时间内是支撑农业发展的重要驱动力。这使得农村的生产技术、装备水平和数字化水平均较低，从而导致城乡之间产生"生产鸿沟"，特别是在农业的数字化水平方面。截至 2018 年底，农业生产数字化水平仅为 18.6%。其中，在农业四大主要分类中，农作物种植信息化水平为 16.2%，设施栽培信息化水平为 27.2%，畜禽养殖信息化水平为 19.3%，水产养殖信息化水平仅为 15.3%。[①]

不过积极投入的效果是显而易见的，根据《2020 全国县域数字农业农村发展水平评价报告》，截至 2019 年，全国的农业生产数字化水平已经提升至 23.8%。参与评价的县域数量稳步增加、数据质量明显提升，也标志着县域经济和农业生产的信息化正在稳步提升。

1. 机械化、数字化和信息化

农业的机械化、数字化和信息化，按照农业经营活动的环节，可以概括为农业生产的机械化、农业管理的数字化及农业经营活动的信息化。

农业生产的机械化，包括结合现代化农业设备支持农业生产和通过物联网等设备提高农业监测能力等内容，可以更好地提高农业各项

[①] 农业农村部市场与信息化司会同农业农村部信息中心共同发布的《2019 全国县域数字农业农村发展水平评价报告》。

资源的利用效率，从而提高劳动效率和土地产出水平。

农业管理的数字化指在农业监测大数据的基础上，利用数字科技手段，推动农业资源管理，丰富农业信息资源，建立质量安全信用体系，加强农业应急指挥，从而实现农业管理的高效和透明。

农业经营活动的信息化是利用互联网实现农村、农户与外界市场的互通互联，实现农产品流通扁平化、交易公平化、信息透明化，提高农业服务的灵活性、便捷性。

2.各方入局

2020年，中央一号文件《关于抓好"三农"领域重点工作确保如期实现全面小康的意见》提出，培育一批农业战略科技创新力量，推动生物种业、重型农机、智慧农业、绿色投入品等领域进行自主创新。

政府率先主导。2003年，在国家"863计划"中启动实施了"数字农业技术研究与示范"重大项目，时至今日已经初步形成了我国数字农业的技术框架。在这一框架下，各种农业现代化的尝试以政府主导的方式推进。

以设施农业中的植物工厂为例，这是一种将蔬果生长的自然环境替换成封闭或半封闭的人工环境的先进技术，要想可控、高效地实现规模化生产，需要较高的硬件投入。近年来，植物工厂以多种形态出现在大众的视线里，如水培蔬菜餐厅、集装箱植物工厂、企业内部使用的小型植物工厂等，通过城市居民对食品安全的关注度及消费水平的日益提高，为设施农业的市场化铺平道路。这背后常见政府扶持的身影。

央企紧接着入局。在2021数字乡村论坛成果展上，河南移动联合中国移动（成都）产业研究院开发搭建的智能农机管理系统、农产品电商和农产品溯源平台、精准种植管理系统、智慧养猪管理系统都很受人关注。在漯河市临颍县，河南移动也打造了"5G+智慧辣椒种植"项目，通过"5G+大数据分析"为田间种植提供科学决策，"5G+水肥控制"实现水肥滴灌智能控制，"5G+无人机信息采集"可以实时采集农田病虫害信息。这是央企在地方扶持农业的一次有意义的尝试。

在政策推动与高额补贴的促进下，互联网企业的目光也迅速投向广袤的田野。科技行业大佬纷纷布局现代农业，一批农科企业也摩拳擦掌。阿里巴巴、京东进军 AI 养殖，腾讯深耕 AI 种植，碧桂园则要打造全产业链现代农业。

虽然同路者越来越多，但因为农村市场的特殊性，在技术推广的过程中难免遇到挑战。由于农村劳动力短缺，农用植保无人机近 5 年来在农村快速流行。随着极飞科技、大疆创新等企业入局，让这个早期售价昂贵、操作门槛高的器械逐渐在农村普及。但在 2021 年春耕期间，不少地区的植保无人机就频频出现问题，经过调研发现与使用操作不当有关，这就需要一线人员进行高密度、点对点的监督指导。

这只代表了农业数字化和现代化道路中的客观挑战，不影响道路的历史必然性。在不久的将来，无论是植物工厂、设施农业，还是无人驾驶农机，都可能构成未来农业生产的科幻途径，接续绵延数千年的农耕文明，将在田间地头开创一番新景象。

三、从农业大数据到农业管理系统

1. 农业数据成为必争之地

国家政策已从顶层设计上将农业大数据作为农业重要战略。2015 年 12 月，农业农村部印发《关于推进农业农村大数据发展的实施意见》，强调了在传统农业向现代农业转变的关键阶段，大数据对突破当前中国农业困境的作用，认为农业农村大数据正在与农业产业全面深度融合，逐渐成为农业生产的定位仪、农业市场的导航灯和农业管理的指挥棒，日益成为智慧农业的神经系统和推进农业现代化的核心关键要素。

农业大数据在许多具体农业应用领域都有所体现。例如，基于物联网的小气候环控与水肥一体化技术，基于区块链的农产品质量溯源系统，基于计算机视觉的智能农机技术，以及大田"四情"（墒情、苗情、虫情、灾情）监测系统等。

数据基础上的各类分析指数也发挥着越来越多的作用。2017年，财新智库和国家气候中心在双方共同开发的中国气候风险指数的基础上，结合国家气候中心对河南气候数据的持续监测积累，对河南省小麦产量进行了历史数据的回溯和未来产量的预测，得出了农产品产量指数与当年小麦单产有较强的相关性等一系列研究成果。这些成果对产粮大省利用气候数据做好灾害防控和产量预测有一定帮助。

在世界舞台上，农业大数据早已成为巨头角力的必争之地。全球种业龙头企业孟山都先后于2012年、2013年收购了基于农业大数据技术的精准播种公司Precision Planting和意外天气保险公司The Climate Corporation，成为这一领域的领军者，并在2015年推出农业大数据平台Climate FieldView，为农民提供定制化的农艺措施建议。据孟山都披露，在美国和巴西，其使用面积已覆盖超过6亿亩，美国农民用户数逾10万。[1]

---

[1] 黄姝伦. 农业大数据革命. 财新周刊，2017（6）：30-33.

2. 农业管理系统进入产业视野

尽管农业大数据在中国刚刚崭露头角，但无论是市场还是政府，都已经捕捉到其对于重塑中国农业竞争力的意义。在农业大数据逐步健全的基础上，农业管理系统逐步走进相关产业的视野。

目前常见的农业系统软件平台包括：可以实现远程诊断的软件系统开发平台、农业专家系统开发平台、农业管理 ERP 系统、便携式农业信息系统开发平台等。这些系统平台依据农业生产或管理业务流程，进行数字化构建和表达。

同互联网早期发展的思路类似的是，市场共识在于新型农业操作系统应该为农民提供全面解决方案，应当致力于穿透产业链的全面智慧化进程而不是仅在单个点突破。新型农业操作系统是集农作物品种、农业生产资料、技术、环境、市场、仓储物流、信息、金融等因素于一体的全新的综合操作系统。

3. 活跃的数据玩家

目前，活跃在国内农业大数据市场中，谋求转型的农资大公司，如国内饲料生产龙头企业大北农、新希望等，正在基于其农资业务积累的大规模用户资源，推出信息化的养殖综合服务平台。创业公司也崭露头角，不乏高科技人才投身农业，农场管理软件、测土配方施肥等应用层出不穷。

一个典型的例子是"猪脸识别"应用场景功能模块的普及，大大推动了养猪行业的现代化。如农信互联发布的"猪联网"平台，以猪为核心，将养猪人、屠宰厂、饲料兽药厂商、中间商、金融机构等资源，通过互联网形成闭环，聚集产业链条上的海量数据，实现信息分析与共享。

随着养殖业物联网平台的日臻成熟，相关产业数据不仅被越来越广泛地应用于农业本身和相关产业，在金融行业的相关部门，如期货、农信贷等产业也在逐步得到广泛应用。

农村金融：从数字普惠到供应链的现代化

一、数字化助推农村金融发展

1. 普惠金融在农村的发展方向

我国一直对于发展农村地区的数字普惠金融高度重视。"十三五"期间，在《推进普惠金融发展规划（2016—2020年）》《G20数字普惠金融高级原则》等系列政策的指引下，中国农村数字普惠金融进入快速发展阶段。

2019年，中共中央、国务院出台的《数字乡村发展战略纲要》中多次提到农村金融，并且重点提出几个发展方向，以弥补目前农村金融发展不足的问题（见表7.1）。

表7.1 《数字乡村发展战略纲要》中关于农村金融的发展方向

发展乡村数字普惠金融	鼓励各类型金融机构扎实深入、积极探索适合乡村居民行为习惯的金融产品模式，做好数字金融的消费者教育和保护
发展农业供应链金融	随着农村地区水利、公路、电力、冷链物流、农业生产加工等基础设施的数字化、智能化转型，供应链金融将扮演重要角色。围绕核心企业，管理上下游企业的资金流和物流，并把单个企业的不可控风险转变为供应链企业整体的可控风险，解决普惠金融"最后一公里"问题

（续表）

发展消费金融	随着扶贫攻坚战取得历史性成果，乡村居民收入稳步提高，期待生活品质的提升，出现了发展消费信贷的绝好机会
通过金融手段帮扶乡村新业态和智慧绿色乡村的建设	推动互联网与特色农业深度融合，发展创意农业、认养农业、观光农业等新业态。同时鼓励市场相关机构通过金融手段，有计划、分阶段、可持续地为可行性较高的项目注入资金，帮扶乡村实现目标

2. 数字化——链接农业和金融的桥梁

发展现代化的农村金融，离不开数字化基础。金融行业的数字化和农村经济的数字化进程在这一议题下相遇、交融，并形成合力。

传统金融机构的数字化进程在农村地区的落地发展速度迅猛，这在很大程度上加速推动了农村地区的数字化进程。

一方面，传统金融机构的数字服务持续发力，网上银行、手机银行在县域和农村地区的应用不断增多；另一方面，以电子商务平台为基础的商贸物流体系也加速向农村地区延伸，推动当地电子支付、网络征信、网络小贷等关联金融业务的覆盖面持续拓宽。

二、如何打破农村金融的数字鸿沟

数字化是农村金融发展的基础，农村的数字化程度将直接影响到农村金融的质量。在面对农村的数字化进程时，"数字鸿沟"问题无疑是亟待解决的掣肘问题。

数字鸿沟指在数字化进程中，在不同国家、地区、行业、企业、社区之间，由于对信息、网络技术的发展程度、应用程度及创新能力方面的差别而造成的信息落差及贫富进一步两极分化的趋势。

1. 农村数字鸿沟的成因

在农村，数字鸿沟不仅体现在"城乡分化"，甚至也体现在"乡乡分化"上。

究其原因，首先是农村地区的数字基础设施建设的铺开较为困难。据民政部统计，我国约有 69 万个行政村、262 万个自然村。一个行政村通常由几个相邻的自然村组成。往往一个行政村的 4G 和光纤网络设备仅能有效覆盖其中一个自然村，造成了大量村落 4G 信号覆盖不到或信号效果差等问题。在 5G 网络的通达方面，农村地区的速度更是整体慢于城市地区。

相应地，农村地区的智能手机使用覆盖率低。西南财经大学甘犁教授等人的《中国家庭金融调查报告》显示，截至 2019 年 6 月，中国农村居民个人智能手机覆盖率约为 40% 左右，而城市地区的该数据已超过 90%。

蝴蝶效应环环相扣。智能手机覆盖率直接影响了农业和农村相关数据的广泛采集，从而限制了农村金融的发展。

以征信体系为例，由人民银行运营和维护的国家金融信用信息基础数据库，已经发展成为全球规模最大、覆盖面最广的征信系统。截至 2019 年底，该征信系统覆盖超过 10 亿自然人，以及超过 2 800 万家企业和其他组织。在我国，尚未被纳入征信信息的近 4 亿人，绝大多数集中在农村县域地区。

2. 农村数字鸿沟的深层根源

在种种表象之下，数字鸿沟的出现与当前农村居民的受教育程度偏低密切相关。国家统计局对全国 31 个省区市 8 488 个村的 22.6 万农村劳动力的调查显示，农民工群体中大专以下学历占比达到了

87.8%，其中初中文化占比最高（为55.4%）。相应地，农村人口接受金融教育的水平必然更低，这直接制约了农村居民的金融可行能力。如在储蓄和投资、养老规划、金融风险抵御等领域，农村地区的整体金融素养和可行能力培育明显滞后。

这其中隐含着更严重的问题，即在农村的金融市场上，缺少金融行业不可或缺的风控精神和数据资产的合规原则。在金融生态环境发展滞后的农村地区，如果消费者接触到的金融产品超出其理解范围和消费能力，风险隐患就会进一步放大。因此，我们看到针对农村地区的金融欺诈也呈现出专业化和产业化的特点。

在中国城镇化进入成熟阶段之前，如果要增加资本要素对农村地区的配置，需要建立全面的社会共识，采取和市场流动平行的手段来推动，同步建立更健全的农村金融市场机制。

此外，数字经济一般意义上的问题也同样存在于农村，包括产业的数字化程度不足、对数据资产的应用能力有限、数据的确权合规和安全问题缺乏保障等问题，都亟待解决。

3. 如何打破农村金融的数字鸿沟

如何打破这些数字鸿沟呢？一方面，要继续加强数字乡村建设，推动资金和人才有组织、有计划地向农村配置和流动；另一方面，需要大量基层工作人员落实润物细无声的具体工作，直接解决"刚需"。

亟待加强对农村居民的金融教育。可采取的方式包括加大农村师资力量的投入；对农村教育体系建立差异化的激励补偿机制；将金融常识和金融案例纳入义务教育体系；提升农村居民的金融素养和风险防范意识等。

2019年，"关于在中学阶段引入金融公共课程提高金融素养的建议"已成为两会建议提案的重要内容。教育部也已会同中国人民银行、证监会等部委开始推进相关工作的开展。

在数字乡村的建设上，随着互联网的覆盖和智能终端的进一步覆盖，对农村居民的数据收集和分析，已纳入了更加规范和系统的管理框架，政府部门应牵头将市场上对农村居民数据进行收集整理和保存的工作统筹起来，加强数据的安全、保护、确权和普惠工作。

以此为基础，针对金融场景所需的数据，可以通过建立金融机构的准入机制来使用数据，这样既提高了金融机构对必要数据的可获得性，也有效地对居民数据进行积累和保护。

此外，除了针对农村居民和农业企业的债性融资，也应支持涉农数字化发展的私募股权投资，引导VC/PE（风险投资/私募股权投资）、并购、创投基金对农村和农业的数字化进行深入研究，发现机会，配置更多资本和资源，支持相关企业创新，支持县域和农村地区的小微企业发展。

另外，和农业相关的金融产品除了股权和债权融资，还应该包括相关的农业保险、农产品期货等更加丰富的金融产品。

对农村数字金融行业的监管，也需要有更具针对性的动作，以提升农村金融消费者权益保护水平。

三、电商和供应链金融正在改变农业和农村

1. 农村电商蓬勃发展

农村电商已经成为面向农村市场的创业者最为便利的赛道：一是农村本身作为诸多产业的原材料生产基地，天生具有市场优势；二是农村创业者对这些产品熟悉，创业门槛相对较低；三是电商平台已经

非常成熟,一系列数字基建陆续落成,如数字农业集运加工中心、物流站点等基础设施的完善,能够为小创业者提供一揽子的成熟服务。

例如,不少村庄结合自身特点,以"互联网+农村实体经济"模式建设"淘宝村",深挖自身农产品优势,打造线上特色产业集群和线下一体的产输销渠道,形成线上线下、境内境外统一口径的农村淘宝运营策略。

在建设数字乡村的过程中,以农村电商产业为龙头,不仅促进形成了特定的产业集群和产业链,而且对农村的社会和经济结构产生了影响。

例如,在不少农村电商的模范村落,按照农产品形成了合作社类型的组织,基于互联网组织的合作社,逐步规范了经营模式。合作社掌握了生产标准,逐步规范了所有农户的生产活动,未来还在逐步参与制定市场规则。同时,农户逐步在合作社中形成雇员关系,与合作社之间还存在类似股权分红的共赢机制。

2. 供应链金融的农村场景

随着智慧农业的深入发展,农村地区逐步出现中心企业、合作社等具备一定规模和对外竞争能力的市场主体,能够更加主动地依托产业数据和上下游企业或农户的生产周期为调配资金提供支持。

与制造业的供应链金融服务类似的是,合作社能够基于农业产业链的上下游订单和应收、应付数据提供金融服务支持,甚至可以通过留存收益建立内部金融,向社员提供资本服务,以实现产业创新和扩大再生产。

金融机构和科技企业也在参与农村电商和合作社的金融服务场景,甚至也在主导这个场景的催生。建立互联网农村电商,利用电商平台的网络支付、网络征信、网络小贷、消费金融和大数据金融分析等健全业务体系，为农村数字普惠金融的发展提供重要的基础设施。部分实力雄厚的国有大行也在尝试设立自己的电商体系。

建设银行设立了善融商务平台，积极打造"善付通＋商城＋农业产业化企业＋经销商＋养殖／种植户"的农业产业链模式，涵盖农资供应、农业生产、农产品加工销售等诸多环节，截至2021年上半年，善融商务平台入驻帮扶商户5 444户，实现消费帮扶交易额达到69.11亿元。

农业生产资料的金融租赁也为农村金融提供了很好的应用场景，特别是围绕农业生产的全产业链进行的金融租赁服务，为农户提供了很多支持。例如，在农机金融租赁领域，已经有企业实现了从"田间"到"餐桌"的耕、种、管、收、烘干、仓储、加工全产业链业务覆盖。在河北省张家口市沽源县，与当地政府部门合作，这家企业为马铃薯专业种植户提供了融资租赁支持。种植基地的5 000亩马铃薯耕地，完全靠机械化生产，通过滴灌设备、无人机进行生产，只需要十几个人就完成了整个种植基地的工作。通过金融租赁支持推动的农业科技化和数据化，让农业种植实现了质的飞跃。

美丽乡村：田园牧歌的内在和外在建设

一、建设有文化、有活力、可持续的现代化农村

建设美丽乡村，是建设社会主义新农村这一重大历史任务在当代

结合中国发展新阶段提出的新命题。

农业农村部于2013年启动了"美丽乡村"创建活动，并于2014年2月正式对外发布美丽乡村建设十大模式，为全国的美丽乡村建设提供范本和借鉴。这十大模式分别为：产业发展型、生态保护型、城郊集约型、社会综治型、文化传承型、渔业开发型、草原牧场型、环境整治型、休闲旅游型、高效农业型。

整体来看，美丽乡村建设旨在实现建设有文化、有活力、可持续的现代化新农村。这个过程必然要全面而深刻地与数字乡村的建设进程结合起来。

1.现代化新农村模式

第一种是生态农村，即结合农村自身的自然条件，发挥农村更接近自然的便利条件，突出农村"宜居宜养"的特色，发展生态旅游及疗养服务等。

第二种是文旅农村，通过挖掘农村的历史文化特色，或建设市场主导的特色小镇、田园综合体，来推进民宿经济、农家乐、文创旅游等发展的形式。

第三种是建筑农村，特别是存在有地方特色古建筑群落的农村，可以通过建筑或者景观的修复重建，打造旅游亮点，带动人气旅游。

2.建设千姿百态的美丽乡村

建设美丽乡村首先要承认乡村之间的差异往往超过城乡之间的差异，因此，不能幻想通过重资本投入一蹴而就地形成美丽乡村建设的标准模板，其中的复杂性远超城市商业综合体的建设。美丽乡村的建设，务求结合乡村间各异的自然、人文和经济情况进行具体分析，形成"一村一案"的美丽乡村图景。

同时，美丽乡村建设也不是浮于表面地改建乡村建筑，而是要与乡村的人文及经济发展规划同步结合起来，形成有活力的美丽乡村，使美丽乡村能够服务于人的成长和生活，服务于农业建设和农村建设，让新时代的农民在新时代的农村中生活得如鱼得水。这才是美丽乡村的生命力所在。

美丽乡村的建设也是乡村文化阵地的建设。正在全面推进的县级融媒体中心建设工作即是范例。以"互联网＋中华文明"行动计划为抓手，推进乡村优秀文化资源数字化，建立历史文化名镇、名村和传统村落"数字文物资源库"，正在成为不少乡村着力发展的重点。

乡贤治理

在美丽乡村的建设过程中，吸引成功企业家回乡参与，形成党领导下的"乡贤治理"模式，取得了意想不到的成果。

2007年底，佛山的潘柱升应老家村里的需要放弃自己在贵州的生意，回到故乡佛山市禅城区紫南村担任村支书。

经过考察，潘柱升提出文化立村、文化兴村、文化强村、建设"仁善紫南"的思路，大力建设文化设施。耗资2 000多万元建设的"仁善三馆"——广府家训馆、佛山好人馆、紫南村史馆，成为许多游客来紫南观光的首选打卡点。各个姓氏自筹资金重修新建15座祠堂，新老祠堂凸显了家族文化传承的精神魅力。古香古色的建筑与提升后的村居环境相得益彰，成为岭南文化特色游的基础资源。

在此基础上，利用数字多媒体技术，紫南村还再现了广府家训等场景。"康有为写给侄儿的家书""梁启超写给梁思顺的家书"等通过现代多媒体设备投影到传统的书法桌上。

第七章 推动智慧农业与农村现代化，实现共同富裕

潘柱升认为，这样的文旅乡村建设思路，是乡村生活和文旅设施合二为一的有机结合。乡村旅游规划需要跳出旅游来规划旅游，让游客同村民共生共存。

红色名片

产业资本和相关商业运营商的加入，对于美丽乡村建设具有非凡意义，不仅能够吸纳社会资本，还可以借助成熟的开发经验和运营经验，加快发展建设的步伐。

位于汕尾市陆丰东南部的金厢镇，拥有丰富的红色旅游基因及良好的海上资源和田园风光。其下辖的下埔村是著名革命老区，同时也曾是陆丰市的66个省定贫困村之一，存在公共设施匮乏、人居环境落后、产业发展不足等问题。随着万科的定点扶贫工作在金厢镇逐步展开，依托丰富的红色革命资源，全力打造的红色村文化品牌，已成为当地一张红色名片。

万科为金厢镇策划了"一廊三带五核"产业空间布局，即一条红色革命走廊、三条产业带、五个产业与服务核心区。

红色革命走廊让金厢镇的红色旅游产业路线更清晰。以下埔村和洲渚村为基础，通过深挖周恩来同志在陆丰金厢渡海的这段历史，沿着周恩来渡海路的两侧，布局建设周恩来活动居址、周恩来在金厢革命活动展览馆、周恩来渡海纪念公园、渡海路、渡海广场等，重点发展红色参观学习和红色教育培训，形成金厢镇革命走廊。

随着红色文旅工作的开展，游客慕名而来，促进了当地经济的发展。村民通过旅游产业的带动，发现了不少创新的商机，主动回乡创业。相比2016年时全村只有6间杂货铺，年营业额不到20万元的局面，2020年时，全村已建成57个商业场所，每年可提供上百个工作

岗位，当年的营业额超过420万元。

对口帮扶

东西部定点扶贫计划，促进了发达地区先进经验在落后地区的推广及优秀人才在贫苦地区的落地。电视剧《山海情》介绍了福建对宁夏银川市永宁县闽宁镇定点扶贫的样板案例。

1996年，党中央、国务院对推进西部大开发进行了统一部署，并做出一项战略性决策：东南沿海10个较发达的省市，帮扶西部10个较为贫困的省区。其中，福建省被指定承担起对口帮扶宁夏回族自治区的任务。

自此，福建和宁夏两省区共同商定，建立年度联席会议制度，设立扶贫协作发展基金，安排各自8个县结对子，委派挂职干部到宁夏进行对口支援。

1997年，时任福建省委副书记的习近平同志提议福建和宁夏两省区共同建设生态移民点，以福建、宁夏两省区简称命名为"闽宁村"。后来逐渐扩大为闽宁镇。这是一个易地扶贫搬迁的经典案例，国家对此提出明确目标，即"两不愁三保障"。"两不愁"就是稳定实现农村贫困人口不愁吃、不愁穿；"三保障"就是保障其义务教育、基本医疗和住房安全。

闽宁镇举两省区之力，在政府组织下，发动搬迁群众改造自然环境，兴修水利设施，在戈壁滩种出粮食，并且逐步建设起道路、学校、村部、卫生院、邮电、市场等设施。

在产业发展上，闽宁镇通过政府引资、企业主导、社会参与的产业发展新机制，探索出一条"造血扶贫"的道路。不少福建籍企业家，响应政府号召，来宁夏投资创业，深深扎根于此，成为闽宁镇乃

第七章 推动智慧农业与农村现代化，实现共同富裕

至全宁夏重要的建设力量。

经过20多年的不懈奋斗，最初只有8 000多人的闽宁村发展成有6.6万人的移民示范镇，年人均可支配收入由移民之初的500元跃升到2020年的14 961元。

电视剧《山海情》把闽宁镇带到了全国人民的视野中，《山海情》主题旅游产品一时间也成为文旅爆款产品。闽宁镇所在的永宁县也准备借助这次机会盘活闽宁镇全域旅游资源，包括红树莓产业园、光伏农业产业园、葡萄酒庄、明长城遗址等，希望让旅游业成为闽宁镇经济新的增长点。

美丽乡村建设是实现乡村振兴的重要载体，无论是外在生态和建筑环境的改善，还是人文和社会风貌的提高，以及对文化和生态旅游产业机会的挖掘，都是美丽乡村建设的重要组成部分。

二、网络上的乡村，让世界听到我们的脉搏

自2018年1月2日起，《中共中央　国务院关于实施乡村振兴战略的意见》正式实施，媒体传播成为推进乡村振兴战略的重要力量。

2018年8月，习近平总书记在全国宣传思想工作会议上发表重要讲话，指出"要扎实抓好县级融媒体中心建设，更好引导群众、服务群众"[1]，从国家战略层面提出了县级融媒体建设的发展方向。

移动互联网媒体时代，社交媒体通过音视频、大数据、智能算法等多种技术手段，运用更为直接和简便的方法建立了个人媒体，吸引

---

[1] 中国政府网. 习近平出席全国宣传思想工作会议并发表重要讲话. http://www.gov.cn/xinwen/2018-08/22/content_5315723.htm.

了更广范围的用户积极投身于形形色色的社交媒体，通过个人公众号、短视频和直播等方式，实现内容制作、人气聚集、品牌传播甚至商品销售等目标。这个时代，可谓"人人都有麦克风"。

随着全媒体的不断发展，全程媒体、全息媒体、全员媒体、全效媒体等新兴模式层出不穷，信息无处不在、无所不及、无人不用，导致舆论生态、媒体格局、传播方式发生了深刻变化。为做好乡村振兴工作中的媒体传播，国家既提出了更高的挑战，也提供了更丰富的工具和更宽阔的思路。

这些传播者中已经不乏影响力走出国门，吸引全世界目光的"超级网红"。例如，出生于四川省绵阳市的李子柒，从2015年开始自拍自导国风美食短视频，"古香古食"的主题令无数观众大饱眼福，成为她的拥趸。2021年2月2日，李子柒以1 410万的YouTube订阅量刷新了由其先前创下的"YouTube中文频道最多订阅量"的吉尼斯世界纪录。

2020年，抖音发起了"新农人计划"，招募有志于建设乡村的创作者，从流量扶持、运营培训、变现指导等方面提供扶持，帮助其生产更好、更优质的内容。抖音拿出了12亿流量扶持"三农"内容创作，助力"三农"信息和"三农"创作"被看见"，让优质"三农"内容得到更好的传播。

为了帮助农村防控新冠肺炎疫情和复工复产，各地方政府官员更是积极加入抖音直播带货的队伍，打造了"地方官员＋直播＋助农"促进消费和销售的"直播＋"带货新模式。

例如，抖音联合今日头条、西瓜视频发起的"战疫助农"公益项目，通过设立农产品供需信息发布专区、上线重点农产品聚合页、开展"县长来直播"系列活动等方式，帮助农产品找到销路。其中，"县

第七章 推动智慧农业与农村现代化，实现共同富裕

长来直播"活动邀请百位县长直播带货，助力当地特色产品销售。

另外，政府部门和地方国企凭借自身较好的公信力背书和信息资源的整合能力，寻找适合自己的切入点来推动这个领域的工作。例如，数字广西集团作为广西壮族自治区政府国有独资数字经济平台企业，打造"社会扶贫网+消费扶贫网+乡村振兴网"三网合一的广西壮族自治区"一张网"（爱广西·扶贫振兴云），作为自治区总工会唯一指定的扶贫产品采购平台，开展了"广西百万工会会员扶贫活动"，为全区百万会员提供扶贫产品线上购买服务，签约金额超过3亿元，带动9.2万人脱贫，位居全国首位，成了2020年度全国优秀扶贫案例。

也有不少利用网络拉动旅游的成功案例，且颇具创新性，甚至达到了系统化和IP化的效果。

国家网信办选派的援疆干部狄多华，在与新疆本地领导进行全面论证和探讨之后，联合自治区党委宣传部、自治区文旅厅共同策划推出"新疆是个好地方——达人西游"系列网络传播活动，展示了新疆旅游的新理念、新业态和新产业。[1] 该活动成功举办了八季，先后邀请了220余名全国知名的网络达人深入新疆14个地、州、市，行程累计5.2万千米。活动期间创作的图文、音频、视频、直播等形式的作品，总传播量达到98.7亿次，不仅为新疆文旅产业带来了很好的传播机会，而且通过集聚流量广纳善言，为新疆文旅产业发展大开脑洞，提供了不少新的思路。

讲好农村故事，也是新时代讲好中国故事的重要组成部分，结合全国推动媒体整合的大势，用新媒体和互联网的思路来传播农村故事。

---

[1] 狄多华.发现新疆.北京：中国旅游出版社，2020.

同时也要注重发动群众，借助市场，群策群力，建设好县域主流融媒体，团结好有志、有为、有思想的聚焦"三农"的新媒体。

更重要的是推广同产业相结合，发挥媒体的信息和流量优势，提升媒体的大数据运营能力和移动互联网服务能力，将美丽乡村和智慧农业通过互联网和市场联系起来，实现产业和商业价值的提升。

三、乡村教育的数字化

2021年7月，教育部等六部门印发《关于推进教育新型基础设施建设构建高质量教育支撑体系的指导意见》（以下简称《意见》），提出到2025年，基本形成结构优化、集约高效、安全可靠的教育新型基础设施体系。

《意见》中特别提到，"通过卫星电视、宽带网络和宽带卫星为农村薄弱学校和教学点输送优质资源，促进教育公平"，以及"通过现有资金渠道加强对薄弱环节和贫困地区的倾斜支持，缩小区域、城乡、校际差距。优化金融服务，支持教育新基建"。

教育新基建对于国家意义重大，特别是在2020年新冠肺炎疫情暴发之后，随着疫情防控和复工复产工作的展开，如何进行线上教育布局，实现同线下教学的完美互补，成为全行业的重点课题。

一方面，建立教育专网，按需扩大学校出口带宽，实现中小学固定宽带网络万兆到县、千兆到校、百兆到班，并深入推进IPv6（第6版互联网协议）等新一代网络技术的规模部署和应用；另一方面，利用新一代信息技术开发数字教育资源，支持国家电视空中课堂、职业教育专业教学资源库、高等学校线上一流课程、网络思政课程建设等。

此外，推进"智慧校园"建设，支持有条件的学校利用信息技术升级教学设施、科研设施和公共设施，发展网络条件下个性化的教与学，建设科研协同平台等也都是可以采取的手段。

乡村教育新基建本身也是数字乡村的重要组成部分，而且对促进数字乡村建设有重要的长期价值。

一方面，乡村教育新基建紧密贴合基层乡村治理建设、智慧农业建设和美丽乡村建设，通过引入先进的教育资源，帮助乡村完成移风易俗，改善基层治理情况，提升产业技术以及促进对外交流等。另一方面，乡村教育新基建有助于加强乡村数字化人才的培养。随着教育水平的提升，以及数字化技术在教育课程中的应用，年青一代对数字技术有很高的接受度，具备应用数字技术的技能，具备应用数字技术进行产业创新的意识，形成乡村数字化建设的长远内源性动力。

随着产业资源和社会资本对乡村振兴事业理解的不断加深，不少机构涌入这个市场，寻找符合自身定位的发展机遇，谋求差异化发展之路，特别是在涉农的职业教育、青少年非学科教育等领域，有不少案例颇有新意。

丰农控股旗下的"天天学农"是国内首个互联网农民职业教育平台，也是目前国内培训农民人数最多、覆盖面积最大、课程体系最完善的互联网农民职业教育平台。

"天天学农"与100余家农业院校、科研院所合作，与1 500名农业专家独家签约，通过"线上+线下"的培训方式，为涉农人群提供农业技术、农业经营管理、农产品品牌打造、农业认证等多项培训服务。目前，"天天学农"已经上线超过5万节农业课程，累计服务超过500万名农民，课程观看次数超过10亿次。"天天学农"既是首个入驻中央宣传部"学习强国"的民营企业平台，又是中央农广校合作单位、广东省农业农村厅"广东精勤农民网络培训学院"的课程与平台支持单位。

近年来，在城市里逐渐火爆的STEAM教育理念和服务也开始在农村地区得到推广。所谓STEAM课程，是指由科学（Science）、技术（Technology）、工程（Engineering）、艺术（Art）、数学（Mathematics）等学科共同构成的跨学科课程。该课程强调对发现问题、解决问题的综合能力的培养。按照教育课程分类，STEAM课程包括机器人教育、编程教育、创客教育、科学实验、科学盒子、艺术教育等。

目前，大部分乡村小学仍对开设STEAM课程力有不逮，因为既缺乏有教学经验的教师，也缺乏相应的设备。农村STEAM教育的现状有如下4个特点：

第一，大城市的STEAM教育竞争激烈，农村教育市场相对空白，反而对后发者来说仍然是"蓝海"，大有可为。

第二，STEAM课程往往可以通过电教室远程完成，不受距离限制，这样同其他很多非学科教育的课程相比更有优势。

第三，更重要的原因在于国家真金白银的投入，在推进乡村教育新基建的过程中，随着教育专网、智慧校园等系统的建设，农村学校也初步具备了远程学习STEAM课程的硬件条件。

第四，教育系统在全国范围内科技等领域举办的大赛，激励了农村学校对相关教育的重视和发力。

在具体实践中发现，STEAM课程中涉及观察自然、动手实验等课程，在农村会有更便利的条件开展活动，更容易受到学生的欢迎。不过市场仍然相对偏早，需要做出较大的前期投入。

当年，摄影师解海龙镜头下的大眼睛女孩，成为希望工程的形象代言人，她的凝视成为激励越来越多人投身希望工程和农村教育事业的初心和动力。

如今，全国扶贫攻坚战取得胜利，中国进入了实现"共同富裕"和"乡村振兴"的历史新阶段，如何将65.5亿亩农村集体土地都建设为美丽乡村？如何将占全国GDP 7.7%的农业都发展为现代农业？如何将占全国总人口36.11%的5亿农村常住人口都培养成新时代农民？这些问题关乎人民福祉，关乎民族复兴，关乎人类共同命运，也是考验我们民族、国家和制度的试金石。

在数字化和智能化推进社会和经济发展的历史大背景下，数字经济赋能乡村振兴，也是历史的大势所趋和应有之义。

高尔基
财新智库执行总裁

第八章

搭载数字化利器的中国碳中和之路

碳中和的必经之路：数字化技术成为行业转型关键

一、中国实现"双碳"目标的政策规划与路径

1."30·60目标"

2020年9月，习近平总书记在联合国大会中提出，中国二氧化碳排放力争在2030年前达到峰值，努力争取2060年前实现碳中和。随后"30·60目标"被写入"十四五"规划，正式将碳达峰和碳中和上升到国家战略层面。[①]

中国碳中和目标的设立与"十四五"规划的布局之年在时间上重合，目标时间的锚定及国家顶层发展规划文件的出台，意味着未来的碳排放强度将会被纳入约束性指标，明确各个区域与行业碳排放控制任务的分配与协调。

---

① 中华人民共和国中央人民政府网. 习近平在第七十五届联合国大会一般性辩论上发表重要讲话. http://www.gov.cn/xinwen/2020-09/22/content_5546169.htm.

"30·60目标"将成为中国转向绿色低碳、实现高质量发展的重大契机，在深刻影响中国生态环境、经济结构、发展方式的同时，也是中国推动构建人类命运共同体、应对全球气候变化的集中体现。

近年来，中国绿色发展成效逐渐显现，中国预计在2060年实现碳中和的目标，相较于欧盟、美国、日本等发达国家和地区晚10~15年，这与中国复杂的经济格局和能源消费结构相匹配，是基于现实考量所做出的理性判断。

控制碳排放的宏观规划，首次作为执行重点被纳入中国未来经济发展规划中。"十四五"规划将能源消耗和二氧化碳排放量精确地规定为分别降低13.5%和18%。这一指标的实现不但需要产业结构变革的支撑，也与创新驱动发展密切相关。

将"双碳"目标细化为具体的排放指标和规则，要求与能源生产、运输和能源消耗相关的企业进行内部优化和产业链优化，通过能源使用效率的提升、碳热的再利用、落后产能的淘汰、更新优化产业结构，提高单位碳排放的经济产出。"30·60目标"政策时间线如图8.1所示。

2. 重点行业加入"双碳"行动

随着碳中和相关体制、机制逐渐完善，更多行业和领域被纳入控制碳排放的规划。2021年2月，重点行业纷纷召开碳达峰、碳中和研讨会，对各行业产业如何实现碳中和的目标进行了研讨，只有将"双碳"目标落实到具体的行业，未来对重点行业的碳排放控制才能更加明确和细化。

2021年，国家能源局分别就风电光电建设、新能源上网电价征求意见，逐渐完善了新能源定价机制。此外，新能源生产运输机制的

数字上的中国

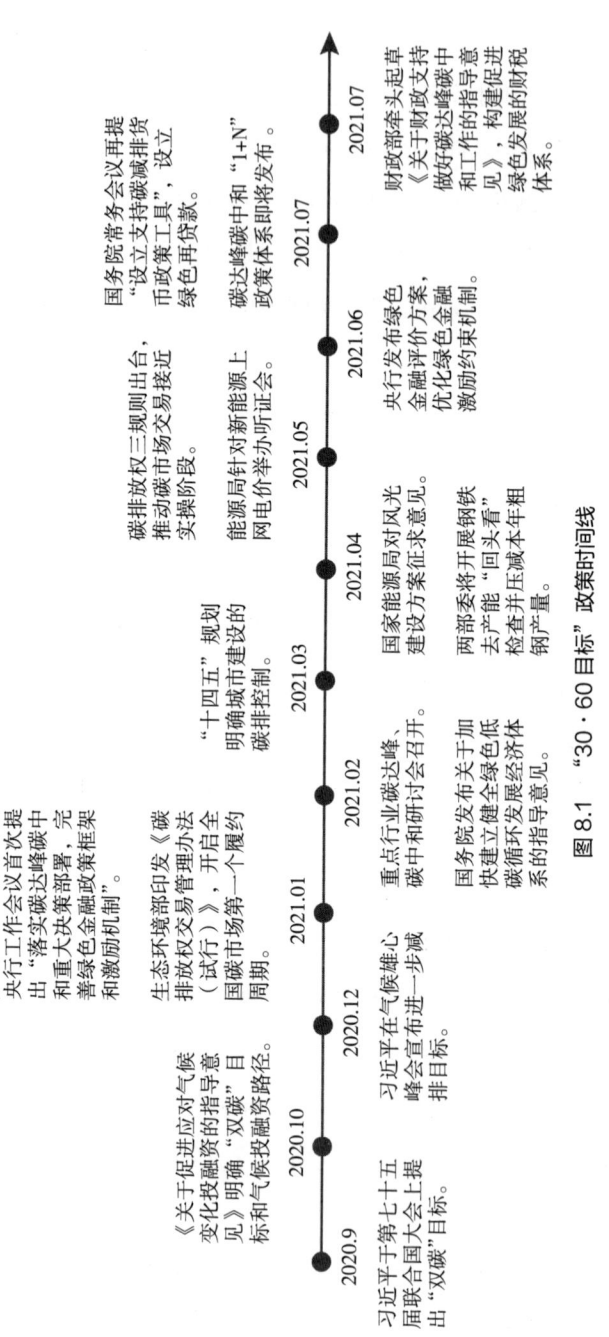

2020.9 习近平在第七十五届联合国大会上提出"双碳"目标。

2020.10 《关于促进应对气候变化投融资的指导意见》明确"双碳"目标和气候投融资路径。

2020.12 习近平在气候雄心峰会宣布进一步减排目标。

央行工作会议首次提出"落实碳达峰碳中和重大决策部署，完善绿色金融政策框架和激励机制"。

2021.01 生态环境部印发《碳排放权交易管理办法（试行）》，开启全国碳市场第一个履约周期。

重点行业碳达峰、碳中和研讨会召开。

2021.02 国务院发布关于加快建立健全绿色低碳循环发展经济体系的指导意见。

2021.03 "十四五"规划明确城市建设的碳排控制。

2021.04 国家能源局对风光建设方案征求意见。

两部委将开展钢铁"去产能'回头看'"检查并压减本年粗钢产量。

2021.05 碳排放权三规则出台，推动碳市场交易接近实操阶段。

能源局针对新能源上网电价举办听证会。

2021.06 央行发布绿色金融评价方案，优化绿色金融激励约束机制。

2021.07 国务院常务会议再提"设立支持碳减排货币政策工具"，设立绿色再贷款。

碳达峰碳中和"1+N"政策体系即将发布。

2021.07 财政部牵头起草《关于财政支持做好碳达峰碳中和工作的指导意见》，构建促进绿色发展的财税体系。

图 8.1 "30·60 目标"政策时间线

资料来源：中华人民共和国中央人民政府网、新华网综合整理。

完善，也将推动中西部落后地区在不破坏生态环境的条件下进行资源开发，促进地区间的协调发展。

与此同时，生活领域也被纳入碳中和的重点规划范围。"十四五"规划将城市建设指向生态绿化的固碳作用、绿色交通、建材对碳排放的削减作用，使城市环境兼顾低碳和宜居两个维度的需求。

国家也在逐渐细化碳中和政策。2021年初，国家发展和改革委员会提出的"大力调整能源结构、加快推动产业结构转型、着力提升能源利用效率、加速低碳技术研发推广、健全低碳发展体制机制、努力增加生态碳汇"六大发力领域，以及逐渐形成的"1+N"政策体系，厘清了碳中和落实的具体领域和方向。

在能源生产端，国家能源局持续推动煤炭消费比例的下降和新能源的替代，并提出到"十四五"规划期末，实现可再生能源发电机占中国电力总装机50%以上的目标，并实现高质量的电力消纳和运输，为"双碳"目标提供能源结构的根基。

在能源消费端，工信部、住建部和交通运输部共同发力，在绿色制造、绿色建筑和低碳运输方面起草制定规范和管理办法，将碳排放控制具化到能源消费的各个环节，进行全方位的能源消费变革。

在资金支持方面，央行出台绿色金融、绿色债券对减排投融活动进行支持，财政部将通过研究碳税政策、新能源补贴政策来进行调节，生态环境部建立的碳排放交易体系也将为碳排放控制提供资金支持。

二、企业迎战碳中和，能源产业链如何实现低碳发展

碳中和目标从国家宏观意志落实到能源产业链的运行调整，需要

企业这一微观经济主体进行积极有为的规划和路径设计。追溯能源的生产与消费链条，可以看到中国能源产业链对碳中和的态度与实践。

能源领域的中石油、中石化、中海油都已启动碳中和路径研究，国家电网也于2021年3月发布了"碳达峰与碳中和行动方案"。传统能源消耗大户——宝钢集团的时间线则更加明确，提出到2023年实现碳达峰，2050年力争实现碳中和。

能源生产端的企业必须合理评估短期与长期的策略互补，加速能源生产的结构性调整。能源行业的碳中和推进，主要依靠能源生产结构的转型，对以煤炭为主要能源的中国来说就是向去煤化和能源结构多元化转变。

短期来看，这样的转变会给能源行业带来阵痛。根据高盛基于现有技术进行的估算，中国75%的脱碳转型意味着每年7 200亿美元的成本，并且随着减碳工作的深入，成本曲线会快速变陡，并引发就业岗位的流失。

长期来看，减碳带来的效率提升和对碳汇交易市场的激励，会在相当程度上抵消能源结构调整带来的附加成本和岗位流失。能源行业需要在宏观目标的范围内，评估短期策略与长期策略过渡的周期，并结合企业自身的资产状况和盈利能力，实现短期的损益和长期效益提升的平衡，以实现碳中和目标下能源结构的平稳迭代。

能源消费端，主要行业应按照自身排放结构来规划合理的碳中和路径，并作为清洁能源替代的基础。当前主要的能源消耗工业多依靠电力，即二次能源，要想真正实现碳排放的控制，就应当将自身的排放结构细化到发电源头的能源结构。以电解铝行业为例，作为能源密集型产业，电解铝的电解过程需要丰富的电力支撑。生产1吨电解铝所排放的二氧化碳量约为11.2吨，而使用水电生产的碳排放量接近于零。

互联网科技企业在电力消耗领域的二氧化碳排放量同样不容小觑。绿色和平与华北电力大学 2019 年发布的《点亮绿色云端：中国数据中心能耗与可再生能源使用潜力研究》显示，2018 年中国数据中心碳排放总量达到 9 855 万吨，预计到 2023 年，中国数据中心碳排放总量将达到 1.63 亿吨。碳管理软件提供商"碳阻迹"测算显示，数据中心目前占互联网科技公司碳排放总量的 90% 以上。

在能源消费转型的过程中，应当着力关注能源溯源的消耗结构与清洁能源的推广使用相协调，对于企业来说，优化清洁、低碳能源购买的区域布局，顺应国家新能源布局的政策导向，是谋求能源转型的重要抓手。

三、"双碳"目标与数字化技术

1. "双碳"目标的积极作用

碳达峰和碳中和目标的推进，将围绕生产方式和生活方式，为诸多产业带来新业态和新的发展契机。四大行业将受到利好：清洁能源、新能源上游材料、推进供给侧结构性改革的传统工业，以及低碳环保的生活领域产业。

生产领域的能源生产将更加依赖光伏、风电、生物质能等清洁能源，并带动新能源产业链上游材料的巨大需求。在深入实施供给侧结构性改革的传统工业，减碳将压缩产业供给，加速出清落后产能和达不到碳排放指标的企业，保持低碳高效生产企业的市场地位，依靠规模优势进一步提升对碳排放控制的贡献。[1]

---

[1] 中航证券. 策略深度报告：碳中和投资逻辑.

生活领域的低碳环保理念衍生的可降解塑料、绿色建材、绿色出行等产业，将伴随着碳中和目标对各个领域的渗透，迎来发展的拐点，并与绿色生态的生活方式相辅相成，形成更加稳健的发展业态。

2. 数字化如何赋能"双碳"目标

主线产业在向碳中和目标迈进的过程中，受制于行业发展状况，需要以数字化技术支撑可持续发展。要实现碳中和，就需要对能源结构进行彻底变革，但能源结构受到已有消费格局、技术水平等多方面因素的影响，其转变需要一个长期的过程，数字化技术的信息融通作用，可以为能源使用的提质增效赋能。

数字化技术为碳排放提供了测量与分析工具。一方面，碳排放的数字化将生产的各个环节纳入全时监测和储存之中，通过算法形成实时数据走势，保证错误排查的实时性和可追溯性。另一方面，数字化技术可以为产业链的信息流通和共享提供技术支撑，产业链可以依靠数字化技术进行上下游协同沟通，各个节点根据联结的系统与数据及时进行生产规划，做出更加及时有效的碳排放决策。

数字化技术与人工智能结合，将拓展新的减碳空间。在消费端，数字化技术通过大数据、人工智能学习，推动城市交通的优化建设、自动驾驶和城市管理运行的优化，提升居民通行和生活的效率，减少碳排放。在产业端，数字化技术依托工业互联网，推动生产过程的智能化，提高能源使用效率和产出效率，达到节能减排的目的。[1]

---

[1] 人民网.业界：实现碳达峰碳中和目标离不开数字化.

第八章　搭载数字化利器的中国碳中和之路

能源产业：数字化孵化新格局

一、传统能源智能化，优化碳排放解决方案

中国作为世界上最大的发展中国家，稳定而持续的经济增长得益于能源事业的长足发展。同时，能源总量与人均能源拥有量的倒挂导致能源供给压力持续不减，传统能源依然是主流，支撑着庞大的能源消费。

近年来，传统能源比例逐渐下降，但以煤炭、石油、天然气为代表的传统能源消耗比重仍约为85%。[1]在传统化石能源仍将长期作为主要能源的大背景下，传统能源管理的智能化，是平衡经济发展、碳排放控制和社会协调的必经之路。

传统能源从发掘到使用，需要涵盖勘探、开采、炼化加工、运输、存储等方面。智能化对传统能源进行的碳中和改造，则是通过对产业链的上述环节赋能实现的。

首先，当初级能源材料进入再加工环节后，炼化管理系统对加工过程进行实时监测，提升了生产过程的管理精度，确保了生产流程优化、生产效益提高和环保标准严控。

其次，在运输和仓储环节，管理系统进一步打通物流系统，通过对产品流动性的低碳管理，提高了生产全过程的产出效益和碳排放的

---

[1] 国务院新闻办公室.新时代的中国能源发展白皮书.

管理水平。

再次，通过融合 GIS 的空间地理信息、大数据分析、移动互联网等新技术，在整个生产过程中实现信息可视化、大数据诊断和事故预警，降低事故风险，提高生产效率。

最后，智能化管理系统将各个相对独立的生产环节联系起来，推动上下游形成统一的数据模型和数据管理方式，从而实现数据的自动采集和集成式共享。[①]

以大量消耗传统化石能源的电力生产为例，通过对火电厂燃料的智能化管理，能够推动燃料质量评估和计量的标准化，保证化石燃料的合理使用。集中管理的业务流程，也可以在降低管理难度的同时，实现化石燃料使用效率的提升，提高单位碳排放量下的发电水平。

2019 年，南宁国电公司通过 AI 优化火力发电，使锅炉热效率提高了 0.5%。从电力传输来看，"数字化 + 电网"可以通过"馈线自动化"等技术形成智能化的输电网络，提升输电效率，数字电网对储能的优化，也大大减少了时空错位带来的能源浪费，有力支撑着减碳事业。

二、数字技术多维度推动能源革命

埃森哲的调查显示，75% 的成年人愿意支付更高的价格来选择重视环境保护的商家。[②] 除了对节能环保产品的追求外，近年来分布

[①] 孙博华，赵翔. 中国能源智能化管理现状和发展趋势. 华北电力大学学报，2014（1）：1-6.
[②] 王靖，王鹏，潘科峰. 决胜快速转型中的中国能源消费市场.

式能源设备，如光伏设备，也广受好评。互联网作为信息交流和共享平台，在提高新能源曝光率的同时，形成了消费者对新能源的社会监督，引导新能源走向整个生产链的低排放，最终实现净零排放。数字技术与能源生产和消费的深度融合，将推动新一轮能源革命。

数字技术给能源消费决策提供了决策工具。数字化系统可以通过传感器硬件与信息汇总分析软件的结合，实现对能源消费的及时全面监测。随着能源革命的深入，能源数字逐渐形成生态以及多元主体的数据流、价值流和业务流形成体系，经过进一步的数字化分析，能源消费主体将可以更加准确、科学地制定节能方案，有针对性地对生产环节进行优化。

数字技术也为能源消费业态带来变革。随着信息技术和智能终端的逐渐普及，消费者将拥有更加广泛的能源消费选择权。"能源、信息、服务"的综合性消费理念，倒逼能源生产端和中间环节采取更加有效的需求平抑方案，催化了更加丰富的能源生产、消费、服务的新业态。

数字技术提升日常能源消费效率。绿色节能、生态环保的理念深入人心，能源消费的偏好逐渐向天生与数字技术紧密结合的新能源领域倾斜。例如，数字技术能够提升新能源汽车充电设备的使用效率并优化支付体验，实现信息的平台化与共享化，通过与交通网络大数据深度结合，既能有效抑制城市交通碳排放，又能提升交通效率，降低交通事故发生率。

工业部门的碳中和路径：
技术赋能与产业链上的低碳转型

一、中国制造业的低碳转型困境

比尔·盖茨在其新作《气候经济与人类未来》中从消费端对温室气体排放进行了分类，生产和制造的排放占比为31%，电力生产与存储的排放占比为27%，种植和养殖的排放占比为19%，交通运输的排放占比为16%，取暖和制冷的排放占比为7%（见图8.2）。

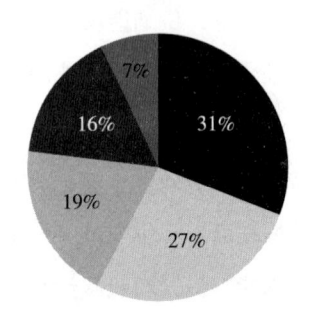

图 8.2 全球消费端碳排放占比情况

自18世纪以来，几次工业革命不断推动着人类社会的发展进步，全球工业的飞速发展打破了过去几千年人类活动与自然调节的碳平衡状态，也令工业生产和制造成为碳排放最主要的来源，并使其承担着极大的低碳改造任务。

第八章　搭载数字化利器的中国碳中和之路

要完成制造业的低碳转型目标，对于中国来说是极大的挑战。自改革开放以来，制造业一直担任中国经济腾飞的最重要引擎，整体规模已跃居全球第一。

根据国家统计局对数据的初步核算，2020年，中国能源消费总量为49.8亿吨标准煤，比2019年增长2.2%。与2019年相比，煤炭消费量增长0.6%，原油消费量增长3.3%，天然气消费量增长7.2%，电力消费量增长3.1%。煤炭消费量占能源消费总量的56.8%；天然气、水电、核电、风电等清洁能源消费量占能源消费总量的24.3%，比2019年上升1%。每千瓦时火力发电标准煤耗下降0.6%。全国万元国内生产总值二氧化碳排放下降1.0%。[1]我国在工业低碳转型方面已取得了部分进展，未来的目标是提升碳转型的速度和力度。

中国碳市场计划覆盖的八大重点排放行业（石化、化工、建材、钢铁、有色、造纸、电力、航空）的碳排放量占全国碳排放总量的88%。根据"30·60目标"的时间表，部分地方政府在执行层面上将2030年以前视作高碳项目的窗口期。制造业的低碳技术发展速度滞后于降碳目标速度，严格压降高碳行业无疑会在实现碳中和的前期对经济增长造成明显冲击，其影响也可能波及上下游产业和进出口贸易的发展。

中国科技部部长王志刚认为，科技是保障同时实现碳达峰、碳中和与经济社会发展的关键，碳达峰、碳中和将带来一场由科技革命引起的经济社会环境的重大变革，其意义不亚于第三次工业革命。[2]通过加速和提升低碳技术的研发水平，推动清洁能源的发展，降低绿色

---

[1] 国家统计局. 中华人民共和国2020年国民经济和社会发展统计公报.
[2] 王志刚. "碳中和科技创新路径选择"香山科学会议. 2021.

溢价，从源头控制碳消耗和碳排放，这一观念已成为全球共识。

与此同时，根据专业机构的研判，碳中和给传统行业所带来的，并非一定要以牺牲利益为代价。

首先，碳中和对于传统行业无疑是一次行业洗牌和供给侧结构性改革的机遇。以低碳技术和降碳能力为准绳，清理淘汰行业中不规范、不达标、管理松散的低端产能，从而使行业龙头呈现更好的聚集效应。

其次，碳中和是推动传统行业转型的重要外力。根据高盛投资策略组亚洲区联席主管王胜祖的分析，在经过去产能和行业整合后，类似宝武钢铁等头部钢企的盈利能力、增长潜力都得到了提高；传统车企与华为等科技企业合作，推进其向新能源车研发、车辆智能化方向的转型。

最后，碳中和倒逼中国整体产业结构改革和转型。与发达国家相比，我国的碳排放压力主要来自占国民经济总量41%的第二产业，因此，提升能源消耗密度较低的第三产业也是实现碳中和的重要路径。根据标普全球测算，如果民间消费在全社会总支出中的占比从目前的不到40%提升至55%，中国的碳排放量将下降1/3。

清华大学气候变化与可持续发展研究院常务副院长李政认为，碳中和是以低碳为"把手"，倒逼经济往高质量方向发展。要实现这一过程，中国传统制造业企业要面临严峻的转型和成本考验，一方面，需要企业做好准备，容忍适度的增速下滑；另一方面，也应大幅提升低碳技术和创新研发在企业支出中的占比，以科技攻克能耗难题，从根本上降低绿色溢价，从根本上实现降碳甚至零碳。[1]

---

[1] 王力为.碳中和如何洗礼中国经济.财新周刊.

二、绿色制造：自上而下的低碳转型尝试

与欧美发达国家相比，中国制造业一直肩负着经济发展增速的硬指标，难以兼顾效益与环保的平衡发展，往往因绿色环保的生产工艺溢价较高而选择粗放型的经营和生产模式。近年来，随着"双碳"目标和低碳发展理念在全社会的普及推广，中国制造业开始在环保工艺和低碳技术领域奋起直追。

2016年9月，中国工业和信息化部发布了《绿色制造标准体系建设指南》[①]，绿色制造体系倡导高效、清洁、低碳、循环，以绿色工厂、绿色产品、绿色园区、绿色供应链为主要内容，以企业为建设主体，由第三方评价机制和标准体系为基础。自工信部于2016年首次发布绿色制造标准后，截至2020年9月，5批符合标准的绿色制造名单相继公布，累计评选出2 135家绿色工厂，874项绿色设计，173个绿色园区和189个绿色供应链。

绿色制造事实上是我国自上而下对制造业进行绿色低碳转型的一种尝试，也是中国在兑现"30·60目标"的承诺，同时也旨在加快我国传统制造业从粗放的能源密集型向技术密集型的转变，从而提升参与未来国际低碳制造竞争的力量。

海尔践行绿色发展，构建新发展格局

作为中国民族制造业的代表品牌，全球领先的智慧家庭解决方案提供商和领先的工业互联网平台服务商，海尔坚持推行"绿色设计、绿色制造、绿色经营、绿色回收"的4-Green（4G）战略，将低碳、

---

① 中国工业和信息化部.绿色制造标准体系建设指南.2016.

循环、节能、减排融入企业生产经营全过程，为行业创新和生态可持续发展贡献力量。

绿色设计：海尔携手各相关方共同搭建绿色节能生态圈，加大对低碳技术的研发投入，提高低碳节能产品占比，通过评估产品生命周期各个阶段对环境的影响，设计出质量更优、寿命更长的产品，减少废弃物的产生。同时，注重优化产品的节能环保属性，提高产品能效等级，开发应用无氢氟碳化物制冷技术等低碳环保技术，有效控制产品使用过程中的温室气体排放量，实现企业绿色、低碳、高质量发展。

绿色制造：海尔结合物联网、大数据、云计算、5G等技术，打造绿色低碳智慧园区，实现了工业园区能源流、数据流、碳追溯流的"三流合一"，将绿色低碳理念贯穿产品制造的全过程，以智慧能源管理、清洁能源使用及工艺流程改造为依托，推动单位产值能耗持续下降。"十三五"期间，海尔单位产值能耗降低30.3%，单位产值水耗降低19.3%，节约费用2.2亿元，实现经济效益与环保效益的双赢。

绿色经营：海尔以"双碳"目标为驱动，立足新发展阶段，贯彻新发展理念，深耕能源互联网建设，探索出多能互补、多场景交互的绿色低碳发展模式，持续创新节能减排方案，降低化石能源使用占比，提高能源利用效率，推行清洁生产。截至目前，已完成光伏发电装机容量78兆瓦，年发电量约为6600万千瓦时，海尔的节能低碳解决方案已实现由内而外的社会化复制，社会节能效益转化已覆盖北京、天津、河北、河南、山西、宁夏、山东等20余个省、自治区、直辖市，积极为国家"双碳"目标的达成贡献力量。

绿色回收：海尔将从用户服务体系搭建，物流网络建设，再生原料、再生产品和产品回用部件研发、拆解和再利用体系建设，以旧换新等方面着手，完善废旧家电回收处理体系，构建"回收—拆解—再利用—再循环"的产业生态体系，推动资源、环境的良性循环。

工业富联——数字化赋能绿色制造生产系统

工业富联作为全球领先的智能制造和工业互联网企业，从自身的核心领域和优势出发，多角度助力"双碳"目标实现。工业富联通过先进的技术及服务，推动行业在节能减排、能效管理等方面的高质量发展和绿色发展。

数字能源智能监控系统。该系统通过及时采集、实时监控、自动调整，并结合群控技术、边缘计算、大数据分析及可视化平台管理，使企业各系统合理稳定运营，综合提升制造环境中的环保、安全、用电、用水等方面的使用效率，助力企业提质增效、节能减排、绿色环保、健康发展。导入该系统后，设备能够在最优的状态、最经济的模式下运行，实现能源"供"与"需"之间的平衡，最终实现综合能耗降低约20%。以工业富联河南某园区年度应用成效为例，年度节省用水137.6万吨，相当于655个标准游泳池；减碳1.48万吨，相当于每年植树8 340棵。

智能绿色循环制造系统。该系统基于工业富联Fii Cloud云平台研发而成，可对制造过程中产生的钨等贵金属废料进行再生利用。每1 000吨废料回收的社会效益：节省的电可供约3 000户居民使用一年，节约的水可供约2 000户居民使用一年。工业富联已针对废弃钨金属资源建立回收平台，年循环使用碳化钨材料300吨，据测算，相当于每两年可少开采一座矿山。

截至2020年末，工业富联已经获得6项国家或省级绿色工厂荣誉，分别位于深圳、南宁、郑州、太原、晋城和济源6个厂区。富时社会责任新兴市场指数优于全球84%的同业。恒生A股可持续发展企业基准指数为A级，处于行业排名前10%。

三、中国的新能源车产业链的数字化与创新

乘用车领域的低碳目标主要通过能源消费场景革新实现，即以新能源车代替传统燃油车。自2009年推动新能源车行业发展以来，在国家财政的大力补贴、公共交通电动化推广和部分主要城市燃油车限购政策的推动下，中国已于2015年成为全球最大的新能源汽车市场。

2020年11月发布的《新能源汽车产业发展规划（2021—2035年）》测算，预计2025年和2030年的中国新能源车产销量分别为650万辆和1 400万辆，渗透率分别为21%和40%，未来10年的复合增速将达到25%。

根据中金研究团队的分析，乘用车行业低碳发展路径较为清晰，中国在锂电领域的技术突破和产业优势，以及中国在新能源车产业链和消费端的数字化变革与创新，有望带动中国乘用车行业在全球产业发展及碳中和表现中实现赶超。①

在新能源车消费领域，中国汽车工业协会的数据显示，截至2021年5月底，中国新能源汽车保有量约为580万辆，约占全球新能源汽车总量的50%。全国已累计建设充电站6.5万座，换电站644座，各类充电桩187万个，建成覆盖176座城市、超过5万千米的高速公路快充网络。②

---

① 中金研究院. 碳中和经济学：新约束下的宏观与行业分析.
② 刘羊旸，高亢，张辛欣. 我国新能源汽车产业发展驶入"快车道".

阳光电源——新能源产业链上的数字化

阳光电源作为中国新能源行业的翘楚，专注于太阳能、风能、储能、电动汽车等新能源电源设备的研发和数字化系统建设。通过对光伏逆变器、风电变流器、储能系统、水面光伏系统、新能源电动汽车驱动系统、充电设备、制氢装备、智慧能源运维服务等产品和系统的研发，阳光电源以数字化为推手，发挥光、风、储、电、氢等领域的协同创新优势，助力实现碳中和目标。

阳光电源致力于融合数字技术和电力电子技术，围绕智能光伏发电系统建设，运用云计算、大数据、移动互联网、人工智能等信息通信技术，开发智能逆变器、智能运维机器人、智能运维系统及检测软件等智能光伏产品，并在光伏电站设计、设备选型、运维监控等环节推广应用，显著提升了光伏产业智能化、数字化运营水平。代表行业引领方向的最新"1+X"模块化逆变器对传统集中逆变器进行了重大革新，实现电站设计更灵活、发电量更高、运维更高效。全球功率最大组串逆变器SG320HX等最新产品的出现重新定义了行业高度，加速光储深度融合，助力光伏发电系统高质量发展。

阳光电源计划构建基于碳中和目标的风光储充换多能互补一体化运营平台，替代传统意义的分布式能源站，提供全生命周期零碳综合智慧能源解决方案，解决类似项目从设计到优化、从运行到维护的全过程、全方位技术难题，从而拓展包括风光储充换在内的多能互补技术的应用范围和战略地位。同时，阳光电源通过深入研究碳计量的科学方法论，实时计量系统中的碳排放和碳资产积累情况，并进行可视化展示，确保相应的优化决策需求能够被准确、直观地传递给系统决策者，最大限度地提升系统的高效性和经济性。

截至2021年上半年，阳光电源在全球市场累计实现逆变设备装机超 1.82 亿千瓦，每年可发清洁电力 2 573 亿千瓦时，每年为地球减排二氧化碳 2.06 亿吨，覆盖全球超过 150 个国家和地区。

碳中和的社会性参与：城市发展与公民意识

一、碳中和推动城市低碳解决方案

随着科技进步推动工业现代化的飞速发展，全球陆地面积的 3% 被城市所覆盖。在发展中国家，城市化也被视作衡量社会进步和经济实力的重要指标。城市的快速发展不断提升着人类的生存状况与生活水平，能源和生活消费造成的二氧化碳排放集中在都市区，城市成为碳中和的主战场。

第七次全国人口普查数据显示，中国城镇常住人口数量为 90 199 万，占总人口比重为 63.89%。近 10 年来，我国城镇化以每年约 1.421% 的速率提升。自然资源保护协会的资料显示，中国 70% 以上的碳排放来自城市。因此，除了传统能源和工业部门，中国城市生活的碳中和进程亦亟待加速。

据生态环境部的消息，中国已开展了三批共计 87 个低碳省市试点工作，其中共为 82 个试点省市研究提出达峰目标，计划分别在 2020 年和 2025 年前达峰的分别为 18 个和 42 个，但目前尚未有城市宣布实现碳达峰。北京、上海、广州、深圳四座超一线城市全部加入低碳试点，诸如杭州、武汉、重庆等部分经济区域中心一线城市也加

第八章　搭载数字化利器的中国碳中和之路

入了试点,此外,晋城、呼伦贝尔等非中心城市也位列试点名单。[①]

低碳约束正在成为一种自上而下、纳入地方治理考核的重要指标,能源、产业、交通、城市建设和公共服务等领域的结构调整将成为中国城市迎战碳中和的一次大考,对于大量长期依赖能源和重工业发展的资源型城市来说,任务将更为艰巨。

"30·60目标"的强制力,刺激着重工业和资源枯竭的城市转型,协同进行减排降碳与污染治理、环境改善,挖掘城市其他资源禀赋和发展机遇,探索数字化、科技化、生态多元化等方向的更多可能,使城市更文明、更环保、更宜居。

中国人民大学国家发展与战略研究院研究员王克认为,中国城市的低碳路线图主要是通过对增长方式、能源系统、消费模式和城市化模式的转型实现的。[②]

增长方式的转型主要是通过改变产业发展方式,靠技术进步和创新驱动产业增长,一方面,促进传统产业的低碳转型;另一方面,大力发展新型绿色低碳经济取代传统的能耗型经济增长。

能源系统的转型是构建以清洁、低碳为特征的城市能源供应体系,通过合理控制和平衡能源需求总量,有效提升能源利用效率。

消费模式的转型是通过宣教和倡导绿色低碳生活方式,使市民逐步形成绿色、低碳、节约的消费理念和生活消费方式。

城市化模式的转型是通过改变城市形态、加强低碳基础设施建设,改善对土地利用模式与公共交通体系的设计和规划,以实现低碳转型。

值得注意的是,低碳转型是通过科技化和创新化手段,提高城市

[①]《环境茶座:新达峰目标和碳中和愿景,是实现可持续发展的内在需要》座谈实录.中国环境记协,2020:(11).

[②] 汪苏,殷靖宇.面向碳中和:中国城市迎来低碳大考.财新网.

的生态质量和发展效率。与工业领域的低碳转型一样，在城市结构调整的初期，势必会有短期的经济增长压力，通过以产业链高端企业和新经济战略产业，置换传统高耗能企业和落后产能，城市最终将培育出新增长点和新动能。在低碳转型中抢占先机的城市，也将在未来城市发展序列中获得竞争优势。

二、重构公民消费观，培养低碳生活意识

气候变化是一个庞大的议题，与每个人息息相关。普通公民对气候变化的直接感知，来自近年来频发的极端天气和气候现象，面对灾难性天气和庞大议题，即使是最有意识的个体依然感到无能为力。从社会的角度来看，公民的低碳意识觉醒和参与度至关重要。

公民低碳意识的培养需要不断的政策引导和社会宣教。从政府的社会治理角度来说，要将气候变暖的影响和低碳生活理念的教育纳入基础教育课本，加强社区宣传和公共宣传，提升公民对气候灾难的紧迫感及自主选择低碳生活方式的意识。

从市场经济调控的角度来说，需求侧的低碳化可有效引导居民在消费端主动低碳化。比尔·盖茨认为，减少自己的碳排放量并不是个人所能做得最强有力的事情，个体还可以向市场传递信号，表明人们想要"零碳"替代品，并愿意为它们付费。

消费端的低碳化需求将直接影响供给端的低碳决策，企业将在研发低碳技术方面投入更多的精力和成本，投资者将更有信心地将资本注入低碳技术研发企业，政府也将给予低碳研发企业更多的补贴和政策支持。长此以往，带有低碳技术的产品的绿色溢价将被有效压低，拥有价格优势则意味将获得更大规模的市场，从而在整个市场形成一

个以低碳化为核心理念的闭环。

公民的社会生活离不开衣、食、住、行，而这四个方面依然有很大的降碳空间。

服装纺织方面：鼓励推广使用有机棉麻及采用低碳技术的可循环布料，拒绝消费会造成严重环境污染和大量碳排放的快消服饰品牌。

日常餐饮方面：合理安排日常餐食，避免对食物的过度消费，积极拥抱安全可靠的植物基肉食，尽可能降低高耗碳畜牧肉类的消费。

居住生活方面：尽可能合理使用以清洁能源（如电力）供能的供暖和制冷设备，降低家庭单位的碳排放。

交通出行方面：鼓励选乘以公共交通或清洁能源为动力的交通工具，例如，以新能源车代替燃油车，短途出行尽可能使用共享单车或步行。

公民生活方式的改变与相关领域技术的进步相辅相成，政府要有意引导公共生活领域的低碳化选择，从政策和财政层面提供支持与补贴，企业应加速上述社会生活场景内的低碳化技术的研发及应用，推动公民更加积极主动地选择低碳化生活方式，聚沙成塔的效应将为碳中和甚至"零碳"未来填筑坚实的力量。

中国碳金融潮起：应对气候变化的投融资发展

一、碳市场与碳金融：从"概念泡沫"到"价值投资"

全球碳排放交易体系逐渐发展成熟。国际碳行动伙伴组织的资料显示，截至 2021 年，全球已有 33 个从不同级别政府层面启动的碳排放交易体系，其中包括一个超国家机构、11 个国家、18 个省或州及 6 座城市，此外，未来还有 24 个碳排放交易体系正在筹备。目前，这些正在运行碳市场的司法管辖区占全球 GDP 的 54%，碳市场覆盖了全球 16% 的温室气体排放。[①]

中国的碳交易市场相较欧美发达国家起步较晚。2011 年，北京、天津、上海、深圳、湖北、重庆等省市开展碳交易试点，2021 年 7 月 16 日，全国碳排放权交易市场在上海环境能源交易所正式开市。

统一化的全国碳市场是实现 "30·60 目标" 中的关键一步，形成全国统一的碳价格，可以提高碳市场的流动性及定价的效率，进一步推动形成更加有效的碳市场和好的碳价格信号，助力低碳平稳转型。在打好统一市场的基础之后，才能进一步完善碳市场的各项机制，包括明确总量设定、配额分配向拍卖过渡、推动金融机构的入场参与、形成相对合理稳定的碳价格、推动能源价格市场化改革等。[②]

中国在低碳问题上，一直依赖政府的严格政令执行。随着全国统一碳市场的形成，以制度化安排敦促企业将碳排放纳入"成本思维"，审视如何在碳市场中通过交易行为实现降低成本提高利润，倒逼企业通过优化能源结构、研发低碳技术等手段，主动降低能耗，减少碳排放，交易多余碳指标，从而达到以低碳促进企业生产效率和利润的提升。

据估算，2021 年中国碳市场的成交量可能达到 2.5 亿吨，交易金

[①] 高瑞东. 碳中和背景下的绿色金融投资机遇. 财新网.
[②] 徐忠. 对碳市场最新进展的思考. 财新网.

额将突破 60 亿元。中国碳市场的参与主体将会从企业逐步扩大到机构投资者和个人，市场的交易品种也会从现货扩展到期货、碳指数等衍生品领域。碳排放权交易不仅将成为促进企业降低碳排放的具体手段，还将丰富金融市场的资产类别，为投资者提供一项投资选择。

碳中和是长期目标，需要中长期资金对绿色技术和产业的发展提供支持，中金公司的报告显示，目前国内 PE/VC 基金的存续期多为 5~7 年，而众多绿色技术企业需要 7~10 年才能达到 IPO 门槛，这是国内股权投资机构难以请来绿色技术企业的重要原因。①

在全球共建碳中和的远景及市场对气候风险更深刻的认知下，ESG[Environmental（环境）、Social（社会）和 Governance（公司治理）的缩写]投资将逐渐从小众走向主流，绿色资产配置的必要性已在欧美市场得到认同，开市即为全球规模最大的中国碳市场，其碳金融发展也应顺应这一潮流，早日消除概念泡沫，有效发挥金融工具在碳中和中的作用，引导资金流向具有技术和绿色价值投资的领域。

二、中国应对气候变化投融资的理念与策略

随着"30·60目标"的确立，中国的气候变化投融资逐渐由探索前进驶入加速推进的快车道。2020 年 10 月，由生态环境部、国家发改委、中国人民银行、中国银保监会、证监会五大国家机关联合发布的《关于促进应对气候变化投融资的指导意见》，给中国的气候变化投融资领域带来了规范的政策参考，也预示着包括碳排放交易、绿色债券、绿色信贷的中国绿色金融体系将迎来新的发展机遇，并为未

---

① 中金研究院.碳中和经济学：新约束下的宏观与行业分析.

来绿色金融国际合作留出想象空间。

根据中金的估算显示,全球有超过40万亿美元的投资是按照ESG投资原则进行的,从近年的发展情况来看,绿色信贷、绿色债券融资量快速增长,一些研究显示,平均来讲,ESG投资回报率并不比传统的不受限制的投资回报率低,即绿色信贷、绿色债券的利率并不比普通产品低,这说明对于投资者而言,做好事和获取私人利益之间并不存在矛盾。[①] 例如,碳排放占比超过40%的电力行业的绿色溢价只有17%,按可变成本计算的绿色溢价已经是负值,即清洁能源的可变成本比化石能源低。基于清洁能源项目的回报和风险可预期性较高,绿色信贷和绿色债券等固定收益工具可作为主要的支持方式。

中国作为制造业大国,其规模效应和外溢效应尤其突出,绿色金融总体上也将促进中国宏观经济的发展。针对绿色溢价高的行业,如航空、建材、一些化工领域等,通过技术创新突破瓶颈是关键,更需要资金投入。基础性研究的公共投入包括财政和开发性金融,有效的资本市场,尤其是股权融资促进高回报、高风险的创新,也有助于加速资源再配置使用。

目前,中国已成为全球最大的绿色金融市场,除了绿色债券、绿色信贷等传统金融产品,中国的绿色风险投资基金、绿色保险、绿色不动产信托、绿色租赁等有绿色偏好的产品层出不穷,在丰富产品种类的同时,也应警惕市场中的风险和不确定性。

从国际经验来看,培养更多的理性绿金投资者,加强监管,规范市场,完善信息披露和市场标准,杜绝发生非绿色投资标的"洗绿"

---

① 中金研究院. 碳中和经济学:新约束下的宏观与行业分析.

现象，通过各方合力推动绿色资产供给的增长，同时，随着碳排放市场交易量的正价，市场自然会产生对金融衍生品的需求，气候投融资市场的金融属性就会得到进一步提升。

王晓明

财新数据副总经理

第三篇

数字治理篇

第九章

破解数字时代"反垄断"困局,创新监管模式

数字时代数据监管的底层逻辑

一、破解数字时代的"反垄断困局"

1. 传统反垄断框架陷入理论和现实的双重困局

数字时代,许多领域都存在少数头部科技寡头占据绝大部分市场份额的现象,例如,外卖、支付、网络销售等。这引发了来自学界、消费者和政府对垄断问题的普遍担忧。根据传统的经济学理论,垄断问题之所以如此重要,或者说反垄断政策之所以如此重要,是因为垄断可能带来两方面的潜在危害。

第一,垄断可能会损害消费者福利。因为垄断企业有绝对的市场优势,消费者面对唯一的商品或服务供给方,不得不接受垄断企业制定的"过高"价格。这里的过高并非指商品或服务的绝对价格高低,而是指与竞争对手相比,消费者要承担更高的价格。

应该说,这个结论符合普通人的一般直觉。考虑到企业主体大多

以利润最大化为目的，我们完全可以想象，一旦企业获得了绝对的市场优势甚至垄断地位，肯定有相当强的冲动从消费者身上获取更多的收益。20世纪初的美国就出现了这种状况。当时美国的钢铁、石油、金融等行业完全由少数寡头垄断，下游厂商和消费者毫无话语权，只能被动接受这些行业寡头制定的价格。

第二，垄断可能会损害创新。一方面，垄断企业没有足够的动力进行自发性创新；另一方面，垄断企业会限制其他企业进入该领域，而这些企业本来有可能带来潜在的创新。当代经济学理论普遍认为，创新是引领一个经济体持续增长的最主要动力，因此垄断对创新的损害也是经济学界最关注的话题之一，在很多时候甚至超过了对消费者福利的关注。

然而，在数字时代，用上述两个理论来解释现实，一些问题就会变得颇具争议。

首先，很多行业内大型科技平台的出现往往会带来新的商业模式和消费模式，消费者的可选择性有所提高。一个典型的例子就是从没有外卖行业到外卖行业的出现，外卖平台给消费者提供了许多便利和选择。

规模效应是理解上述现象的关键。数字时代，服务消费成为主流，而在既有平台投入给定的情况下，服务的边际成本趋近于零。服务100个人和服务101个人，需要支付的成本可以说几乎没有差别，所以多出来的那一个消费者对应的边际成本增加就接近于0。而如果能够服务100万个人，平台对应每一个人的平均成本会显著降低，这就是规模效应的力量。

其次，在产业经济时代，行业寡头必须驱逐任何试图进入该领域的企业，因为它们提供的产品具有高度同质性和可替代性。如钢铁行业的企业只能生产钢铁制品，石油行业的企业只能生产石油制品。这是卡内基和洛克菲勒这类企业获得垄断地位的原因，也是它们维持垄断地位的根本，任何试图生产钢铁和石油的企业都是它们必须消灭的对象。

在数字时代，科技平台之间不是产品的竞争，而是服务的竞争，最简单的例子就是手机里的 App。这种服务并非简单的服务，而是在不断挖掘新需求的基础上，运用数字技术产出的一整套解决方案。在一些情况下，有些企业看上去拥有牢不可破的垄断地位，但也有可能在短期内突然面临巨大挑战。拼多多就是个典型的例子，在不到 5 年的时间里，拼多多迅速崛起并成为淘宝的主要竞争对手，这背后离不开拼多多对现实需求的精准挖掘、商业模式的创新及资本市场的帮助。

除了外部竞争，大型科技平台内部也有很多细分的小团队，这些小团队之间的竞争也促进了数字时代的创新。而且有时候平台内小团队实现创新的能力和动力往往并不比其他外部创业企业弱。

不仅如此，在数字时代，大型科技平台企业的行业属性变得非常模糊，它们面临的是跨领域的竞争或潜在竞争。单独从任何一个行业来看，这些大型科技平台或许会具有明显的市场优势。但它们同时也面临来自其他领域大型科技平台的潜在竞争压力。

2. 保障更广泛的社会福利是数字时代加强监管的底层逻辑

经济学中有一个概念叫帕累托改进，讲的是一种改变如果能让一部分人获得好处，同时其他人不会遭受损失，那么这种改变就叫帕累托改进。然而，现实中的帕累托改进非常少。我们不能只关注所谓的消费者福利，因为消费者和生产者本就是一体的。所谓的创新也不总是好的，许多创新实质上都不是帕累托改进。过度强调消费者福利，就会让我们忽视创新对其他人群的影响。例如，线上业务在提高商业效率、满足消费者需求的同时，客观上确实造成了实体店客户的分流。

更典型的例子是外卖行业的算法创新。从提高效率和消费者福利最大化的角度出发，最好的算法一定是能够使配送速度达到最快的算法。在这样的背景下，算法的逻辑完全是由效率驱动的，这其中完全没有伦理存在的意义，也没有任何其他社会价值的介入。算法要做的事情就是不断试探外卖员的配送极限。过去的算法能实现40分钟送达，接下来的算法就要尝试38分钟送达。与此同时，由于过度强调对消费者负责，消费者的评价就成了衡量外卖人员服务质量的唯一标准。

在这样的体系下，算法创新让平台获得了收益，消费者福利也得到了改善。看似皆大欢喜，但这种改善不仅体现为效率的提高，也以生产者（外卖配送员）的福利损失为代价。更短的配送时间往往意味着外卖配送员被迫承担了更多的风险。同时，外卖配送员往往并非平台的正式员工，享受不到足够的社会福利保障，平台实际上是从这种所谓灵活用工的机制中攫取了巨大的便利，并将之转化成巨大的利益。

因此，数字时代，监管大型科技平台企业的底层逻辑已经不再是过去基于消费者福利和创新的反垄断框架，而是要回到促进经济发展的初衷，从社会福利和人民整体福祉出发，重新审视大型科技平台企业的种种创新。党的十九大报告明确指出："中国特色社会主义进入新时代，我国社会主要矛盾已经转化为人民日益增长的美好生活需要和不平衡不充分的发展之间的矛盾。"发展的最终目的是实现人的自由和解放，效率不应该成为判断创新与否的唯一标准，让人民的生活变得更好才是一切科技创新的出发点和落脚点。因此，保障更广泛的社会福利是数字时代加强监管的底层逻辑。

二、加强数据监管是践行政府职能、维护国家安全的必然要求

1. 加强数据监管是数字时代赋予政府的新职能

数字时代，无论是生产还是生活，都离不开数据的支持，同时也在不断产生新的数据。可以说，数据已经成为驱动生产和服务生活的关键要素之一。面对数据的强大力量，如何引导这种力量为国家经济和社会发展服务，并确保不出现系统性风险，是党执政的主要任务之一，也是衡量执政效率的重要标准。党的十九届四中全会提出要"努力推进国家治理体系和治理能力现代化"，提升数据治理水平正是其关键组成部分。

但是，与其他生产要素不同的是，数据是一种非常特殊的生产要素。这种特殊性主要体现为数据与由此形成的知识——也就是算法——具有不可分割的关系。因此，数据的垄断远比市场的垄断更加稳固，也更加重要，因为离开了数据，外人根本无法学习和应用这些算法知识及相应的技术创新。另外，在数字时代，掌握数据和算法的大型科技平台实质上执行了某种基础设施的职能。亚马逊和淘宝更像是一个全国性，甚至全球性的交易市场，脸书、谷歌、微博等平台成为比报纸和广播电视普及度更高的信息传播媒介。

这些大型科技平台既是数据和算法知识的拥有者，又是基础设施的少数供给方，在面对其他企业和消费者时，它们就具有着绝对优势，数据的过度获取和滥用就无法避免。这不是所谓的商业道德和法律规定问题，而是在现行的商业模式下，这些企业必须尽可能积累更

多的数据，才能维护当前的市场地位——数据和算法的拥有者及基础设施的少数供给方。而在现实中，数据和算法的拥有者与资本的拥有者往往是重合的，企业的市场优势又可能导致其他要素供给方无法获得合理的报酬，进而加剧贫富分化。

因此，不能仅从消费者隐私保护的角度去考虑数据监管的问题，这涉及经济秩序、社会公平等多个方面的综合议题。加强数据监管是数字时代赋予政府的新职能。

2. 没有数据监管的自主权和主导权，就谈不上国家安全

在数字时代，全球各国政府都已经认识到数据是支撑一国经济发展的重要资源，甚至是战略资源。同时，数据也是商业模式创新和技术创新的核心驱动力。20年前，美国在跨境数据流动方面占据主导地位。20年过去了，中国的跨境数据流动占全球的份额大约为23%，美国的跨境数据流动占全球的份额大约为12%，只有中国的一半。在这样的背景下，2020年美国布鲁金斯学会发布了一篇长篇报告，认为数据安全将成为中美在技术竞争方面的关键领域。例如，在美国对TikTok（抖音国际版）进行限制时，名义上的原因就是"中国政府存在实际或潜在利用美国敏感数据和技术的可能"。

维护数据安全也是中国面临的现实问题。2014年，习近平总书记首次提出了"总体国家安全观"，其中就包含信息安全。[1]数据是信息的重要载体，但基于数据形成的知识就已经不再是信息的范畴了。维护数据安全，实际上是维护基于数据形成的各类知识的安全，这些知识涉及经济、社会、科技等多个领域，可以说贯穿了"总体国

---

[1]《瞭望》新闻周刊.习近平主持国安委第一次会议首提总体国家安全观.中国新闻网.

家安全观"的方方面面。

在全球化的大背景下，数据的跨境流动对有效维护数据安全提出了更高的要求。这种情况下，要想维护数据安全，仅做到数据储存的本土化是远远不够的。中国必须在数据监管领域掌握自主权和主导权，积极参与国际监管规则的制定。否则，一旦在数字领域出现国际性争端，轻则会伤害到中国企业在海外的合法权益和长远发展，重则会危害到国家安全。

全球数字领域的监管理念与模式

当前，全球主要国家都已经意识到数据在维护社会经济秩序、保障公平正义和参与大国竞争等多个维度的重要性。截至2019年，全球围绕数字制定的相关重要立法已经接近250项。目前，全球在数字领域主要有两个不同的监管理念。一个是强调平衡个人隐私和商业发展的监管理念，美国是比较典型的代表；另一个是更加注重个人隐私保护，防范大型科技平台企业利用数据优势对中小企业和消费者进行侵害，欧盟就是这种理念。基于不同的监管理念，美国和欧盟各自确立起了不同的监管模式。

一、美国模式：尊重市场结果，兼顾个人与商业

美国最早从个人隐私保护出发，于1974年颁布了《隐私法案》。这个法案的基本理念是平衡个人隐私与商业利益，可以说打好了美国

监管理念的底色。2019 年，美国发布了《联邦数据战略与 2020 年行动计划》，把"将数据作为战略资产加以利用"作为美国数据战略的核心目标。美国主张以市场为导向，规定联邦贸易委员会在自由平等的市场环境下保护消费者免受不公平待遇，其法律体系更加倾向于保护数据处理者而不是作为消费者的数据主体的利益。

在实践中，美国在数字领域履行监管职能的机构是美国联邦贸易委员会。但是，美国联邦贸易委员会的主要职能是审查并处理企业的不正当竞争和欺诈消费者的行为，不是专门为进行数据监管而成立的专业机构。《联邦贸易委员会法》规定，美国联邦贸易委员会只能对企业"不公平和欺诈性商业行为"罚款，而公民不能根据该法案提起私人诉求。值得注意的是，近年来美国联邦贸易委员会在数字监管领域越来越活跃，实际表现也更加积极，增加了许多具有相关职业背景的政府人员。因此，美国的法律虽然没有专门赋予美国联邦贸易委员会行使数字监管的职能，但该部门根据实际情况，事实上自发创造出了新的职能。

二、欧盟模式：强调个人权利，防范大企业的不正当侵害行为

与美国相比，欧盟对数据监管的理念明显更偏重于强调个人权利和隐私保护。因此，整个欧盟关于数据监管的法律体系都是以保护个人权利为导向的，个人是个体数据最主要的，甚至是唯一的所有者。因此，欧盟将个人数据保护的职能完全揽在自己身上。

2016 年，欧盟通过的《通用数据保护条例》奠定了数据监管的基础性框架。2020 年，欧盟委员会又提交了两份更重要的立法动议，分别是《数字服务法案》与《数字市场法案》。毫不夸张地说，这是

近 20 年来欧盟在数字监管领域进行的规模最大、影响最广泛的立法改革。虽然这两份法案尚未正式通过，但我们可以由此看出欧盟数据监管的基本框架。

《数字服务法案》和《数字市场法案》提案的规则内涵主要包括三点：第一，更好地保护消费者在线上的基本权利。对于消费者来说，这意味着其对在线商品和服务的选择更加多样化，支付的价格更为低廉。第二，建立强大的高透明度和明确的网络平台问责框架。提案的新规则明确了平台"必须做"或"不得做"的业务界限，进一步协调了平台方与消费者之间的关系，特别是被认定为"守门人"角色的平台企业的权责框架。第三，注重加强对在线平台的系统性民主控制和监督，积极发挥大众媒体的作用，不断降低潜在的系统性风险，如操纵或发布虚假信息等，从而创造一个公平竞争的数字生态。

在具体实践中，欧盟的每个成员国都设有专门独立的 DPA（数据保护机构）。其主要职能就是在欧盟数据监管法律的框架内，审查相关企业，具有比较明确的权力。这些机构有权对任何违反《通用数据保护条例》的企业进行处罚，但罚金有上限，以 2 000 万欧元或该企业全年全球营业总额的 4% 中最高的为准。不仅如此，欧盟的普通民众也有权向 DPA 提起独立诉讼，同时按照相关规定，DPA 必须调查所有收到的投诉请求。

三、美国和欧盟两种监管模式的对比

首先，在监管理念上，欧盟更强调个人权利，而美国更强调市场结果。在斯诺登"棱镜门"事件之后，欧盟法院以"美国将法律执行和国家安全置于隐私保护原则之上，不能确保欧盟公民的数据在美国得到充分保护"为由，终止了曾经允许欧洲向美国传输欧洲个人数据的《安全港协议》。在欧盟看来，不仅个人信息完全属于个人，是个人权利的一部分，而且个人权利还应该在国家安全之上。反观美国，历届美国政府都优先保障创新和技术进步，提倡各行业的自治，不愿意实质性地限制企业行为。自从上一轮发生在20世纪初的反垄断大潮之后，美国再也没有出现过一例针对大企业的拆分判决。

其次，在法律体系上，欧盟的数据监管法律体系更加完备，而美国的法律体系相对显得碎片化。《通用数据保护条例》可以说是欧盟在数字监管领域的"宪法"。这是一部几乎覆盖了所有经济领域的法律，适用于任何出于商业目的对个人数据处理和使用的情况。同时，《通用数据保护条例》在整个欧盟范围内的标准是一致的，具有跨地区的可适用性。目前，全球大多数颁布数据隐私法律的主权国家都是以欧盟的《通用数据保护条例》为参照而制定的。相比之下，美国的数据隐私体系高度碎片化，不仅没有一部具有全国统领性和综合性的法律基础，而且各州在数据监管层面享有巨大的自主权，导致数据监管的标准在不同州之间存在很大的差异。

在监管实效层面，欧洲表现得更加完备，但美国更加积极，近两年尤其如此。虽然美国缺少专门从事数据监管的政府部门，但从现实效果看，美国数据隐私法律的执行力度并不弱，甚至要比更加强调个人隐私的欧盟还要强。由于《联邦贸易委员会法》和美国其他法律对违法违规企业的罚款金额没有设置上限，该委员会可以根据实际情况开出天价罚单。当然，最终的实际履行额度取决于更复杂的因素，但这从根本上增加了该委员会的震慑力和谈判权。例如，美国联邦贸易委员会在2019年因剑桥分析公司的丑闻，而对向剑桥分析公司泄露用户数据的脸书开出了50亿美元的罚单。同年，美国联邦贸易委员会对美国征信业的行业巨头依可菲开出了 7 亿美元的罚单,原因是其泄露了约 1.43 亿名消费者的个人信息。相比之下,欧盟模式下的执法机构权责更明确,执法具有普遍性。但在对执法机构赋予相应职责的同时,相关资源并没有很好地向这些机构倾斜,大约一半的欧盟 DPA 每年的财政预算在 500 万欧元及以下,且主要来源于相应成员国的政府拨款。在实践中,欧洲各国 DPA 的执法效率并不高,往往是因为财政紧张而只能雇用极少数量的技术专家。即使针对已经被明确认定的违法行为,所开出的罚单规模往往也比较有限,并没有起到很好的震慑作用,反而有可能限制新平台的进入和商业模式的创新。

中国在数字监管方面的现实挑战

伴随数据算法的普及,近年来我国违规收集、滥用和泄露个人数据信息的情形十分严重。2020 年,我国手机应用软件存在强制超范围收集用户信息的情况,97% 的应用软件默认调用相机权限,35% 的应用软件默认调用读取联系人权限。[①] 北京市消费者协会经过调查发现,56% 的被调查者表示自己有过被"大数据杀熟"的经历,其中以网购、在线旅游、酒店住宿、网约车、外卖等消费场景居多。"大数据杀熟"、滥用和泄露个人信息的行为在我们的社会生活中屡见不鲜,更给我国数字监管带来了诸多现实挑战。

---

① 中国信息通信研究院. 数据治理研究报告(2020 年).

一、数据归属权不明晰，普遍存在过度使用现象

1. 数据的三重属性决定了权属问题的复杂性

当前，数据被认为是数字时代的关键生产要素，有人把数据称为数字时代的"石油和铜矿"。然而，有一个非常重要但迟迟无法给出标准答案的问题，困扰着数字时代的所有人：数据究竟属于谁？因为社会各界在数据权属问题上始终没有达成基本共识，个人、平台和国家层面就出现了许多衍生问题，这些问题体现在个人数据保护、数字企业反垄断原则、国家数据主权等多个层面。因此，大部分学者都认为，数据权属问题已成为数字经济发展的最大障碍。

第一，数据权属问题首先要立足于国家层面，国家需要获得数据的自主权和主导权。这就意味着，国家对管辖区域内的数据享有管理控制、开发利用和安全保护的权力。因为数据一旦产生，在网络上传播和复制的成本非常低，如果数据被一些国家进行不正当处理和利用，如跨境调取、大规模数据监控，那么可能会给本国的安全和经济等造成很大威胁，还可能引发数据主权争端问题。

正因如此，数据主权问题在国际上的重视力度很高。我国也自2016年以来相继出台了《中华人民共和国网络安全法》和《中华人民共和国数据安全法》等相关法律法规，尽可能为维护我国数据主权提供可靠的法律依据和支撑。

第二，大型科技平台借助数据优势进行行业垄断的倾向日益突出。数据技术的应用目前存在一个悖论，技术进步和商业模式的创新在加剧竞争和提高效率的同时，也可能出现"赢者通吃"的局面，导致行业间的竞争被削弱甚至消失。而数据本身就是一个重要但又非常特殊的生产要素，产品和服务都具有非排他性，复制成本甚至边际成

本几乎为零,导致企业可以利用收集数据实现盈利,甚至过度利用平台竞争优势大规模收集数据并将其据为己有。

但因此就判定数据垄断是数字经济时代的一个突出问题,可能过于悲观。大型平台虽然为追逐利益和财产权益而竞争不断,但数字经济时代的竞争和垄断大多是动态的,零边际成本也意味着社会流动性提高,这在一定程度上会推动创新和进步,"赢者通吃"的局面也就不会一成不变。那么,有效的监管和创新思维也许对于反垄断来说并不悲观。

第三,用户个人信息保护问题可能引发信任危机。在实践中,企业和用户对数据所有权的认知有时会存在差异。一般来说,大多数企业会在协议中认可用户享有个人数据的所有权,企业享有使用权,但也有部分企业会将用户产生的平台行为数据和账户信息归入企业所有,仅赋予用户使用权。企业平台通过强制确权用户个人信息的行为,可能造成用户对数字市场的信任危机。

2. 划分数据权属在实践中困难重重

第一,单纯从立法层面解决数据权属问题可能会收效甚微。近年来,我国针对"数据到底归谁"的问题,在地方城市通过立法进行了大胆尝试,例如,2020年公布的《深圳经济特区数据条例(征求意见稿)》规定了个人数据权属归个人主体所有,公共数据权属归国家所有,但在真正付诸实施时又因各种问题而止步不前。当然,不仅是我国存在这样的问题,在欧美等发达国家也是一样。欧盟和美国虽然是个人数据保护体系比较完善的区域和国家,但至今也未能解决"数据到底归谁"的问题。

第二,数据分级分类问题仍未解决。划分数据类型在一定程度上被认为是对数据进行确权的重要前提，而不同类型的数据在权属处理方面存在差别。但现有政策法规并未对数据分级分类问题进行专门规定，这导致数据资产价值化困难重重，更会严重制约数据要素价值的发挥。也有观点认为，通过数字税平衡当前数据财产收益分配不均衡的局面是解决数据权属在实践中划分不清的重要一环。但数据分级分类问题不解决，诸如征收数字税并形成有效监管将恐难成形。

二、监管框架完善度和跨部门协调效率亟待提高

"十四五"规划提出，要建立健全数据要素的市场规则，加快建立数据资源产权、交易流通、跨境传输和安全保护等基础制度和标准规范，推动数据资源的有效开发利用。目前，我国数字市场的培育和发展仍处于起步阶段，其监管体系和制度设计正在逐步完善与成熟。

第一，国家顶层立法和制度设计正在向完整的体系框架演进。目前，国务院及相关部委针对数据问题出台了超过30项综合性或专业性的数据政策法规，顶层制度设计的统筹和数据市场整体法律体系的层次正在完善。

第二，数据市场监管的落地化程度有待提高。行政部门之间条块分割不清和数据涉及的安全问题复杂情况加大了实践上的困难。而地方政府在构建信息平台促进互联网服务实体经济方面动力十足，下一步应提高掌握着部分关键数据资源的国家垂直管理部门提供数据的积极性，提升数据资源使用和共享效率。

第三，数据共享涉及国家安全。虽然通过数据的分级分类监管可降低或避免数据泄露的风险，但数据的敏感度会随着数据样本的增加而发生变化。当数据量可以衍生出具体区域的详细情况，甚至涉及国

家区域分布情况时，数据的敏感度足以威胁国家安全。

三、国际规则模糊不定，难以有效对接

1. 全球尚未就国际监管规则达成共识

目前，全球数据监管主要涉及三个基本问题：数据权属、数据使用和数据安全保护。就目前国际上存在争议的两大监管模式来看，欧盟模式和美国模式的监管理念和关注侧重点仍存在显著差异。例如，欧盟《通用数据保护条例》设定的数据监管框架的关键在于个人权利，对数据的收集和使用遵循"原则上禁止，有合法授权时允许"的原则，承认消费者对个人信息拥有一定程度的主导权。

相较之下，美国则更侧重于基于市场结果的数据权益。美国《加利福尼亚州消费者隐私法案》规定，数据收集使用要遵循"原则上允许，有条件禁止"的原则。也就是说，平台企业具有创造数据、赋予数据新的价值的能力，平台企业的数据具有一定的权益。至于处罚方面，只有因数据泄露受到实际损害的消费者才有权提起诉讼。所以，从这个角度看，美国平台企业的数据权益是优先于消费者个人权益的。

与美欧相比，中国数字经济的优势仍来自人口红利，借助规模效应推动应用发展获利，从基础层和技术层可以获取的利益与竞争力还十分有限。对中国而言，一味地照搬欧美数据监管模式及政策的做法，其实并不合适。

2. 国际监管规则的制定与落地仍存在一定差距

从国际经验看，欧洲的数字监管虽走在世界前列，但缺乏成功的数字企业，更不用说是在监管实践层面取得成功的数字企业。从

全球数字平台发展的速度及规模看，中美平台不断引领全球发展态势。2020年，中美超过百亿美元的平台企业共有64家，全球占比为84.2%，而新增的7家平台企业均来自中美。[①] 相较之下，欧洲的数字监管仍基本停留在理论原则层面，可付诸实施的监管规则十分欠缺，更谈不上让其监管规则统一适用于国际企业实践层面。

同时，各国主要监管机构的监管态度不断变化，体现出竞争意识不断增强。近年来，数字平台力量日益强大带来的市场竞争失序、用户权益损害、财富分配失衡等问题，引发了各国监管机构的高度关注。主要国家和地区通过调整和创新数字监管规则来增强本国竞争力的改革步伐在不断加快。德国通过建立"事前监管"制度直接对超大型平台行为进行规制，引入"超越反垄断"的新工具。我国在充分考虑平台经济发展特征的基础上，首次发布了针对平台经济领域的系统性反垄断指南。

创新监管模式，确保数据安全和数字执法主导权

一、数据监管的基本原则与现实路径

第一，加快厘清数据归属问题。把握好数据的个人、平台、公共三重属性之间的界限和使用尺度。数据采集方如果想使用用户数据，应通过用户授权并在授权范围内使用，防止过度消耗用户数据。对在

---

① 中国信息通信研究院.数据治理研究报告（2020年）.

平台服务过程中创造、产生的数据，可由交易相关主体共同拥有。若要向第三方机构提供该数据，则需要得到相关主体的共同授权。同时，需要谨慎对待将原生数据匿名化处理后得到的衍生数据的权属问题。

强化数据安全监管，加大个人信息保护力度。虽然我国在个人信息保护专项整治中取得了明显的阶段性成效，但在互联网行业快速发展的过程中，新问题、新情况仍在不断涌现。数据监管模式应从"局部监管、突出问题"向"全流程、全链条、全主体"监管方式转变，有效提升对个人信息保护的监管水平。

积极探索数据"黑箱"等机制，实现企业和政府之间的数据共享。在确保数据安全和维护用户个人信息权益的情况下，可尝试强化政府与企业间的数据监管合作，将关系到公共利益的数据保存至数据"黑箱"中，向政府提供查询端口，为政府实现数据监管提供有效的机制和手段。[1]

第二，充分把握数据权益保护和价值发挥之间的平衡。中国、美国和欧盟的数据处理方式警示我们，数据保护的力度应合理且张弛有度。欧洲的过度监管，可能导致数字经济无法发展。所以，要合理把握尺度，并对不同类型的数据进行合理区分，有的数据涉及"私权"，可以管得严一些，而对另外一些数据则可以适当放松管制，既要保护权益和安全，又要发挥大数据的最大价值。

把握好共享与效率的平衡。金融数据共享需要因数据制宜，有的适合共享，就应该创造条件分享，发挥其最大的效益。有的不适合简单化的共享，就需要寻找机制，尽可能地放大经济与社会效益。对数

---

[1] 何波. 数据权属界定面临的问题困境与破解思路. 大数据，2021，7（4）：3-13.

字平台的监管应在厘清其底层业务逻辑的基础上进行针对性监管。

第三，打破数据垄断，实现一定程度的数据共享。近年来，学术界对如何有效监管企业的垄断行为提出了一种可能，即从数据本身出发降低数据使用的垄断行为，实现一定程度的数据共享。如果数据的生产力具有规模效应，那么收集数据的过程就是在奖励先行者，这损害了消费者的利益，因为消费者只能被迫选择最先收集数据的企业，而无法选择其他有可能提供更好服务的企业。一旦数据具有一定的互操作性，就能减轻后来者的竞争劣势。

监管机制也要防止对创新的抑制。垄断和创新有天然的联系，没有一定的垄断收益，就不会有创新的动力。反垄断监管在数字经济时代遇到新的挑战，各国还在摸索建立有效的机制，在维护自由市场运作的同时，也要根据具体情况做出调整，防止"赢者通吃"变成创新的阻碍。

二、提升部门协同性，兼顾效率与社会福利

数据监管的本质在于如何解决好公平与效率之间的矛盾，既要纠正前期过度收集使用数据产生的不良社会影响，又要防止类似欧盟过度监管带来的不利后果，即丧失了欧盟一直以来的领先优势。与传统经济相比，数字经济在行业监管中应努力开拓新思维，兼顾效率与公平。

第一，从促进和保护社会福利的角度出发，建立和完善隐私保护与监管体系。数字经济时代的隐私保护要与时俱进，把数字技术与传统监管手段结合起来，从技术端提高信息数据收集的安全性，提高可能泄露的门槛。数字经济企业可以通过运用密码学及其他隐私增强技

术提升隐私数据的安全性，例如，允许用户匿名浏览网页或匿名共享内容，以及采用多种加密技术和安全协议，从数字技术上提升隐私数据的安全性。

第二，优化社会福利是根本。从社会市场的经济角度来看，实现帕累托改进，以提高大众福利为目标，既不过分干预数字经济的自身发展，也要及时防止由于过度竞争或失序竞争导致的多方利益受损，推动形成协调发展和动态调整监管体系的创新思路。

第三，将缩小数字鸿沟纳入创新监管模式的重要战略思想。随着现代化技术和数字化的发展，数据平台之间、监管部门之间，乃至国家之间的数字鸿沟，都是亟待解决的难题。从国内层面来看，平台企业间数字经济发展差距的拉大、科技巨头企业的高度垄断，不仅削弱了行业发展创新的积极性，而且在很大程度上加大了解决数据权属和数据监管问题的难度。

三、重视国家数字主权，保障数字执法主导权

数字经济的持续健康发展离不开有效的政府监管。拥有数据监管的自主权和主导权是保障一国数据安全和国家安全的前提。数据监管是涉及多方主体和多层次议题共治的问题，既需要创新传统数据监管体系实现公平有效的监管，又需要推动实现国内监管与国际监管体系的有效融合。只有推进政府监管数字化，尽可能构建多元共治的监管体系，才能形成协同监管、共同治理的创新型格局。

第一，数据监管制度建设需要政府职能的融入。强化政府监管的数字化，可以简化监管流程，提高监管效率。建立数据、信息、协作、平台和安全五要素联动的协同运行机制，在推动新技术融入数字

监管体系的同时，又能提高政府部门的监管能力。政府有效统筹、协调和引导第三方组织、企业等参与数字监管体系建设，将不断强化各主体的参与意识，构建多元协同共治的数字监管体系。

第二，国家数字主权是实现国际监管政策有序对接的基础。在国际数据监管规则未达成统一共识和迫切推动全球数字化转型的大背景下，提高我国在全球数据监管层面的话语权，不仅可以推动中国与欧美间数据监管规则的有序协调和对接，还能更好地推进我国对外制度的开放和国际数字产业的合作。

第三，保证我国有力应对国外利用监管体系挤压我国数字化市场空间的行为。欧盟强化数据市场监管的主要原因并非为了实现本土企业的合理化发展，而是借助监管提高其他国家企业进入欧洲数字服务市场的门槛。从这个角度来看，合理把握数字主权和主导权，既能维护我国的数字安全，又能在国际监管规则的制定和对接中掌握自主权。

何　帆

经济学家、上海交通大学安泰经济与管理学院教授

第十章

企业社会责任新内涵：
"责权匹配"的社会治理共同体

随着数字经济的深入发展，社会民众开始密切关注数字经济发展的经济绩效与社会价值取向之间的关系，尤其对个人隐私保护、数据安全、人工智能运用的社会伦理问题等表示担忧。

例如，快递业务的发展在给人们的生活带来极大的便捷的同时，也使个人居住场所、消费偏好、个性习惯等一些私密信息被平台所掌握；又如，人工智能的广泛运用，在提供了快捷、精准的生产和服务的同时，也可能造成传统工作岗位的消失，而产生相应的社会负面影响。

为了引导数字经济的可持续发展，在创造经济价值的同时，更好地协调经济、社会、环境的关系，近年来人们期待在投资取向上积极承担社会责任，培育数字经济领域的高质量社会责任投资项目。

为此，我们需要进一步理解数字经济具有怎样的内涵外延和价值属性，数字要素的产权属性和表现方式与传统要素有哪些区别？数字经济发展将引起社会公共治理与公司治理的哪些变化？如何引导投资者和金融资本进行数字经济领域的社会责任投资，实现经济效益与社会效益的统一？

数字化发展对传统治理理论的挑战

一、数字时代的信息中心已转移

传统社会治理所依据的公共数据信息往往由行政管理体系进行层层收集与汇总，因此，各级政府行政管理部门成为信息中心。然而，当前数字化的快速发展造成了信息中心的迁移，导致了信息中心的多元化。

数字化时代的重要主体是互联网平台型企业。当前平台型企业已全面融入我们社会生活的各个方面，成为我们便捷生活的基本形式，不仅包括了娱乐、购物、旅行、社交的供求双方，还发展到金融、出行、医疗等其他业态，在平台上形成了产业生态，在促进交易的同时也相应汇聚了海量的数据信息。

平台型企业的数字化、高技术特点，也意味着其经营行为具有高度的内部隐秘性，单个消费者、商户、新闻媒体，甚至政府监管部门很难进入企业内部，无法深入企业后台去了解其运营决策是否合法合规，是否损害某一利益相关方的权利，是否满足社会的道德与责任期待，等等。

正因如此，近年来，一些信息搜索、购物、出行、旅游等领域的互联网平台企业，利用自身的信息优势、产业生态链优势或者市场垄断优势谋求企业利润。与此相对应的是，企业的一些外围利益相关方，如消费者、员工、股权投资者、加盟商等，都成了"分立状态"

第十章　企业社会责任新内涵："责权匹配"的社会治理共同体

下的参与者；政府监管部门和审计机构相较于企业内部管理人而言，同样不具备绝对的信息优势。

二、传统的公共治理和公司治理如何应对新挑战

1. 传统的公共治理模式应尽快转向"社会治理共同体"模式

长期以来，政府都被认为是公共服务和社会问题解决方案的主要提供者。传统的科层解决方案的基本程序是发现问题、汇集信息、逐级呈报、集中研判、统一决策，然后再自上而下地下达指示、组织部署、规划实施，等等。

这种"上传下达"式的信息传送和决策模式或许更加侧重于决策形成的严谨审慎。一方面，在数字化时代，海量结构化水平不一、快速生成迭代的数据内容，超出了决策者的信息分析把控能力。也就是说，作为自然人的管理者很难有足够的知识储备和决策能力去应对，而且科层组织决策机制可能会面临决策时滞、机构协同、政务信用等方面的问题。另一方面，在信息化高速发展、社会结构日益呈现扁平化和多元化的时代，社交平台上信息的真实性无法保障，各类信息被不断错读、误读的现象频频发生。如何从鱼龙混杂的海量信息中识别出真实有效的信息并运用在公共决策和社会治理中，是一项极具挑战性的重大课题，需要我们进行持久而细致的法律制度建设。

正是由于社会生活日益多元化，社会治理也需要多主体参与，除了政府机构以外，个人、社会组织、媒体都应该发挥自身的作用。当前，中国致力于构建"人人有责、人人尽责、人人享有"的社会治理共同体，需要让社会责任真正回归社会，其中最为关键的是法治保障，要为社会生活中的个人及不同形式的组织营造参与社会治理的法

制环境，充分赋予并保障其参与社会治理的权利。在数字化时代，企业，尤其是实现规模化、平台化发展的企业，对于构建"社会治理共同体"具有十分重要的意义。

2. 平台企业的公司治理模式应强调"自律"与"他律"相结合

互联网平台型企业的发展是当前我国信息经济发展和人们社会生活网络化的一个重要体现。在阿里巴巴、美团、爱彼迎等专业平台上，聚集着大量商品与服务的供给方和需求方，在现代互联网平台技术的支持下，完成快速、准确的市场信息检索、交易、支付、流通。

然而，互联网平台型企业在成为人们社会生活网络化的重要载体的同时，也因其有别于一般市场主体的特殊属性、决策偏好和行动方式，而引发了社会各界对互联网平台型企业的市场地位、提供信息服务的方式、在事件中应负的法律责任和社会责任的强烈关注。例如，假货供应商入驻、用户信息泄露、平台的安全治理缺失等事件频频发生，引发了社会对互联网平台型企业如何进行平台治理及履行社会责任的广泛讨论，深化对互联网平台型企业的理论研究和规制对策研究，不仅十分必要，而且迫在眉睫。

互联网平台型企业和其他企业一样，是市场经济当中的一个微观主体，但同时存在着有别于一般市场参与者的特殊方面。作为交易平台，互联网平台型企业同时是在"创造市场"，一方面它们依托先进的现代信息技术、发达的交通、便捷的物流网络、快速安全的信用支付渠道；另一方面它们作为一个平台，链接起数量庞大的买家与卖家群体，不仅作为一个交易中介，更重要的是成为信息汇集中心和信用评判中心。

因此，互联网平台型企业不仅是一个简单的市场行为主体，而且是一个具有单一经济属性的市场参与者，这类企业本身就具有社会属性，应当明确自身相应的社会职能，评估自身各方面的社会影响，履行企业自身的社会责任。相比一般企业，互联网平台型企业的社会责任缺失具有更大的危害性。因此，针对互联网平台型企业的以"自律性"为主导的企业社会责任建设，刻不容缓。另外，"自律性"也应该与在法律层面"他律性"的刚性强制要求放在一起，成为培养平台型企业社会责任的两种基本力量。

三、"责权匹配"理念下的社会治理共同体

从西方企业的社会责任演化史来看，从"股东至上"到"利益相关方共同治理"，从经济绩效到社会价值共创，可谓一波三折。构建企业参与社会治理的制度环境，需要改变关于企业的传统认知，这需要包括经济学、管理学、法学、社会学在内的多学科协同理论创新，这是一种趋势，但过程注定不会一帆风顺。

法兰克福学派的代表人物之一、美国著名的社会心理学家艾里希·弗洛姆在其经典著作《逃避自由》一书中指出，个体承担责任的边界和范围与其自主决策的权利是对等的。无自主意志和决策权利的主体无法承担相应的责任，例如，一个精神病人在犯病时伤人或杀人后，社会不能按照约束有正常社会行动能力公民的准则对其施加同样的惩罚，因为他无法识别和控制自身的行为。不论是面向社会的责任担当，还是面向自身的责任自律，前提都在于企业拥有自主决策的意志和权利，无自主意志和自主决策权利则不足以谈责任。

然而，在中文语境当中，"责任"一词似乎并没有太多上述的"赋权"内涵，企业社会责任往往被理解为一种企业于社会的单向度道义

担当,"社会责任"经常被等同于"公益行为"或"慈善捐赠"等。这又是为什么呢?

我们认为,将"Corporate Social Responsibility"中的"Responsibility"译为"责任"不是很恰当。中文"责任"一词具有某种传统伦理学的释义。宋明以来,儒学复兴,朱熹等理学家认为儒家知识分子通过"格物致知",成为"天民之先觉",从而获得了一种使命感,责成自己肩负家国天下的担当,即"自任以天下之重"。由此可见,"责任"一词在中文释义里,有个人相对于社会的单向度道义内涵。但英文中的"Responsibility"一词是由"Respond"词根转化而来的,"Respond"的英文意思是"act or behave in reaction to someone or something",译为"对……做出响应"。"Responsibility"可以理解为主体对于某种"赋权"或"赋能"的"响应",具有责、权对等的法理学释义。然而将"Responsibility"直接译为"责任"后,这种双向度的责权对等关系就未能清晰体现。这也是人们"望词生义",将企业社会责任仅理解为企业对于社会的单向度"公益捐赠"的重要原因。

因此,社会治理共同体同时也应该是权利共同体、责任共同体。要实现"人人有责、人人尽责、人人享有",关键在于建设完善的法律体系及相关的制度环境,使包括企业在内的各类社会主体在相应的权限边界范围内依法实现自主决策,支配自有资源,获取经济、名誉或者其他形式的福利回报,并在"责任—权利"对等的原则之下,承担相应的决策风险。

第十章 企业社会责任新内涵:"责权匹配"的社会治理共同体

构建企业参与社会治理的制度环境

一、鼓励企业积极参与社会治理

对于不同体制的国家而言,提供公共服务,实现社会治理的机制存在较大差异,但一般都认为,政府是公共物品和公共服务的主要提供者。按照社会治理的经典理论,政府部门进行社会治理的合法性的重要基础在于政府是信息的集中优势方,并能够代表公共利益,因而得以赋权并进行公共治理。

然而,在数字化时代,上述社会治理逻辑机理正在发生变化。当前,人们社会生活中的衣食住行、旅游、娱乐、购物,以及越来越多的生产性消费均通过互联网平台进行组织。在数字化时代,数字经济发展的主要载体——互联网平台连接起不同的产业,对接厂商与消费者之间的供求关系,越来越成为人们社会生产和生活的主要组织者。平台型企业因其显著的社会属性,逐渐成为重要的社会治理主体,企业的社会责任也相应成为公共治理的重要力量来源。

理解企业社会责任的前提在于理解企业的社会属性,是将企业视为人们社会生活的一种方式,或者是对人们社会生活产生影响的一种存在,而不是只关注企业的经济属性,或者仅将其视为关于投入与产出之间的某种技术关系。

互联网平台型企业有别于一般的业务涉网企业,两者无论是在规模体量、业务方式,还是在社会影响面、影响力等方面,都是无法相比的。

外卖平台与在外卖平台上运营的某个快餐商家，具有的社会功能和产生的社会影响范围及影响方式是完全不同的，承担的社会责任自然也不一样。由于互联网平台型企业在一定程度上"创造市场"，因此也应当相应地承担平台上各类电子商务交易的"公共管理职能"，这种职能类似于政府的市场管理行为，如提供完全、充分且有效的交易信息，着力避免入驻商家的虚假宣传，保障商家提供优质的产品和服务，引导消费者提供真正客观的满意度评价，等等。

我们倡导让企业的社会责任力量参与社会治理，让企业成为社会治理共同体的重要组成部分，并不意味着对企业进行"道德绑架"或"责任勒索"，也不意味着单纯将社会治理成本向企业转移。企业的社会化发展是一个现实，也是一个长期而复杂的过程，具有多种样态和不同的表现形式。我们只是强调，当前应该将企业看作一个具有多元属性的综合体，充分重视企业的规模化、平台化、网络化、数据信息集中化等社会属性特征及其影响，而并非否定企业的商业经济属性，事实上，企业的经济属性依然是当前绝大多数企业的典型属性。

对此，我们既要改变主流经济学、管理学企业理论研究中"伦理无涉"的常规假设，改变将企业视为单一商业组织的视角局限，充分认知和理解企业的社会功能，又要充分重视企业社会属性的多层次、多维度、复杂性和动态化的表现形式，进行科学、合理、规范、持续的制度建设。

二、为企业参与社会治理创造制度空间

促进社会治理主体多元化，构建社会治理共同体，需要让社会责任真正回归社会，其中的关键在于法治保障，让社会生活中的个人及

第十章 企业社会责任新内涵："责权匹配"的社会治理共同体

不同形式的组织能够拥有参与社会治理的法律制度环境，被充分赋予并保障其参与社会治理的权利。事实上，随着社会主义市场经济和民主法治的深入发展，公民个人、企业组织、新闻媒体、社会团体等在我国的各领域均以自身职能承担着相应的社会治理责任，并在新冠肺炎疫情防控中表现出举世瞩目的组织协同能力。

在各类社会主体中，企业，尤其是实现了数字化转型、规模化发展、具有平台性特征的企业，其业务领域已融入社会生活的方方面面，在社会生活一体化组织与管理方面发挥着积极作用。在新冠肺炎疫情防控的关键时期，这类企业在物流配送、社区管理、线上办公、网络教学等诸多领域表现突出，与政府职能部门一起，为非常时期社会生活的常态化运行做出了积极贡献。

因此，构建社会治理共同体，源于企业的社会责任力量不应缺失。我们应该在充分理解企业履责意愿、发掘企业履责能力的基础上，有效引领企业的社会责任行动，构建企业参与社会治理的制度环境，实现"两个转变"。

第一，转变将企业视为单一商业组织的视角局限，充分认知和理解企业的社会属性。毋庸置疑，在现代市场经济中，企业通过技术赋能、市场赋能、公益赋能，已经具备了充分的社会影响力。卡尔·波兰尼在《巨变：当代政治与经济的起源》一书中，对商业市场系统与社会生活系统之间的关系及其历史演化过程进行了梳理考察。卡尔·波兰尼认为，市场生态与社会生态之间并不像主流经济学说所认定的那样泾渭分明，人类社会发展演进的过程也是一个市场逐步"嵌入"社会生态的过程，任何"市场经济"都处于一定的社会文化情境当中，其具体特征属性受到更为宽泛、更为基础的社会生态的影响和界定，形成了当代"资本主义"和"市场经济"丰富多元的具体表现样态。相应地，在这一"嵌入"过程中，各类行为主体并非只有单一的特质属性（如理性经济人）和单一的目标取向（如追求利润或效用最大化），还具有社会、政治、道德等多维属性和多元化的价值追求。由公民个人组成的各类包括企业在内的组织，也绝非仅有单一的经济目标。我国经济体制转型的过程同时也是企业自主权利逐渐增强的过程，过去，这种过程更多体现在商业领域，随着企业的规模化发展和在社会生活中的全面融入，卡尔·波兰尼意义上的商业主体在社会生态中的"嵌入"影响正在不断出现并强化。正视企业社会属性是引领企业有效参与社会治理的重要前提。

第二，转变公共事务管理职能过度归结于政府的实际状况，实现共建、共治、共享。在信息传播加速，社会认知结构日益扁平化、多元化的时代，政府职能部门并不必然是具有资源优势、信息优势、行动力优势的唯一主体，社会责任也不应只是政府在社会生产生活中的公共管理责任，更应该让其回归社会。包括个人、企业、媒体在内的各类组织并不缺乏履责的动机和能力，所需要的是给予它们足够的信任，激发它们的活力，规范它们履责行为的边界与范围，为它们创造参与社会治理的合法合规的制度空间。

中国企业从不缺乏社会价值情怀和责任担当精神。在新冠肺炎疫情防控期间，我国各类企业不遗余力，尽己所能，充分彰显出与社会同呼吸共命运的责任意识和履责动力。中国企业在推进市场化、国际化的进程中逐步获得了独立自主性，企业参与社会治理的能力也相应实现了技术赋能、市场赋能、公益赋能。

综上所述，企业的社会责任正与政府社会责任一起，成为重要的社会治理力量。我们应该正确认知、激发、引领、规范这种力量，并将其纳入常态化的社会治理体系当中。

第十章　企业社会责任新内涵："责权匹配"的社会治理共同体

社会责任投资引领数字化企业的可持续发展

数字化企业的高收益性特点，引起了投资资本的持续关注；而数字化企业在社会生活领域的高风险性特点，也让投资者形成对企业责任的期待，希望以此防范和规避数字化企业的社会性风险。相较于对数字化企业的"商业向善"和"科技向善"，社会民众对金融投资领域的"资本向善"更加关注，也更为期待。我们知道，数字化、平台化的企业容易形成规模化优势，这种企业优势与企业管理者信息优势、投机动机与投机性金融资本的短期化目标相遇，成就了一部投机者、参与者、助推者共舞的神话。因此，金融资本的价值取向及其对投资对象的评判与选择，成为能否构建"善"的市场经济的关键。"负责任"和"可持续"正与"增值性"一起，不仅成为金融投资资本考量企业综合价值的重要内容，更成为整体社会生态对金融投资资本的要求。这种以关注企业社会责任表现和可持续运营状况为重点的投资，就是社会责任投资。

一、社会责任投资正在成为新的趋势

从根本上说，社会责任投资仍然是一种市场的选择行为，遵循基本的市场规律，是各类市场行为主体追求的目标和意愿的综合表达结果。那么，市场主体所追求的目标是什么呢？我们认为，市场经济依然是一种非常高效的筛选机制，它能够将良善的企业筛选识别出来，从而有效引领"商业向善"。理解这一机理的关键，在于正确认识各类市场主体的经济属性和社会属性，明确各类市场主体在其选择和决策行为中多元化的价值目标追求。

传统的主流经济学认为，市场中的个人或者企业都遵循着基本的成本和收益核算原则，其中的成本和收益都可以用具体量化的经济指标进行考量。这种简单化的处理方式，忽视了市场经济主体中复杂的多元化属性并割裂了其内在联系。事实上，无论是企业还是个人，都既具有经济属性，又具有其相应的社会属性，还具有一定的社会价值关怀。这种社会价值目标往往会被纳入市场的决策行为，成为企业履行社会责任和社会责任投资的内生动力。

以消费者行为为例，20世纪70年代末80年代初，中国正由计划经济体制向市场经济体制过渡，所面临的现实是在"短缺经济"时代消费者所追求的目标是"有"，只要能够在市场上买到商品，消费者就已经十分满足了。但随着"短缺经济"时代的结束，消费者在满足了"有"的基本要求以后，其消费的价值目标就转向了"优"，追求更好的消费品品质和服务。在充分实现了"优"之后，消费者的消费行为不再是仅考虑商品或服务的功能属性，而是在其中融入了越来越多追求"美好"的社会判断和价值因素考量。

地铁站里贴着"没有买卖就没有杀害"的公益广告宣传片，和朋友出去聚餐时总有人会说少用几张餐巾纸，这意味着消费者在市场行为中所追求的价值取向已经发生了变化。在"消费者主权"时代，消费主体同时具有两种身份，一种是消费者，另一种是国家公民。当消费者所花的每一张钞票都成为表达内心"善"的理念、选择负责任的生产经营行为的"选票"时，消费者身份就成了实现公民价值理念的另外一种方式。

第十章　企业社会责任新内涵："责权匹配"的社会治理共同体

上述的消费者社会责任消费行为的逻辑，同样可以扩展至企业的所有利益相关方。政府部门会为负责任的企业提供更好的市场准入和营商环境，合作伙伴在进行供应商选择时会对企业进行社会责任审验，而金融投资机构也会将绿色、普惠等价值理念纳入考量标准，进行社会责任投资，等等。当所有市场行为主体都将社会价值理念融入其决策行为中时，市场经济将形成一种"商业向善"的内生机制。

当然，这一过程在根本上取决于市场经济的成熟程度，取决于市场机制走向成熟进程中各利益相关方基于社会责任的良性互构。只有责任消费、可持续供应链建构、负责任投资等社会责任内容不断被企业认知、理解和认同，良好运营的商业生态才能随之得以彰显。但这个过程注定不会一路平坦，依然任重道远，依然需要我们进行坚定而持久的理念培育和制度建设。

二、社会责任投资的源起和含义

"社会责任投资"这一概念出现的时间并不久远，最早由米尔顿·莫斯科维茨于1972年提出。首先对"社会责任投资"概念做出明确定义的是考顿（1999年），他认为社会责任投资是指"投资者不应该只考虑利润等财务指标，还要综合社会、道德伦理和环境等一系列指标准则做出投资决策选择"。当前，国际社会较为共识性的解释是美国社会责任投资论坛的定义，即"在经济分析的框架内，通过肯定和否定筛选出投资目标并考虑该投资对社会和环境产生的影响"。

改革开放以来，我国在经济迅速发展的同时也带来了一系列社会、环境等方面的问题，政府、消费者和供应链上下游合作伙伴等诸多利益相关方要求企业积极履行社会责任，越来越多的资本在投资决策中纳入可持续发展的理念。

　　社会责任投资的理念在我国刚刚兴起，很多学者也从不同的角度对社会责任投资的概念予以界定。李敏岚和何捷在2002年提出"责任性投资"的概念，即"可持续的、负责任的投资"，这是一种将融资目的与社会、环境及伦理问题统一起来的融资模式，它使用多种策略来滤除那些在环境和社会实践方面表现不佳的公司股票，如污染环境、侵犯国际劳工权利等。社会责任投资有狭义和广义之分，狭义的责任投资概念是指在资本市场上，为了降低和减少风险而对企业的环境绩效和社会绩效进行甄别。广义的责任投资涉及的领域很广泛，包括绿色风险资本投资、绿色银行、绿色债券、小额信贷和小额信贷保险等。虽然很多学者对于社会责任投资的关注点不同，但核心都是一致的，即企业的投资活动在满足个体利益时也要顾及整体利益，在追求财务目标时也要兼顾社会福利，用发展的眼光进行投资。

三、社会责任投资的主要特点

　　社会责任投资者在做出投资决策时，会将社会责任的意识纳入其中，这是一种义利兼顾的投资理念。与传统的投资行为相比，社会责任投资具有一些重要的特征，表现为以下三个方面。

1. 投资目的多元化

　　传统的投资目的比较单一，主要是为了使资本保值增值，股东利益是考量投资效果的唯一标准。而社会责任投资除了获取经济利益外，还应该尽可能地增进社会利益和环境利益。其中社会利益包含广泛的内容，如公共安全、健康保障和伦理道德等，而环境问题日益成为企业在生产经营活动中关注的重要方面。2014年《中华人民共和国环境保护法》的实施进一步加大了对企业的监管力度和对违法排污的处罚力度，承担与社会环境和生态建设密切相关的企业社会责任已经成为企业不可避免的义务。这些都是在传统投资目的上的扩展和丰富，如此才能实现企业和社会的可持续发展。

2. 投资对象选择标准复合化

社会责任投资作为一种新的投资理念，在选择投资对象时不仅要考虑企业的财务和绩效指标，还要关注社会责任的履行情况，把企业在环境、社会和伦理等方面的表现作为选择的标准，对投资目标进行综合考察。社会责任投资者不会投资一些对社会利益有害的企业，例如涉及黄、赌、毒的行业。另外，一些基本社会责任意识缺失的企业，如有招收童工、对环境产生破坏、存在食品安全问题等行为的企业都不会受到投资者的青睐。

3. 投资者融入企业过程管理

传统投资者一般采取"用脚投票"的方式选择投资目标，一旦被选择的企业出现经营问题，投资者会轻易选择退出。而社会责任投资者则奉行股东积极主义，经常与管理者对话，就环境问题、企业发展、职工酬薪和监管等议题进行讨论，并提出自己的意见和建议，促使企业更好地履行社会责任。在社会责任投资中，投资者的价值观和意愿选择往往被纳入投资决策中，因此在某种意义上，投资者更有动力和意愿关注企业的可持续发展问题，把控企业的经营方向，使其不偏离社会价值目标。

四、社会责任投资的关键要素

信息披露是社会责任投资的关键环节，公开有效的信息披露将有利于促进不同利益相关方对金融资本和数字化、平台化企业运营过程的把握与监督，引领"商业向善"。

我们知道，社会责任投资具有价值追求和风险规避的功能。良性商业生态的建构有利于促进各利益相关方敦促企业的社会责任行为，反之，如果企业发生败德行为并导致商业生态崩塌，其影响也将危及所有的利益相关方。美国作家贝萨尼·麦克莱恩和乔·诺塞拉在《众魔在人间：华尔街的风云传奇》一书中，用详尽的事例和多维度的视角，阐述了华尔街金融机构的过度创新，政府监管机构的失职，贷款机构的造假，信用评级机构的违规操作等，如何一步步地共同引发了 2008 年的次贷危机。身临其境并参与其中的各方，不论是投资者、信用中介、审计机构，还是普通消费者，都不会对这场资本游戏潜藏的危机毫无察觉。但这些游戏的参与者都不愿意成为"吹哨人"，观望者心态、投机心理，使他们相信自己踩准节奏后可以在高位安全离场。因此，逐利本能碾压了每位参与者基于全局性、长远性思考的"上帝视角"，贪婪的人性使他们成为利己主义者的工具，助推了管理层瞒报、造假、拆东墙补西墙的操作，导致企业的状况危如累卵，也最终使其成为击鼓传花游戏的最后一批接手者。危机不仅造成企业倒闭、管理者受罚，而且对于投资者、从业人员、消费者，乃至长期资本市场的伤害，更是沉重且持久。

对于互联网平台型企业而言，信息优势、垄断地位格外明显，企业的经济主体特质与社会属性之间的关系更加敏感。我们认为，擦亮企业各利益相关方心中的"上帝之眼"，关键在于使每位参与者摆脱

第十章　企业社会责任新内涵："责权匹配"的社会治理共同体

自身的投机心态，能够并且愿意从整体性、长期性的目标上对企业的经营行为进行评判。而公司治理信息的公开透明及针对短期财务目标的纠偏机制，是解决上述难题的关键。其中，最为重要的是不断提升企业 ESG 管理和信息披露水平，形成企业与利益相关方之间的有效沟通，创造便于投资者、监管部门、评级机构、企业进行及时有效监督的环境。

企业的 ESG 管理和信息披露在欧美国家有着长期的实践。我国先后在港交所、深交所实行上市公司 ESG 管理和信息披露规则。ESG 管理和信息披露规则旨在改变投资者关心财务业绩的短期偏好，引领投资者关注公司治理、中长期发展战略、环境或者劳工风险等中长期发展问题，是一种将非财务性指标纳入企业中长期风险考评的重要的纠偏机制。当前，针对上市公司的 ESG 报告，要求企业向中小投资者及其他利益相关方重点披露那些与企业长期社会价值密切相关的实质性议题。公开、透明、刚性的信息披露为企业各利益相关方获得对等信息地位赋能，是避免对抗互联网平台型企业偏离社会价值目标的重要的制度选择。

社会责任评价准则的制定是一件十分严肃的事情，准则确立后将对企业履行社会责任的目标确定和资源投入产生重要的引领和导向作用，因此，社会责任准则的制定必须要以科学性为基，以公信力为本，不能为求便捷而放弃对评价体系严谨严肃的思考，也不能因为评价技术上的复杂性和难度而放松对科学合理性的探求。

郭　毅
北京工商大学国际经管学院教授

后记与致谢

2021年是中国加入APEC 30周年。过去30年也是工商界为国民经济发展和全球化进程做出巨大贡献的30年。工商界始终是推动中国产业腾飞的中坚力量，让产业的巨轮驶向更具想象空间的发展新阶段。

在此重要时机，APEC中国工商理事会围绕"十四五"时期发展中尤为重要的数字经济战略，精心组织资深专家团队，广泛走访、调研全国多家代表性的数字企业，全面梳理、总结具有典型性、示范性的本土企业在数字经济领域的成功案例，挖掘全球视野下的数字经济中国样本。

为深入了解中国数字企业的特色创新实践、全面把握中国数字经济发展趋势和规律，我们组织来自中国社会科学院、中国信息通信研究院、中国科学院、北京大学国家发展研究院、波士顿咨询公司（BCG）、财新智库、如是金融研究院、场景实验室、动脉网等国内外权威研究机构、智库和专业咨询公司的40余位资深学者和专家，开展线上线下近百场调研，组织专家调研组逾300人次，调研企业遍及北京、上海、杭州、深圳、广州、佛山等10余座城市。

在调研过程中，专家们与企业负责人及高层管理者就数字技术研发与创新、数字化推动产业转型升级、中国企业国际化路径、数据价值与数字治理等事关当前数字经济发展的重点议题进行了全面、深入的交流，各种观点碰撞交织，典型数字企业的核心优势和特色创新案例得以充分讨论。

历时9个月的调研、论证，权威专家们将调研案例分析所得提炼、升华，并结合自身多年研究进行撰写、打磨，《数字上的中国》一书终于付梓。

在本书筹备过程中，参与调研和撰写的一位专家成员曾对我们说，在中国数字经济领域发生的很多事情，既没有出现在教科书里，也没有出现在学术论文里，而是出现在活生生的现实里，充满着开创性和颠覆性，正是需要通过这种考察调研、案例分析，我们才能真正了解中国数字经济发展进程。在这其中我们看到了中国数字企业对创新的不懈追求，对技术发展普惠大众的努力实践和推广，对支持产业转型升级的恒心坚守。

这令我们深有感触，正是这种实干兴国的产业担当推动着国民经济数十载的坚实发展。在中国加入APEC 30周年之际，我们谨以《数字上的中国》一书致敬工商界生生不息的产业精神。

本书顺利付梓，离不开社会各界的支持与配合。在研究和编写过程中，我们得到了主管单位中国国际贸易促进委员会、中国国际商会的关心和指导，在此致以衷心的感谢！此外，特别感谢黄奇帆、吴声、何帆、管清友、廖天舒、高尔基、李大韬、王欣等多位资深专家对我们的信任和支持，专家对于撰稿工作的深度参与，以及他们的深厚积累和专业洞见正是本书内容的核心支撑所在；由衷感谢波士顿咨询公司（BCG）、财新智库专家团队的全程参与和倾力支持；感谢中

后记与致谢

国信息通信研究院云计算和大数据研究所、如是金融研究院、场景实验室、动脉网等专家团队的支持；感谢张春宇、朱鹤、顾璨、梁瑜、刘铮筝对本书在内容编写等方面的支持；感谢中国国际商会多边合作部朱逢时、陈熹、吕虹润在项目推进中所做出的贡献；感谢南开大学APEC研究中心对本书的支持；感谢工作团队赵舒波、马珂付出的努力。

此外，非常感谢中信出版集团的鼎力支持，感谢灰犀牛团队的黄静、寇艺明、王元等老师的辛勤工作，正是她们的专业能力和敬业付出使得本书能顺利出版发行，与广大读者见面。

希望通过本书的梳理、论述，帮助读者对中国数字经济的发展历程形成更为全面的了解，为洞见数字经济未来发展趋势带去更多有益思考。APEC中国工商理事会将继续关注全球视野下的中国产业发展，为读者朋友们呈现更多、更好的专业内容。

APEC中国工商理事会

2021年12月